THREE REVOLUTIONS

STEERING AUTOMATED,SHARED, AND ELECTRIC VEHICLES TO A BETTER FUTURE

DANIEL SPERLING

改变世界的三大革命

自动化、共享化和电动化车辆如何改变我们的现在和未来

[美] 丹尼尔 · 斯珀林 ◎ 著　　石耀东 ◎ 译

中国发展出版社
CHINA DEVELOPMENT PRESS

图书在版编目（CIP）数据

改变世界的三大革命：自动化、共享化和电动化车辆如何改变我们的现在和未来 /（美）丹尼尔·斯珀林著；石耀东译. —北京：中国发展出版社，2020.12（2023.8重印）

ISBN 978-7-5177-1166-7

Ⅰ. ①改… Ⅱ. ①丹… ②石… Ⅲ. ①交通运输发展—研究 Ⅳ. ①F503

中国版本图书馆CIP数据核字（2021）第022128号

著作权合同登记号：图字 01-2020-6971

Three Revolutions: Steering Automated, Shared, and Electric Vehicles to a Better Future

书　　名：改变世界的三大革命：自动化、共享化和电动化车辆如何改变我们的现在和未来
著作责任者：[美]丹尼尔·斯珀林
出 版 发 行：中国发展出版社
联 系 地 址：北京经济技术开发区荣华中路 22 号亦城财富中心 1 号楼 8 层（100176）
标 准 书 号：ISBN 978-7-5177-1166-7
经　销　者：各地新华书店
印　刷　者：北京市金木堂数码科技有限公司
开　　本：710mm × 1000mm　1/16
印　　张：18
字　　数：218 千字
版　　次：2021 年 2 月第 1 版
印　　次：2023 年 8 月第 2 次印刷
定　　价：88.00 元

联 系 电 话：（010）68990630　68360970
购 书 热 线：（010）68990682　68990686
网 络 订 购：http://zgfzcbs.tmall.com
网 络 电 话：（010）88333349　68990639
本 社 网 址：http://www.develpress.com
电 子 邮 件：330165361@qq.com

序 言

自2018年初本书的第一版完成以来，发生了很多新情况，包括新冠疫情大流行，但另一方面，很多情况依然如故。正如我当时指出的那样，2015～2018年，有关自动驾驶汽车的炒作非比寻常，汽车制造商热衷于打动其股东和投资者，而新闻记者则被激发出热情去撰写一篇又一篇引人入胜的故事。许多公司天真地（并且错误地）预测2019年就会推出自动驾驶汽车和自动驾驶出租车。但实际情况是，汽车自动驾驶革命的进展比预期要慢得多，它仍然行驶在通往机动化出行变革的大道上，未来的旅程要比2018年时人们的普遍预期更远。

相比之下，电动车革命或多或少地行进在几年前人们预期的轨道上。全球主要的汽车公司还在继续致力于在未来几年内推出新的电动汽车，并且在大多数大型汽车消费市场上，美国的政治领导人始终致力于加速电动汽车的销售。欧洲许多城市正想办法在限制使用燃油汽车的同时鼓励人们使用电动汽车。欧盟正在对燃油车辆实施更加严格的二氧化碳排放标准，以激励汽车公司增加对电动汽车的投资。加利福尼亚州继续致力于使所有轻型汽车以及越来越多的中型和重型卡车（包括氢燃料电池电动汽车）实现电动化。中国进展最快。全球约有一半数量的电动汽车卖给了中国消费者。最令人印象深刻的是中国公共交通的电动化转型。截至2018年底，中国拥有25万辆纯电动公交车，占全球电动公交车总量的99%。

向汽车电动化的转型似乎要领先于向汽车自动化的转型。2019年，一家管理咨询公司（AlixPartners）预测，到2023年，汽车公司将在全球范围内对汽车电动化投资2250亿美元，然而到2025年，在自动驾驶汽车领域的投资将仅为850亿美元。具体的数字有进一步探讨的余地，但这么大的差距证明了汽车工业确实更注重电动化。这里有两个原因：一是在大多数大型汽车消费市场上，政府对电动汽车和减少温室气体排放的要求日益严格；二是汽车公司发现汽车自动化是个逐步演化的过程，而车辆完全智能化（无人驾驶）更是路途遥远。他们开始认识到，至少在接下来的十年或更长时间里，自动驾驶技术将更多地应用在辅助驾驶功能上（减轻驾驶员的操作），而在替代人类驾驶员方面的作用则相对较小。无人驾驶革命似乎有可能不是从出售给个人开始，而是从自动驾驶出租车开始，都是由按需响应的网约车公司（如滴滴、优步和来福车）运营的车辆。这种网约车消费市场比私家车消费市场要小得多。

确实，这些网约车公司的成功，甚至是它们的生存，与汽车自动化息息相关。机器人不需要休息也不会累。无人驾驶车辆几乎可以不间断地运行，从而使车辆的大部分成本可以更快地分摊到更多的运营里程上。更重要的是，它们省去了雇用驾驶员的高昂成本。网约车公司渴望拥有无人驾驶出租车。即便如此，绘制当地街道地图、获得政府批准、打消叫车者的重重顾虑，以及在无人出租车上进行昂贵投资，这些挑战是如此巨大，以至于无人驾驶出租车只能是缓慢“起步”，然后再逐步扩大规模。无人驾驶汽车的变革时代终将到来，但在数年内甚至数十年内，它的销量和实际行驶里程都不会占很大比例。

共享乘车和共享车辆虽然更加不确定，却格外重要。在这种情况下，其不确定性与人类行为和自动化进程息息相关。尽管按需乘车服务的受欢迎程度已大大提高，但占全美出行次数的比例仍然不足1%，因为在很多地方它仍未覆盖到，而且服务价格昂贵。只有在服务成本大幅下降时，按需乘车服务的使用才会增加。除非驾驶员被机器人代替，也就是说，只有无人驾驶汽车广泛普及时，这种情况才会发生。

即使自动驾驶使得叫车服务费用下降，出行者是否愿意买单呢？一边倒式的大量证据表明，大多数人宁可不使用共享出行，也不愿放弃拥有私家车带来的便利性。大部分人不愿坐进陌生人的汽车，与陌生人共享乘车，也不愿完全依赖出行服务商来出行。2020 年新冠疫情的大流行，造成共享乘车和公共交通的客运量下降（有时候是骤降），进一步凸显了这种挑战性。来福车（Lyft）和优步（Uber）甚至在疫情大流行期间放弃了拼车服务，估计是因为乘客不愿合乘出行。挑战确实巨大。但是，不愿意并不代表完全拒绝。我们所有人都有个价格临界点。

我亲身做了这样一个试验，在一年当中体验一下无车出行，先是前8个月在加州戴维斯市，然后4个月在法国巴黎。至少与郊区和大多数小城市相比，这两个地方出行都相对容易。戴维斯市是一个小城镇，气候温和，有四通八达和受到保护的自行车道。巴黎是轨道交通、公共汽车、网约车（有些由氢燃料驱动）以及无固定停车位的出租电动滑板车和自行车的天堂。在过去的一年中，我感觉自己喜欢上了那种由别人开车接送的感觉。我非常看重节省时间，否则大量时间会被浪费在开车、泊车和规划出行路线上。我可不喜欢处理汽车保养和维修这种事情。还有，重要的是我还从无车出行的生活中节省了不少费用。我每个月在跟车有关的费用上大概节省了600美元的支出（基本上就是在美国拥有和使用一辆汽车的平均成本）。我确实想念自己的电动车和氢能车，但是使用公交、自行车、电动滑板车、租车以及使用优步和来福车来叫车也确实更便宜些。

但是，要是在五年前的话，我不可能放弃汽车所有权。迄今为止，最重要的创新是网约车服务的普及。它消除了人们因为担心无车可用被困在半路上进退维谷的那种恐惧感——我随时可以用来福车或优步来叫车。不过我也确实知道无车生活并不适合所有人，至少现在还不是。这就需要花费更多的时间和精力去制定出行方案，即使这样有时候还难免出现状况，例如碰到大雨和糟糕的驾驶员。此外，网约车、公交以及无固定停车位的出租电动滑板车和自行车也不是到处都有，特别是在郊区和农村地区。此外，还有些人没有智能手机，也没钱叫车，尤其是出了大城市，这些地方通常没有拼车服务。

跟大家交个底吧，在过去的一年中，我和我的妻子一共有两处住所，在我们位于洛杉矶的住所中有一辆电动汽车。我得承认，在戴维斯时，她对无车生活的热情可不如我。

像所有革命一样，共享出行革命可不是一帆风顺的或者说并不是轻而易举的。滴滴、来福车和优步，还有无固定停车位的出租电动滑板车和自行车，都有过报案和服务纠纷的记录。人们对共享出行的疑虑还包括担心它的安全性、与公交车抢客源、无视地方法规，以及潜在的长期获利能力。但是实际上，如果我们把关注点停留在这些新兴移动出行方式在其发展早期阶段出现的各种问题上，可谓“丢了西瓜捡了芝麻”。

来福车和优步开辟了一条通往更加美好未来的道路。甚至在十年前，谁还会想到我们会毫无顾忌地坐进陌生人开的汽车。只需在手机上点击几下，我们就可以将一辆汽车召唤到家门口。我们不需要用现金支付出租车的费用，而且还可以在手机上实时跟踪那辆正朝着我们驶来的车子的位置。

滴滴、来福车和优步，以及无固定停车位的出租电动滑板车和自行车，还有那些按需提供服务的面包车、小型巴士和其他出行服务方式，都在努力创造一个让人们有更多出行选择的未来。把我放到任何一个城市和大多数郊区，我都没问题。使用手机应用程序和这些新兴出行服务方式就好比是开启了一扇通往自由王国和随心所欲的新世界的大门，尤其是对于那些不会开车的人，也包括那些不知道如何从A点到达B点的游客或其他人。

未来几年，随着无人驾驶技术的兴起，我们的出行选择会越来越多，好处也会越来越多。乘车出行将更加经济实惠，那些不开车的人也可以负担得起。大多数停车场和路边停车位将会消失，这可以让我们生活的城市能够更好地利用城市空间。

滴滴、来福车和优步为通往未来的出行图景铺平了道路，在这个图景当中，人们有更多的出行选择，可以节省出行费用、减少汽车使用和交通拥堵，还能实现更加公平的出行。秘诀在于推动人们的出行方式朝着符合公共利益的正确的方向转型。

在过去的几年中，我们所学到的最多的是需要采取强有力的政策来鼓励共享乘车，并且确保覆盖那些服务不足的社区，对公共交通而言，这是一种相互补充而不是相互竞争的关系。

滴滴、来福车、优步、Ola、Blablacar和其他出行服务商将会继续成为变革的推动者吗？谁知道呢。也许我们会决定将这些新兴出行公司转变为受监管的地方垄断企业。或许这些叫车公司会在等待无人驾驶汽车的圣杯来临的过程中就香消玉殒了。没准儿向自动驾驶汽车的转型要持续半个世纪之久，倘若如此，那些所谓的好处恐怕就要延后到来了。

但是请不要误会：这是一条前进的道路，也是一条充满着各种失误和违规操作的道路。我们的领导者和媒体的思维定式应该集中在如何最大限度地利用好诸多新兴的出行技术和商业模式上。我仍然对人类最终将创造一个更美好的世界充满希望。

丹尼尔·斯珀林

于法国巴黎和加利福尼亚戴维斯

2020年4月

目　录

前　言

写作这本书就像是经历了一段旅程。跟其他书籍没有什么两样，这本书同样来自对过往事实的观察以及个人的一些经历。在刚刚开启职业生涯的最初阶段，我曾担任“和平队”（Peace Corps）①驻洪都拉斯首都特古西加尔巴市（Tegucigalpa）的城市规划师，还在美国环境保护署（EPA）工作了近两年的时间。这些经历让我大开眼界，体会到了在经济增长过程中，通常会伴随着诸多的社会和环境问题。同时，政府及其实施的各种公共政策也会面临机遇和挫折交错并存的局面。

20世纪70年代后期经济滞胀的“综合征”一直传染蔓延到80年代初期，作为一名研究生刚刚毕业的青涩懵懂的年轻人，我体会到这个综合征是一个深刻的教训，即使是最开明的企业和政府领导人也会犯错。到了20世纪90年代，所谓的“智能车辆公路系统”（IVHS）技术开始出现，而这些技术最初发端于一小部分政府交通管理层以及对车辆技术装置感兴趣的公司。虽然理想很丰满，但现实却很骨感。

这种长时间极度压抑和沮丧的悲观情绪在20世纪90年代末终于告一段落，当时我在我的博士生苏珊的协助下，拓宽了IVHS的应用范围，使之渗

---

① 美国和平队（Peace Corps）由约翰·F. 肯尼迪总统于1961年3月1日发起建立，由具有奉献精神的不同年龄、不同种族和不同性别的美国公民组成。——译者注

透到分时租赁领域。得益于本田汽车公司提供的50万美元资助，我们在加州大学戴维斯分校创办了新交通研究中心（Center for New Mobility Studies at UC Davis）。苏珊作为加州大学伯克利分校交通可持续发展中心的共同创始人扛起了大旗，担起了重任，但这对她和我来说都注定是个孤独的时刻。我们领先于时代15年之多，而我没有停止脚步。

与此同时，1991年我在加州大学戴维斯分校创办了交通研究所，旨在推动将交通领域的投资和创新活动引导到环境可持续发展的轨道上。目前来看，研究所的发展非常好，甚至已经超出了我最乐观的预期。我们被推选担任了2013年和2016年全国可持续交通中心的主持单位。我们已经建立起一支高水平的专家研究团队，开展和加强了一系列重要的政策研究工作，从零排放车辆（ZEV）法规和低碳燃料标准，到共享出行服务的规制政策。全所及有关机构的几百名教职员工和学生在过去几年当中已经为这本书贡献了他们的真知灼见和创作灵感。

尽管世界各地仍然满目疮痍，美国国内政治和政策频频亮起红灯，但我现在比以往任何时候都更加乐观。此为何来呢？因为我的职业梦想和期盼正在变成现实。半个世纪以来，客运交通领域的第一次真真切切的转型和创新正朝着我们大踏步走来，它会带来巨大的能源、环境和社会效益。几十年来一直阻滞着我们前行的阴霾正被一扫而光。原来IVHS（智能车辆公路系统，译者注）的狭窄视野后来演变为视野稍为广阔的智能交通系统（ITS），但现在随着车辆电动化、共享化和自动化的三大交通“革命”而焕发出勃勃生机。

政府政策在这“三大革命”中扮演着重要的角色。它正在发力将汽车电动化全力推向市场，同时将其他的两大革命导入符合公共利益的轨道上。自从美国州际高速公路、日本和欧洲的高速铁路以及货物集装箱运输出现以来，我们还没有迎来过这样令人振奋鼓舞的转型机遇。这是一个多么美妙而重要的时刻呀！

这本书早在2016年初业已成形，当时气候工作基金会（Climate Works Foundation）的安东尼 ·埃格特（Anthony Eggert）和能源基金会的帕蒂·莫纳汗（Patty Monahan）找到我，问我能否举办一个与我以前称为三大出行革命有关的政策研讨会。三大革命的叫法第一次出现是2015年1月我在华盛顿特区领取“交通研究理事会”（Transportation Research Board）的“托马斯·迪恩杰出学术报告奖”（Thomas Deen Distinguished Lectureship）时所作的演讲，更加明确地提出三大革命的概念是2015年9月我在芝加哥召开的汽车工程师学会（Society of Automotive Engineers）会议上所作主旨演讲。我将这本书加入了倡议行动当中，并召集和邀请了一流的专家来共同撰写本书的章节。

关于出版本书的目的，我们将“革命”（revolution）定义为“思考或形象化认知事物的方法上的根本性变化”（a fundamental change in the way of thinking about or visualizing something），以及如《韦氏辞典》（Webster）所给出的定义，是“使用或偏好上的一种彻底转变，特别是在技术方面”（a changeover in use or preference，especially in technology）。书中关于电动化、共享化和自动化驾驶章节的排列顺序是按照每一种革命性创新所蕴含的潜力来安排的。在随后的章节里，我们探讨了三大革命对公共交通、社会公平以及汽车产业的影响，以及中国将如何（或可能）从这三大革命中获益。

我们之所以先讨论车辆的电动化，是因为电动车（EVs）是以一种事物来替代另一种事物——内燃机车辆，这一替代过程对经济和社会所产生的连锁反应温和而适中。诚然，经济电气化可以追溯到19世纪后期。用克莱顿·克里斯滕森[①]（Clayton Christensen）的话语体系和标准将车辆电动化冠之以“颠覆性创新”（disruptive innovation）也许会有点名不副实。实际上，电动车影响了汽车制造商的商业模式。随着时间的推移，电动车的制造和销售服务也在缓步推进。在此过程中，对绝大多数公司而言，汽车制造商的核心业务并未受到实质性威胁。汽车厂商只不过是变身为一个新的发电商。电动车可能最终会带来“使用或偏好的转变”（a changeover in use or preference），但这些使用中的变化并不会在一夜之间突然降临，或者彻彻底底地改头换面。无论如何，这些变化将更多地会受到其他两项创新的深刻影响。其他两项创新将以何种方式来推进，目前看还不太确定，但这两者都更具转型性，甚至是革命性的特征。

我在撰写这本书的过程中顿悟到，可持续交通的发展路径肇始于拼车出行（pooling）[②]：让更多的乘客填满我们的小汽车、公共汽车和地铁列车。在推动交通转型上，拼车远比电动车更具发展潜力。实际上，

① 克莱顿·克里斯滕森，1952年4月6日生，是美国学者、商业顾问和宗教领袖，目前供职于哈佛大学商学院工商管理专业金·B. 克拉克教授。他以“颠覆性创新”理论而名扬天下。“颠覆性创新”概念是他首先在其第一本专著——《创新者的困境》中引入的，这个概念被称为21世纪初最有影响力的商业理念。参见维基百科。——译者注

② 作者在本书中使用“拼车出行”（pooling）来指代近年来兴起的多人拼车合乘这种出行业态，为了与传统的“共享出行”服务（ridesharing）区分开来，本书作者统一使用“拼车”（pooling）一词。在中国出行市场上，人们习惯将拼车出行称为“搭顺风车”。与此概念相近的概念还有“车辆共享”（carsharing），在中国出行市场上，通常称为“分时租赁”；“网约车”服务（ridehailing）是出行人通过互联网（通常是出行公司移动端App及其背后的大数据平台）向出行服务公司订购出行服务。即由多人分时段拥有车辆的排他性支配权，在各自拥有支配权的时段，由订购人（通常是一个人）来控制驾驶车辆。国外出行市场上，像优步和来福车这样的出行服务公司，既提供拼车出行业务，也提供分时租赁服务。——译者注

我逐渐相信，对我们所有客运交通而言，拼车出行才是唯一的、最重要的推进战略和创新活动。这种拼车服务并不是在曾经失败的传统拼车合乘（carpooling）基础上演变而来的，而是基于像来福车（Lyft）和优步（Uber）[①]（以及在美国或其他地方运营的网约车公司）这样的，我称之为镀了金的出租车服务。

UberX和传统的Lyft网约车模式为此后的多乘员合乘（如Lyft Line和UberPool，以及微型公交服务[②]）的新型拼车模式奠定了必要的基础[③]。在拼车出行的新时代，汽车制造商将重塑自我，向出行服务提供商的角色转型。属于私人的汽车数量开始减少。但这种变化会是缓慢的，不会有太可观的回报。而要想实现大规模转型，并带来巨大的潜在收益（也可能产生巨大亏空），关键在于实现第三个革命，即车辆的自动化驾驶。

无人驾驶汽车也会在很大程度上受益于拼车出行的发展。当车辆实现

---

① Lyft和Uber是美国最大的两家基于互联网的出行服务公司，两家公司的总部都位于美国加利福尼亚州旧金山。前者创立于2012年6月，创始人是洛根·格林（Logan Green）和约翰·季默（John Zimmer）；后者创立于2009年3月，创始人是Travis Kalanick（崔维斯·卡兰尼克）和Garrett Camp（格瑞特·坎普）。两家企业均以开发移动应用程序联结乘客和司机，提供载客车辆租赁及实时共乘的分享型经济服务。乘客可以通过发送短信或是使用移动应用程序来预约这些载客的车辆，利用移动应用程序时还可以追踪车辆的位置——参见维基百科。Lyft的中文通用名称为“来福车”，Uber的中文通用名称为“优步”。——译者注

② 微型公交（microtransit）是一种需求响应式交通模式。该技术使得公交服务能够灵活地设计路线或灵活地调小巴车。微型公交提供商使用即时信息交换技术，在供需预先匹配的基础上，能够实现更高级的需求（出行）和供应（调度车辆）的超级实时匹配，从而扩展了交通服务的服务范围。通常可以预先确定可能的上下车停靠点，以便更好地进行路线优化。从概念上讲，微型公交适用于处于私人交通（汽车或出租车）和公共交通（公共汽车）之间的地带。参见维基百科。——译者注

③ UberX和传统的Lyft约车都是乘载一名乘客出行的服务模式。现在，在Uber和Lyft约车App平台上，乘客独乘和多人合乘拼车（又分系统指定的就近地点上车和约车人指定地点上车等不同类型）等不同乘坐方式，以及经济型车、中大型车、豪华SUV等不同车型，都成为约车人的可选项，由系统后台自动计费和扣费。费用标准并不固定，随行就市，通常乘客独乘费用要高于多名乘客合乘，中大型车和豪华SUV费用要高于经济型车。——译者注

了完全无人驾驶的时候（那一天终会到来），出行的时间成本和货币成本都会大大降低。

三大革命给全社会带来的好处将是非常可观的：在全世界可以节省数万亿美元的成本，温室气体排放量也将大幅减少，更多人的出行需求能够得以满足，包括现在那些出行不便的人。我对于这一天的最终到来充满了信心。

我想再重申一遍，我习惯于看到杯子里的水已经半满了①。

从另一方面来看，杯子还有一半是空着的，这听起来也不是没有道理。在这样一种相对悲观的情景下，汽车仍然为个人所保有，汽车电动化进展非常缓慢，人们拒绝选择拼车出行，政府决策者也持消极态度。在自动驾驶占主导地位的情景下，最低限度的拼车出行和电动化，将导致车辆使用频率急剧增加，从而导致温室气体排放飙升，富人和普通人之间的出行差距进一步扩大，社会和经济结构的稳定性也会受到影响。

有许多因素可能会影响到以三大革命为特征的交通转型进程，包括出行人与他人共享出行并主动放弃购买和拥有私家车的意愿，电池、燃料电池组和自动驾驶成本的持续减少，以及企业的适应能力。但是最重要的影响因素是政策。

政策在加速推动这些创新方面发挥着核心作用。在确保创新活动服务于公共利益这一点上，政策是最重要的因素。而这里所谓的公共利益包括建立在共享化、电动化以及自动驾驶车辆基础上的交通体系。我满怀期望

① 这意味着马上就会达到目的。“杯子半空还是半满？”是一句常用表达用语，也是一句谚语，通常用来婉转地表达这样一种特殊的境况，即它既可能产生悲观压抑的情绪（因为只有半杯水），也可能会形成积极乐观的态度（因为已经注了半杯水了），抑或被当作考察某人世界观的一张试纸。参见维基百科。——译者注

我们会充分利用科学和以往的经验教训，用政策来引领自动化技术朝着更符合公共利益、创造更美好的未来的方向进发。

这本书就是朝着这个方向迈出的一步。一个由多名杰出专家组成的团队为本书贡献了他们的真知灼见，我们将他们思想的火花连同他们所撰写的报告荟萃在一起呈现给大家。他们告诫我们，三大革命的前行之路不会一帆风顺，肯定会遇到隐藏的陷阱和曲折迂回的弯路，但他们会和我们一起，带领着我们去争取最好的结果。本书面向各类专业人士和受过良好教育的公众，他们对交通和我们的城市，以及对环境的未来前景充满了好奇心。读者群还包括中央政府、省、州政府和地方政府等负责制定面向这三大革命的相关政策的官员们。此外还包括汽车业界的专业人士和世界各地的教授和学生，他们也都试图了解三大革命给他们所处行业和领域带来的深刻变化和影响，当然也包括我们这些对道路拥堵不堪感到沮丧和无奈、对我们居住社区的社会福祉感到担忧、对我们居住的星球的未来充满忧虑的人们。

至于我，我正将余下的职业生涯投入到将科学融入政策、并引导这些革命朝着符合公共利益和创建更美好未来前进的事业当中。我正与其他人合作，在加州大学戴维斯分校建立一个“三大革命”的政策平台，也为所有致力于这一伟大事业的人们提供交流平台。

第一章

交通革命使我们的生活变得更好还是更糟？

丹尼尔·斯珀林、苏珊·派克和罗宾·切思

Daniel Sperling，Susan Pike，

and Robin Chase

我们必须驾驭正在来临的创新活动，要让它们符合公众利益——即让它们朝着共享化、电动化和自动化方向发展。如果我们不这样做，就将自食恶果。

我们都对自己的座驾爱不释手。或者说，至少我们都喜欢这些宝马良驹带给我们的自由自在、灵活性、便捷性和舒适性。这种对汽车的强烈偏爱自一个世纪前的T型车问世以来，一直是无遮无掩也没有受到什么挑战的。但现在这种局面却难以为继了。如我们所知，眼下，由私人拥有、人为操控和以汽油为动力的汽车正受到来自多个方面的冲击，这些冲击给人们交通出行方式带来颠覆性变化。汽车制造业和公交服务业——不管是出租车、道路修建和高速公路融资，都将面临重新洗牌的局面。我们的生活方式也会随着这些颠覆性的冲击而发生改变。转型的气息已经弥漫在我们的四周。

也许你是Zipcar[①]、来福车或优步的用户，或者你知道有人使用过它

① Zipcar是汽车租赁公司安飞士旗下专事分时租赁业务的在线汽车共享子公司，由Antje Danielson和Robin Chase于2000年创立。提供基于互联网的会员制预订服务，按分钟、小时或天计费。总部位于美国马萨诸塞州波士顿市，员工总数约500人，拥有超过100万会员，业务遍布全球500多个城市，运营车辆超过12000辆。——译者注

们。你恐怕已经见过几辆电动车（EVs）穿梭在大街小巷，其中大部分车型是日产的聆风（Leaf）、特斯拉（Tesla）、雪佛兰的沃蓝达（Volts）和博尔特（Bolt），偶尔也能看见其他品牌的电动车。你肯定听说过或读到过关于即将到来，并将导致改天换地般变化的自动驾驶车辆的报道。但是，电动化、共享化和自动化这三大革命会以多快的速度向我们迎面袭来？它们会不会汇合成一股强大的洪流呢？电动车能否被更多的消费者所接受，并用来满足他们的出行需求呢？我们当中的很多人是否愿意舍弃自己的私家车不用，而去选择与其他人共享合乘出行呢？我们能接受机器人来驾驶我们的车辆吗？

我们正站在一个岔路口的正中央。

在过去的半个世纪里，交通运输的变化微乎其微。在确，汽车是更加安全、更可靠和更舒适的交通工具，但它们仍然四平八稳地踱着方步，仍然保持着恒定不变的运载能力，仍然通过内燃机狼吞虎咽地吞噬着大量汽油。公共交通系统也没有太大变化，尽管自20世纪70年代以来，一些城市已经开通了现代化的轨道交通线路。同样地，道路基本上也没太大变化，仍然用沥青和混凝土铺成，而且仍然主要靠汽油和柴油税来提供资金上的支撑。在我们现有的交通系统中，私人车辆可以满足各种交通需求，道路也都是服务于所有车辆的（自行车除外）。这个系统的成本之高、效率之低以及资源消耗之多是令人难以置信的。

但还有比这更糟糕的情况。在大多数情况下，每辆汽车通常只乘载一个人，约95%的时间车辆都是闲置着的，这是最大的浪费[①]。尽管汽车如

---

① Paul Barter, "'Cars Are Parked 95% of the Time.' Let's Check!" Reinventing Parking, 22 February, 2013.

此浪费和低效，但在大多数地方，它已经基本上取代了公共交通。公共汽车和轨道交通现在只占美国客运里程的1%[①]。那些因为岁数太小、收入太低或身体条件受限而无法开车的人，只能依赖其他人的帮助才能获得生活必需品和基本服务，而且多局限于少数几个人口稠密的城市。

从洛杉矶开始，美国形成了这种代价高昂的、单调的汽车文化，并且这种模式正在全世界被广泛地效仿。对许多人而言，汽车带来的自由度和灵活性是不均等的，而且成本也相当之高。美国的消费者平均每年花费8500美元来购买新车，占他们家庭全部开支预算的17%[②]。更重要的是，过度建设的道路设施、交通事故导致的死亡和伤害、空气污染、碳排放、石油战争和不健康的生活方式等产生了巨大的社会成本。统计数据是麻木无情的。单就美国而言，2016年汽车、摩托车和卡车的交通事故造成近4万人死亡和460万人重伤[③]。美国所有车辆每天要烧掉近1000万桶石油[④]。交通运输对温室气体排放的贡献度高于其他任何部门[⑤]。在遥远的岛国新加坡，12%的稀缺土地被用来建设汽车基础设施[⑥]。在印度新德里，由于糟糕的空气质量，440万儿童的肺部受到不可逆转的损害，而罪魁祸首就

---

① US Department of Transportation，National Transportation Statistics，Table 1-40，updated April 2017.

② These figures are based on fifteen thousand miles of travel per year. AAA，"Your Driving Costs，" AAA News Room，23 August，2017; US Department of Labor，2015 Consumer Expenditure Survey，Table 1203.

③ National Safety Council，"NSC Motor Vehicle Fatality Estimates"，2017.

④ U.S. Energy Information Administration，"Petroleum and Other Liquids，U.S. Weekly Products Supplied，" accessed 3 September，2017.

⑤ US Energy Information Administration，"U.S. Energy-Related Carbo Dioxide Emission，2015"，March 2017.

⑥ "Singapore：Intelligent Transportation System，" C40 Cities，2013; Brian Fund，"Here's One Place in the World You Can Already Hail a Driverless Taxi，" *Washington Post*，25 August，2016.

是机动车①。我们已经创造了一个不可持续且极不公平的交通系统。

终于，变革翩然而至。自一百年前福特T型车问世以来，我们首次有了全新的选择。信息技术革命改变了我们交流沟通、从事学术研究、购买书籍、聆听音乐和见面约会的方式，并最终走到了交通运输业的面前。我们现在已经具备了实现交通转型的巨大潜力，能够创建一个梦幻般的共享化、电动化和自动化的交通体系，让我们以比目前低得多的成本来消除交通拥堵。如果不这么做，我们就可能误入歧途。等待我们的可能是噩梦一场。

让我们花点时间发挥想象的空间，为2040年设定两种不同情景。

2040年的交通：梦幻情景

在一种未来的愿景中，政府设法通过前瞻性的战略和政策引导三大革命向着符合共同利益的方向迈进。人们可以自由地选择多种清洁交通方式。由于有了共享的自动驾驶汽车，他们可以有更多的时间与家人和朋友享受生活，而不是陷入滚滚车流之中无法脱身。他们呼吸着更清洁的空气，不用再担忧温室气体排放问题。交通系统肯定会更安全、更高效，出行也变得更方便了，而且停车比以往任何时候都更容易了，对老奶奶迷路走丢的担心也随之烟消云散。父母也不用将大量的时间用在接送孩子上。交通领域的创新已经能够轻而易举地满足人们便捷和经济出行的需求。

在这种乐观情景下的普普通通的某一天，帕特丽夏·马休斯（Patricia

---

① Jha Alok “Delhi’s Air Pollution Is Causing a Health Crisis：So，What Can Be Done？” *The Guardian*，3 November，2015.

Mathews）和罗伯托·鲁伊兹（Roberto Ruiz）夫妇跟他们的两个孩子一起吃完早餐之后，帕特丽夏就被一辆由出行服务公司所有的电动自动驾驶汽车（AV）接走上班去了。这辆车是由一个交通枢纽调配来的。在那里，轨道交通穿梭往返，自行车随手可取，电动的自动驾驶车辆负责接送乘客。

跟大多数邻居家一样，马休斯——鲁伊兹夫妇家门前也有一块不大的地方可以上下车，房子前面有一个花园种着蔬菜，这块地方以前是很宽的机动车道。车库已经改造成了一间客房。房屋后面就是绿化带，里面有相互连通的公共花园。孩子们到处蹦蹦跳跳地玩要着，大人们也不用担心他们会被来来往往的车辆撞到。

当帕特丽夏走到自动驾驶车辆旁边时，车子认出了她，并给她打开了车门。她专属的扫码程序在区块链保护下授权系统从他们全家的出行订单账户中进行安全支付。这个账户还用来支付公共交通、共享单车和其他交通方式的费用。每月只需支付金额不太多的费用，再加上按每英里单价计费的里程收费，所有家庭都能获得各式各样的共享车辆及服务，包括自动驾驶电动车、电动滑板车和市内轨道交通。对一些特殊出行服务，例如航空出行，还可享受一定折扣。这个账户未与可追溯的银行账户相连接，而且每两个月删除一次出行数据。

因为帕特丽夏的通勤距离不长，自动驾驶电动车接到系统通知要在中途再搭载一位她认识的乘客——帕特丽夏的邻居。在进城的路上，她们聊起了即将开始的社区聚会。自动驾驶电动车又接上一位乘客后，直接驶往市中心。在市中心，车辆被导入一条宽阔的大道，大道上有两条车道供车辆行驶。在这两条车道中间是一条卡车和公交专用道，大道两侧各有一条自行车道，外侧紧挨着宽阔的行人步道。

马休斯——鲁伊兹家的其他成员出门后一起骑上共享单车去上学（下雨天时可换成自动驾驶电动车）。罗伯托在送完孩子上学后继续前往他工作的健身中心，路程需要大约20分钟。在午餐的时候，罗伯托会骑一辆共享电动自行车前往镇上的另一端，他母亲住在那里，罗伯托要陪老人家共进午餐。老妈妈居住的社区比较紧凑，这里有密集的商店和住宅。街道上的停车场早在几年前就被拆除了，取而代之的是几处用来载客和卸货的空地、延展的自行车道、宽阔的人行道、户外长椅和袖珍公园。

吃过午餐之后，罗伯托帮他老妈妈叫了一辆车去附近的医疗中心，这辆车是专门为行动不便的人设计的自动驾驶电动车。在回家的路上，老妈妈还顺便去拜访了一位朋友。她的退休金对于支付这些出行订单的费用而言是绰绰有余的，这也能保证她和像她一样的低收入人群可以选择各种不同的出行方式。对那些收入更少的人群来说，他们可以获得出行补贴。如果在非高峰时段使用自动驾驶电动车出行，补贴会进一步增加，因为在这个时间段，有许多自动驾驶电动车处于停泊和充电状态。自动驾驶电动车的调度系统根据需求变化进行了优化，同时完成相应的计价。

回到工作单位后，帕特丽夏给罗伯托打了一通电话，让他计划一下晚上的活动安排。放学后，孩子们会和其他同学一起骑自行车回家，保姆正在家里等着他们回来。罗伯托和帕特丽夏准备叫一辆自动驾驶电动车到附近公园里的一家临时搭建餐馆（pop-up restaurant）[①]吃晚饭，他们知道即使多喝了两杯酒，也不用担心怎么开车回家。

---

① 英文（pop-up restaurant），也称为晚餐俱乐部（supper club），是临时餐馆。这些餐厅通常在私人住宅、老旧工厂或类似的地方以及节日期间运营。参见维基百科。——译者注

2040年的交通：梦魇情景

现在让我们来想象一下，如果我们的社区对这三大革命毫无准备，那么一个截然不同的未来情景就会降临到我们身边。在这种情景下，城市管理当局不是主动采取措施和激励手段来鼓励人们拼车出行，相反却任由个人的私欲发酵和汽车公司在竞争性本能的驱使下恣意妄为。当买得起自动驾驶车辆的人只顾自己的个人利益，任由自己的座驾空驶出行，交通拥堵状况就会持续恶化。在大多数自动驾驶车辆并不是由电力来驱动的情况下，人们出行越频繁，温室气体排放就会越多，陪伴孩子们和从事社区服务的时间也就变得越稀少。由于高收入的通勤群体放弃了乘坐公共汽车和地铁出行，对公共交通也是漠不关心，因此公交服务开始逐渐萎缩。当富人和普通人出行能力差距不断分化和拉大，进而演变为巨大的鸿沟时，那些没有驾驶执照和没有私家车的人就会被不断地边缘化。与此同时，随着人们不断往距离市中心越来越远的地方移动迁徙，以寻找负担得起的住宅，他们会选择长距离的上下班通勤和低廉的房屋抵押贷款，而不是临近市区的昂贵房产，在这种情况下，城郊边界就不断地向外蔓延扩张。

在这个未来情景中，属于中产阶级的马休斯——鲁伊兹一家拥有一辆自动驾驶电动车。他们是在观看了电影《2001太空漫游》（*2001：A Space Odyssey*）之后，给这辆车起了一个和电影中超级智能电脑一样的名字——哈尔（Hal）的[①]。他们的家远离市郊，装潢简约。由于车辆仍然由个人

① 《2001太空漫游》（*2001: A Space Odyssey*）是一部1968年由斯坦利·库布里克执导的美国科幻电影。库布里克受到了亚瑟·克拉克的短篇小说《前哨》的启发，并与克拉克合作完成了剧本。尽管影片上映时各界褒贬不一，该片依然获得了1968年的北美最高票房，并在当年获得4项奥斯卡奖提名，获最佳视觉效果奖。1991年，影片因“文化上，历史上和审美上的重要价值”而被美国国家电影保护局收藏。该片常被认为是第一部运用电脑绘图科技制作辅助效果的电影，向当时的世界展示了电脑将如何以生动的视觉效果，在未来对电影产生不可磨灭的影响。参见维基百科。——译者注

所有（20世纪的残余物），公共交通也极不发达，因此，他们不得不花费近一半的收入去购买心仪的自动驾驶车辆。他们不仅要支付高昂的车辆费用，还要承担昂贵的远程停车费（不在家时），包括软件更新费用、软硬件安全检查以及自动驾驶车辆专用车道使用费。

他们上班的单程通勤距离有80英里，大约1.5小时才能到达工作单位。当他们在付费进入专用自动驾驶车辆车道后，哈尔能以每小时80英里的速度巡航，但在上下班时间哈尔不得不驶入高速公路的混行车道，车速也不得不减下来。有时候，他们会选择混行车道上下班以便降低通行费用，但这会使单程通勤时间增加到两小时。

马休斯—鲁伊兹一家购买了自动驾驶车辆专用车道通行证，每月允许他们行驶3000英里，超过之后每英里加收40美分。由于他们通勤距离有80英里，光上下班通勤就用完了通行证的里程配额，他们不得不为出行订单中的超出里程支付额外的费用。

当家里有人晚下班的时候，家人就会派哈尔空载去接他回家，或者不管是谁提早下了班，他或她也得坐上哈尔沿着市中心人头攒动、拥堵不堪的街道往家里行驶。但毕竟，坐在车里还是舒适的，乘员可以高效地利用好这个时间（甚至打个盹）。

哈尔行驶的里程中更多的是下午接孩子放学回家和白天跑腿。跑腿的差事可能包括从仓库中取包裹，这是通过扫描技术和机器人来完成识别和装卸箱子的工作的。这些行驶里程加上周末娱乐的出行里程，哈尔每月跑的里程通常会超过5000英里。

何去何从？

我们以上描绘的两个不同的未来情景——梦幻情景和梦魇情景，它们哪一个会变成现实呢？三大革命会不会导致人们更多地使用车辆、城市边界进一步平铺蔓延、出行弱势群体被加剧边缘化、交通成本日益高企，以及越来越多的温室气体排放呢？再或者，它们是否会减少交通拥堵和环境影响，让社区更加安全，让所有人都能更轻松、更经济地出行（见图1.1）？答案是个未知数，而且很可能在不同地区和不同国家之间存在很大差异。三大革命在不同地区的推进速度不尽相同，掀起一波波意想不到的涟漪，或者至少是产生了出人意料的后果。我们确实还有资格说三道四，但前提是我们现在就得警醒过来，要知道变革的速度和范围，以及即将到来的革命将如何影响交通和城市。现在所做的关于基础设施和车辆技术的任何决策都将极大地影响变革的路径和速度（术语称为“路径依赖”[①]）。

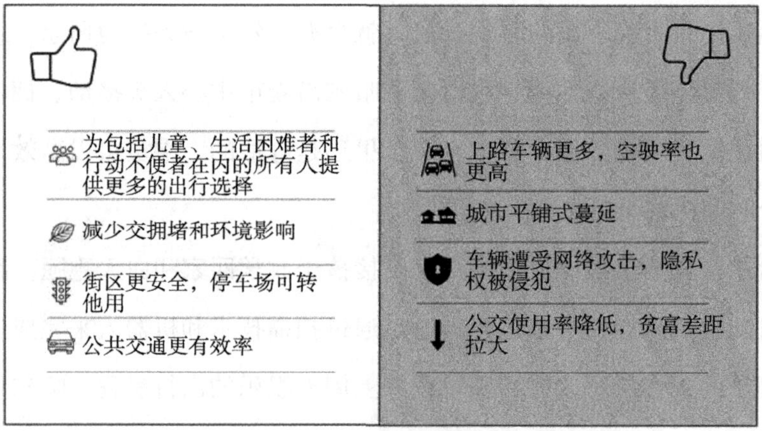

图1.1　何去何从：2040年的交通是梦幻还是梦魇？

---

①　“路径依赖”（path dependence）是指给定条件下人们的决策选择受制于其过去的决策，即使过去的境况可能已经过时。路径依赖被经济学用以解释在制度变迁中偶然性的作用，以及制度变迁对初始状态的敏感性。参见维基百科。——译者注

三大革命中的其中两项，即车辆电动化和自动化是无可回避的趋势。第三项革命，即拼车出行则有点不太确定。但从许多方面来看，它又是最为关键的，特别是当自动驾驶车辆即将成为现实的时候。所有这三大革命都有产生巨大收益的潜力。电动车包括氢燃料车将减少化石燃料的使用和温室气体排放。车辆的共享化将减少上路车辆的数量，从而减少交通拥堵和尾气排放。自动驾驶车辆在大多数情况下将减少碰撞事故。这些好处完全有可能实现，而且毋庸讳言，好处只多不少，只要三大革命能融合推进。融合（integration）意味着电动车在自动控制状态下乘载多名乘员出行。其结果就是低成本、低碳和公平的交通运输体系。

三大革命的融合——梦幻情景，真能梦想成真吗？正如《汽车新闻》（*Automotive News*）——一本业内最重要的汽车贸易类杂志所言："对于那些性格有缺陷、思路混乱，有时会很自我的人而言，他们有几百万种方法把完美无缺、乌托邦式的情景给搞砸了。"[①]未来的塑造需要多种因素，包括消费者有多大意愿去接受新的服务方式，接受共享出行，公共交通的运营商如何才能心甘情愿地接受那些作为公共汽车和轨道交通的补充而存在的新型出行服务模式，以及汽车制造商有多大的倾向性转型为出行服务公司（mobility companies），而不仅仅是汽车公司（car companies）。同样重要的因素还包括地方、州和联邦政府制定的林林总总的政策、监管规定和税务法规，以及地方政府的政治家们是否有意愿推动拼车服务。

在接下来的章节中，我们将深入探讨三大革命及其潜在的协同效应。我们的目标是引起和增加大家关于讨论的兴趣，看看我们需要采取哪些措

① Sharon Dilke Carry, "How Humans could Ruin the Autonomous Era," *Automotive News*, 24 October, 2016.

施来完全释放车辆电动化、自动化和共享化所蕴藏的巨大的上升潜力，同时避免出现不利因素。消费者、纳税人、政府、公交运营商、移动出行的初创公司、汽车公司和能源公司将会给出他们自己的选择。在本书中，我们与大家分享我们的观点和知识，希望能对大家做出更明智的选择有所助益。我们同样希望更明智的决策能够驱使这些革命更好地增进公众的福祉，提高我们每一个人的生活水准。

三大革命一瞥

在展望未来之前，让我们先简要地总结一下我们现在面临的三大革命。我们还会在下面的章节中为您详尽阐述。

车辆电动化

这是一条艰难而曲折的道路。1900年，美国大约1/4的汽车都是由电力驱动的。但很快，它们就被内燃机车所代替，并且直到100年后才东山再起。1990年，加利福尼亚州迈出了重要的第一步：它出台了零排放汽车（ZEV）法规，以遏制笼罩在洛杉矶市上空的大气污染。但由于产业界发起诉讼，以及技术进步的速度比预期的要慢，这项法规在此后的20年间可谓步履蹒跚。通用汽车公司（GM）在20世纪90年代对外出租了一千辆类似运动型的电动汽车，获得了一些好评，但没过几年就把这些车销毁了。

突破性的进展发生在2008年。这得益于几十年研究与开发的成果积累，更得益于政府对动力电池和相关电子设备的资助。那一年，特斯拉

（Tesla）推出了一款动感十足、性能优越的纯电驱动的运动型跑车，震惊了整个汽车业界。接着在2012年，特斯拉又推出了一款外观饱满圆滑、优雅别致又动力强悍的轿车——Model S。2010年，日产汽车公司（Nissan）推出了近百年来第一款规模化量产的电动汽车——聆风（Leaf）。紧接着，通用汽车也不甘示弱地推出了插电式混合动力车沃蓝达（Volt）。汽车业界取得的这些令人瞩目的技术成就，引起了加利福尼亚州的重视。加州政府2012年重新激活了零排放汽车（ZEV）法规，要求汽车制造商们大力推广电动车的销售，到2025年，电动车的市场渗透率占15%。步加利福尼亚州后尘，美国其他九个州也纷纷效仿。在本书付梓之时，中国和欧盟也蓄势待发，准备颁布实施类似的法规①。

中国很快就在2016年以50万辆的电动轿车、电动卡车和电动公交销量超过了加利福尼亚州②。现在包括动力电池和氢燃料电池在内的各类别电动车的全球累计销售额在2016年达到了200万③，全球总市场渗透率仅为1%，但在一些规模较小的电动车市场上却取得了巨大的成功。例如挪威，全国人口只有520万，但是2017年他们的电动汽车的市场渗透率却接近35%④。

截至2017年，各主要汽车制造商都在电动汽车领域投入了巨资。仅在

---

① 中国在2017年9月推出的“双积分政策”就是与加州合作交流的一个成果；其新能源汽车积分政策部分与加州的零排放汽车政策极为相似。——译者注

② Chinese sales of new-energy vehicles in 2016 totaled 507，000，consisting of 409，000 all-electric vehicles and 98，000 plug-in hybrid vehicles（many of these trucks and buses），according to Liu Wanxiang，“中汽协：2016年新能源汽车产销量均超50万辆，同比增速约50%”【China Auto Association：2016 New Energy Vehicle Production and Sales Were over 500，000，an Increase of About 50%】，D1EV，accessed 12 January，2017。

③ International Energy Agency，*Global EV Outlook* 2017（Paris，France：OECD/IEA，2017）.

④ European Alternative Fuels Observatory，“Norway，” accessed 4 September，2017.

美国市场上就有超过五种不同型号的电动汽车在售，其他地方更多，特别是在中国。每个汽车制造商都制订了行动计划来扩充其电动车队。电池成本的下降速度超出任何人的预期。世界各国政府无一例外地实施积极的政策来支持电动汽车的发展。在补贴力度较大的地区，比如像挪威和中国部分地区，电动车的销量飙升。而在那些补贴力度适中的地区，电动车销售则不温不火。在加利福尼亚州，2016年电动汽车占据了新车销售市场的5%，但是为什么销量不能再高一些呢？在加州许多地区，消费者发现高质量的电动车比同级别的汽油车价格更低，当然这要归功于政府慷慨的补贴。虽然前景如此光明，但发展速度却不如人意。

拼车（*pooling*）与共享（*sharing*）

共享经济和信息技术终于敲开了交通运输的大门，2007年发布的苹果手机iPhone成为助推器。来福车和优步因最早使用智能手机的应用软件（App）来征募私家车辆以满足消费者的即时出行需求而成为移动出行行业的翘楚。最初这种业务之所以能在出租车领域大行其道，是因为它们在成本和便利性方面都要优于传统的出租车服务，但服务功能又不逊于出租车。他们迈出了交通领域变革的第一步。

来福车于2014年推出了Lyft Line业务，这是一项真正改变可持续交通领域游戏规则（game-changing）的事件，它可以让两个同一出行方向的陌生人无缝隙地合乘出行。优步很快就复制Lyft的模式推出了优步拼车版本，即UberPool。乘车人只需接受绕行几分钟时间来接送第二位（或第三位）乘车人，且仅支付大约正常价格的一半就能与其他乘车人共享出行。截至2016年，在来福车和优步公司的用户中，愿意与陌生人拼车出行的乘车人有50%来自旧金山地区，这里也是这两家公司的发祥地。

来福车、优步和其他类似公司的下一个进军领域是引入自动驾驶车辆。2016年，来福车与通用汽车公司合作，开始在美国开发一个基于自动驾驶车辆的按需服务网络（on-demand network）。来福车的联合创始人约翰·吉默（John Zimmer）曾预言，到2021年，大多数选择来福车的乘车人的需求将由自动驾驶车辆来满足[①]。同年，优步在匹兹堡街头推出了第一批有技术人员辅助（technician-assisted）的自动驾驶车辆，并宣布与沃尔沃合作，使用自动驾驶车辆来提供共享出行服务。

但是大多数人愿意与陌生人合乘一辆由机器人操控的车辆吗？考虑到目前传统的合乘拼车群体（conventional carpoolers）本来就人数不多，而且规模还在不断减少，我们就不应再假设只因为应用程序和智能手机让拼车出行变得更容易使得人们会轻易地放弃车辆所有权而拼车。

车辆自动化

自动驾驶汽车一度看起来更像是距离现实生活比较遥远的科幻小说中的事物。它第一次亮相是通用汽车公司在1939年纽约举办的世界博览会上。第一次在现实生活中进行示范运行则是由通用汽车和本田汽车公司联手在1997年进行的。这个技术目前正接近于商业化。2010年，谷歌公司宣布它有一款可以在旧金山周边地区安全地实现自动驾驶的汽车，而且这还是在并未对路侧道路设施或者整个城市进行特殊改造的情况下完成的。这距离美国国防高级研究计划局（the Defense Advanced Research Projects

---

① John Zimmer, "The Third Transportation Revolution: Lyft's Vision for the Next Ten Years and Beyond," Medium, 18 September, 2016.

Agency，DARPA）[①]启动在沙漠中央地带建设自动驾驶车辆项目仅过了短短的6年时间，要知道当时可是没有一辆自动驾驶汽车能够完成测试的，类似的情况还有美国军事机构资助了因特网项目。

现实的情况是，欧洲、美国、韩国和日本的大多数新车已经部分具备了自动驾驶的功能。很多车辆具有独立适应巡航控制（adaptive cruise control）功能，可以根据前方车辆的行驶速度加速或降低自身的车速。还有很多车辆具有紧急制动（emergency braking）功能，当车辆检测到即将发生车辆碰撞时会接管（take over control）并刹停车辆。不少车辆还具有车道保持（lane-keeping）和盲点辅助（blind-spot）功能，可以检测车辆是否正在横跨车道（没有打开转向灯）以及其他车辆是否处于驾驶员的盲点。自动驾驶车辆所需的大部分硬件和软件已经出现并且在2015年前已经实现了商业化。

今天，少数公司在开发自动驾驶车辆方面处于领先地位，特斯拉和谷歌（现为Waymo）也加入到主要汽车制造商的行列。到2016年，特斯拉已经向公众售出了5万辆内嵌自动驾驶技术的车辆。这些车辆基本上能够实现完全自动驾驶，至少是在几乎没有障碍物和完全没有交通信号灯的高速公路上。在经历了部分自动驾驶车辆的体验以及车队多次测试之后，像特斯拉、通用、福特、丰田、宝马、梅赛德斯、沃尔沃和日产汽车公司对2020年前自动驾驶车辆的商业化前景充满了信心（车上并非完全没有驾驶员，我们在本书第三章会对此做出解释）。像优步这样的公司表示，他们

① 国防高级研究计划局（the Defense Advanced Research Projects Agency，DARPA）是美国国防部下属的一个行政机构，负责研发用于军事用途的高新科技。成立于1958年，当时名为高级研究计划局，于1972年3月改用现名，于1993年2月改回原名ARPA，至1996年3月再次改为现名。其总部位于弗吉尼亚州阿灵顿县。参见维基百科。——译者注

会尽快应用自动驾驶车辆，以便能覆盖其中一项最大的成本支出：驾驶员的费用。卡车运输行业也将为此节省大量开支。因此，这也难怪像奥托（Otto）这样的初创公司（由前谷歌公司员工创办并于2016年被优步公司收购[①]）正在测试自动驾驶的长途卡车。

这些满怀希望的憧憬与展望主要建立在技术进步的前提之上。但像这样的重大转型，要取得成功所必备的要素往往远超技术的先进性本身。对车辆牌照的发放管制必将引起较大的争议，同时随着汽车公司从制造业向移动出行服务业转型，企业将展开明争暗斗。社会公众面对自动驾驶车辆在路上遇到了紧急情况，是按原路线继续行驶并撞向老年人，还是应该急打方向盘去撞向一群孩子那样的令人紧张但几无可能的两难生死抉择议题，陷入喋喋不休的争论[②]。

路在脚下

关于该如何发挥这三大革命的作用，存在相当大的不确定性。但我们能确定地知道的是，汽车在可预见的未来依然会存在，而且大多数汽车最终将变为电动的和自动驾驶的车辆。一旦汽车实现了自动化，并且驾驶员从车中被移除，那么围绕车辆而衍生的一系列新的用途的经济合理

---

① 即前Google自动驾驶汽车项目的负责人Anthony Levandowski和谷歌地图团队的产品负责人Lior Ron。

② 关于“自动驾驶车辆该撞向谁？”是一个存在较大争议的话题，也是哲学和伦理学等学术界自20世纪初以来一直争论不休的所谓“有轨电车问题”（Trolley Problem）在自动驾驶车辆领域的延伸。最近的研究成果来自麻省理工学院团队所做的一项调查，结果显示不同国家和不同文化、经济等社会背景的人群对于同一个问题的回答存在相反的选择。参见Karen Hao，Should a self-driving car kill the baby or the grandma? Depends on where you’re from，*MIT Technology Review*，October 24，2018.——译者注

性就会显现出来。有些变化可能会比其他变化来得更迟缓些。有些变化无疑将对消费者、对经济和社会产生显而易见的积极影响。与之相反，另一些变化则可能会是灾难性的——就总体成本、环境影响和社会平等而言。

前景扑朔迷离：更安全的车辆和更公平的出行

归根到底，机器人操控的车辆无疑会远比人类操控的车辆更安全。机器不会酒驾，不知疲倦，不会因发短信和留意孩子而分心，还有闪电般的反应。如果世界上所有的车辆都实现了自动驾驶，美国每年可以挽救30000条生命，数百万人可以免受伤害。但是，如果人类仍然在驾驶或者还想亲自操控车辆，或者由部分自动驾驶向完全自动驾驶的转型因为安全管制或地方政府和民众对放弃管制保持缄默而被迫延迟，那么我们可能在几十年内都不会在安全性问题上看到有什么积极的成果面世。事实上，如果技术功亏一篑，在眼看就要获得成功的时候（车辆具备自动驾驶功能，但仍需并不可靠的人工干预）被冻结，那么死亡人数可能还会增加。

同样地，如果技术被冻结，被寄予厚望的低成本出行、解决弱势群体出行难问题，以及人们更少地使用车辆的美好愿望，都将成为空中楼阁。拥有和驾驶私家车的代价是高昂的，但是大多数人别无选择。考虑到折旧、保险、燃料、注册和维护保养，在美国拥有和使用一辆全新的、每年行驶15000英里里程的内燃机汽车的成本将近每英里0.57美元。二手车的总花费要便宜些，但也有限，因为旧车需要更多的保养和维修支出。在有公共交通可以选乘的地方，出行者选择公共汽车和轨道交通出行的成本就要便宜很多，而这也仅仅是因为公共交通得到了大量的政府补贴。在美国，乘坐公交出行的乘客平均每英里花费仅有0.25美元，但实际成本是其5倍之多。

如果能够实现商业化，乘坐自动驾驶车辆出行的成本可能会更低，这也意味着汽车的使用强度会更高。再加上前期折旧成本可以在更多的行驶里程中去摊薄，一辆登记在册的每年行驶10万英里里程的自动驾驶车辆的成本会进一步降低到每英里0.20美元（假设车辆的额外花费是10000美元）[①]。如果选择拼车出行，比如Uber Pool和Lyft Line，因为没有司机，每乘客英里（per passenger mile）的单位成本将会被压减到0.10美元或者更低。图1.2对这些成本进行了归纳汇总[②]。这种非常低的成本可以确保出行服务的均等化，而且极大地颠覆了我们头脑中刚刚形成的出行模式。但是就目前来看，尚无法保证来福车、优步和其他公司提供的拼车服务能够快速成长，特别是在高人口密度城市的周边地区。事实上，2017年优步和来福车旗下一次只载一名乘客的车辆共享仍然占主导地位。

---

① The cost per mile for an electric automated vehicle operated fifty thousand miles or more per year was calculated to be about the same as for a gasoline-powered AV, with the higher up-front costs offset by the lower operating costs (for maintenance and energy). See following note.

② 这些数字是基于自动驾驶车辆和共享车辆进行的成本分析，这项工作是由加州大学戴维斯分校交通研究院的Aditi Mwshram和Daniel Sperling完成的，同时这些数字还参考了地方收入管理局（Internal Revenue Service）、BLS 消费者支出调查，APATA的《2016公共交通的现状》（2016 Public Transportation Fact Book）（未公开发行）。对于公交系统的成本分析，参见第五章。

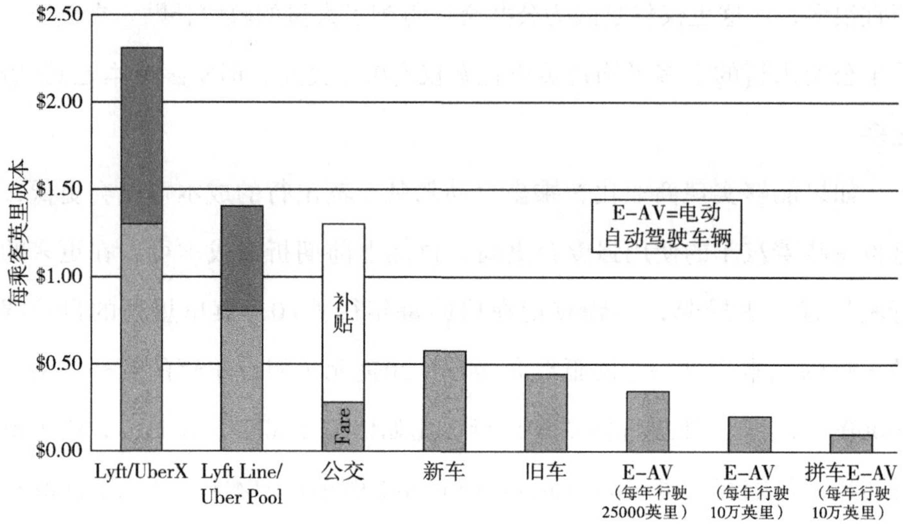

图1.2 美国不同出行方式的成本比较

注：图中交叉阴影部分表示由于出行时间（行程越长，每英里成本越低）和城市差异而导致的成本范围。

资料来源：加州大学戴维斯分校交通研究院的Aditi Mwshram和Daniel Sperling基于自动驾驶车辆和共享车辆进行的成本分析。

交通拥堵及环境影响：增加还是减少？

交通拥堵的影响可能有两个方面。一方面，在最乐观的情景下，如果所有自动驾驶车辆都是共享的而不是被私人所拥有的，那么拥挤问题就会迎刃而解。用车的数量也将大幅下降（这要归功于拼车出行），道路空间的利用率就将大幅度提升。街上和街边停车区域，包括专用停车位和车库，都可以改造为公共空间——包括更宽的人行步道，更多的树木、自行车道和街道设施，还可被用于提供价格低廉的住宅和公园。另一方面，如果自动驾驶汽车是由个体私人拥有，那么许多价格不菲的自动驾驶车辆就得花费相当长的时间绕着街区不停地兜圈子找车位，并最终可能返回远处的停车场而不是就近停车并支付停车费。想一想出现这种情况会对交通拥堵造成什么样的影响。同样地，一些人已经暗示，一旦驾车人将他们对驾车出行的厌恶感抛到九霄云外，那么自动驾驶车辆的私人所有权将会导致城市边界向远郊地区扩张蔓延，并衍生出一个新的圈层。在某些情况下，自动驾驶车辆的所有者们会被怂恿开车出行，因为他们能够在专用车道上以更高的速度行驶，尽管这种城市边界的蔓延会受到现有的土地权限、水资源和公用事业政策，以及人们更喜欢城市生活方式和适宜步行的居住环境的制约。

就能源使用和排放而言，三大革命相融合所释放的潜在协同效应是巨大的。像美国能源部①、国际交通论坛②、华盛顿大学③和得克萨斯州大学④等这样的独立团体组织的研究表明，共享的、电动的和自动驾驶的车辆有可能极大地减少温室气体排放。但是所有这些研究都基于若干重要的假设条件，他们假设出行者将与他人共享出行，而且出行者作决策时只考虑时间和节省成本的因素。

或许如此吧。有充分证据证明，出行者和消费者并不会像纯粹的理性经济人那样行事。至于车辆，如果自动驾驶车辆使用的是汽油，且仍然由个人所拥有，时不时地在接送客之间的空当在大街上空车游弋，那么排

---

① T.S. Stephens et al., "Estimate Bounds and Important Factors for Fuel Use and Consumer Costs of Connected and Automated Vehicles," US Department of Energy, National Renewable Energy Laboratory, Technical Report NREL/TP-5400-67216, November 2016.

② Jose Viegas, Luis Marinez, and Philippe Crist, "Shared Mobility: Innovation for Livable Cities," International Transportation Forum Corporate Partnership Board, 2016.

③ Zia Wadud, Don Mackenzie, and Paul N. Libya, "Help or Hindrance? The Travel, Energy, and Carbon Impact of Highly Automated Vehicles," *Transportation Research Part A* 86 (April 2016): 1-18.

④ Daniel Fagnabt and Kara Kockelman, "The Travel and Environmental Implications of Shared Autonomous Vehicles, Using Agent-Based Model Scenarios," *Transportation Research Part C*40 (2014): 1-13.

放和能源消耗都将增加。图1.3凸显了自动驾驶车辆影响能源消耗和温室气体排放的多种可能方式。能耗和排放增加也可能是由于更高的车速（这将大大增加车辆的能耗）和增加的行驶距离（由于未成年人、残疾人和其他人能够更容易地乘车出行，因为他们可能并不认为待在车中是在浪费时间）。当然，如果车辆载有多个乘员，每次行程（或每人英里）的能源和温室气体影响将会大幅减少。

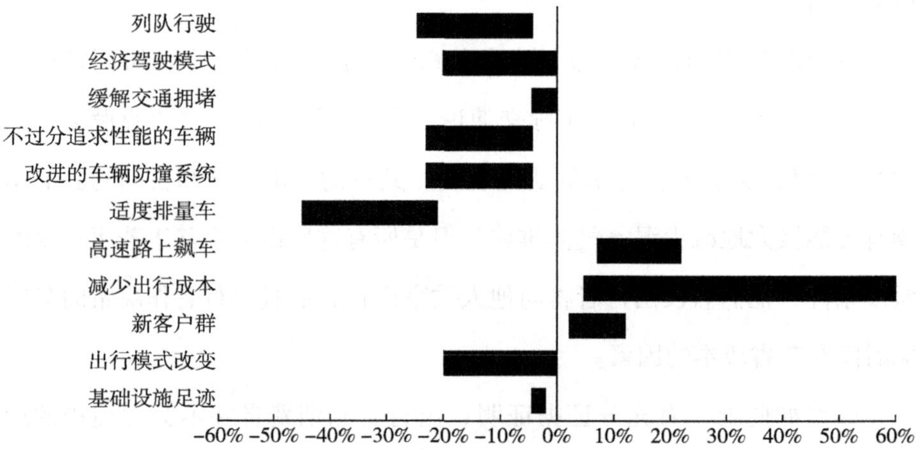

图1.3 自动驾驶车辆导致的能源消耗变化

注：对于每一个贡献因子而言，其域值均为估计值。

资料来源：Zia Wadud，Don Mackenzie，and Paul N. Libya，"Help or Hindrance? The Travel，Energy，and Carbon Impact of Highly Automated Vehicles，" Transportation Research Part A 86（April 2016）：1–18.

在一项针对全球城市居民出行所做的研究中，加州大学戴维斯分校的研究团队估计，如果无人驾驶汽车几乎不共享使用，也不实现电动化，那么从现在到2050年，温室气体排放有可能增加50%，车辆使用量将增加15%～20%。相比之下，在无人驾驶汽车融合了共享化和电动化技术之后的梦幻情景中，车辆使用规模相对于趋势照常情景（business as usual）而言将下降60%，温室气体排放量下降80%，车辆、燃料消耗和基础设施的总体成本将下降超过40%，相当于每年节省下50000亿美元。尽管这些情景会在不同国家以不同的方式展现出来，但研究人员估计，减少的幅度在世界上大部分地区是大体相近的①。

对道路建设融资和就业的影响

还有一个可能有问题的不能确定的难题，就是该由谁来承担与道路相关的费用。联邦政府和州政府征收的机动车燃油税，初衷就是通过对道路使用者依其行驶距离的一定比例进行收费，从而为道路建设和维护筹资。这个简单而合理的观念随着车辆自身效率的不断提高而开始动摇了。节能车辆的使用者消耗的燃料越少，他（她）每英里路程所付出的费用就越低，然而对纯电动车的拥有者而言，根本不用缴任何税。这就减少了联邦政府和州政府的道路及公交系统的融资规模。同时，它还意味着，购买电动车的人越多，收缴的燃油税就越少。由于目前电动车令人遗憾地主要由高收入家庭所购买和拥有，那些老旧车辆（通常它们都是油老虎）则被不太富裕的人群所拥有，通过燃油税为道路融资的负担就逐渐地向低收入阶层身上转移。

在我们描绘的自动驾驶电动车的梦幻情景中，目前这种基于车辆使用者付费的融资体系，将随着车辆使用的减少和多数车辆告别燃油而面临土崩瓦解的危险。出现这个局面对地方政府而言可能是灾难性的，他们还指望着通过收缴林林总总的停车费和违停罚款、超速罚款以及与车辆相关的

① Lew Fulton, Jacob Mason, and Dominique Meroux, "Three Revolutions in Urban Transportation," Institute of Transportation Studies, University of California, Davis, Research Report UCD-ITS-RR-17-03, 2017.

其他收费和罚款为地方道路、车库和公交系统来筹资呢。

我们需要建立一种不同的但却是更好的税收制度，最好是对车辆驾驶员（和乘客）征收全部出行费用，不仅包括道路建造和维护的成本，也包括污染、拥堵、城市蔓延和气候变化等方面的费用。许多观察家开始设想一种从燃油税到基于行驶里程的、直接对道路使用者进行收费的、渐进的、长期的某种形式的税制转型。此类收费制度虽然已经考虑了各自的公平性问题[①]，但它们确实还有待完善，要充分考虑到车辆是否被用于多人共享，是被个人所有还是被商业性质的出行服务商所拥有。

还有一个至关重要的隐患，就是就业岗位的流失问题。全美350万货运卡车司机以及665000名公交车司机的出路何在？出租车司机和那些以开车为谋生手段的专职司机怎么办？在这些人当中，光在纽约市注册的人数就达9万之众，这还不算优步和来福车的司机人数。所有这些工作估计都要面临危险境地，但实际事态的发展比这还要复杂。在大量出行转向共享出行，比如说占10%～40%甚至更高出行比例的情况下，有可能将私人的、单纯的个体行为转变为商业性活动。有许多新的工作岗位可能被创造出来，比如说新兴业态的管理、车辆清洁和维护、计算机系统的设计和升级、客户投诉案件的处理等。同样地，卡车司机也会找到一份新的工作，比如说像管理自动驾驶货车和拖车等这些还未曾想到过的工作。拼车和自动驾驶对工作岗位的影响是非常不确定的。随着三大革命进一步融合演进，它们的净影响（net effect）应该是正的。

---

① Brian D. Taylor and Rebecca Kalauskas，“Addressing Equity in Political Debates over Road Pricing：Lessons from Recent Projects，” *Transportation Research Record* 2187（2010）：44–52.

追求公共利益

这三大革命是更大范围的社会和经济转型的一个组成部分。全球化、工业自动化和兼职的服务性工作对社会凝聚力造成一定威胁，并已经产生了收入不平等的结果。那么交通出行是导致这些问题的一部分原因，还是解决这些问题的一部分方案?

上述问题还是留给市场和个人选择吧。一个可能的结果是更多的车辆、更多的驾车出行，以及慢条斯理地向电动车转型过渡——这让我们联想到梦魇情景中的许多场景和元素。这是公地悲剧[①]（Tragedy of the commons）问题，因为没有人把公共利益放在第一位。没错，我们不妨设想一下，如果私人拥有的车辆不以共享使用为前提（至少在像美国这样的富裕国家），那么未来的自动驾驶车辆的可持续发展会是一个什么样的图景?但只要车辆实现电动化，道路收费有法可依，常规公交能继续得到资助，交通融资方式得以转变，那么低收入和身体残疾的群体就仍然可以获得工作、入学、医疗保健和其他活动的权利。但那是建立在太多的“假如”前提之上的。如果所有这些或然性事件都没有实现，那么代替拼车出

① “公地悲剧”（Tragedy of the commons）是一种涉及个人利益与公共利益对资源分配有所冲突的社会陷阱。这个概念和用法起源于英国作家威廉·佛司特·洛伊（William Forster Lloyd）在1833年讨论人口的著作中所使用的比喻。1968年时，美国生态学家和哲学家加勒特·哈丁（Garrett Hardin）在期刊《科学》上将这个概念加以发表、延伸，称为“公地悲剧”。一个典型的案例是：在公共草地上，有一群牧羊人为更多地获利而大量放牧，导致超出了草地资源的生态承载能力而逐渐耗竭。埃莉诺·奥斯特罗姆（Elinor Ostrom）由于在“公地悲剧”问题背后的经济学分析和公共资源的有效管理研究等新制度经济学方面的成就而于2009年与奥利姆·E. 威廉森共享诺贝尔经济学奖。从现代经济学的范畴来讲，公地被指代任何由社会共享的但又不受管制的资源，比如大气、海洋、河流、鱼类资源、道路和高速公路，甚至是办公室的冰箱。它反映出一个道理，个人在复杂社会系统中的互动有可能导致悲剧性结果。这个理论本身就如亚里士多德所言：“那由最大人数所共享的事物，却只得到最少的照顾。”参见维基百科。——译者注

行的就是梦魇情景（the nightmare scenario）了。

假如政府介入并引导市场这只无形之手来避免自私自利行为的过度泛滥，那么未来的前景就极有可能是振奋人心的。反托拉斯法以及针对污染治理和劳工保护而出台的各种管制法规，都旨在最大限度地抑制资本主义的过度泛滥。在梦幻情景中，它们会引导强大的利益相关者去追求公共利益。

挑战近在眼前。交通出行几十年第一次来到了一个风口浪尖上，它要进行的转型不是一个，而是几个。梦幻情景变为现实从根本上讲寄望于电动化、共享化和自动化的融合。

从操作层面上看，梦幻情景该如何实现呢？关键的第一步应该是创造出能增加出行便利性和舒适度，并减少个人支出的多种出行选择。直到人们有了选择的机会，他们才会自愿放弃自己的私家车，这是一系列变革中的一个重要节点。直到他们有选择权，他们才会接受鼓励拼车出行而不鼓励私人拥有车辆的定价政策。鼓励拼车出行及其相关的定价政策是决定我们能否走上更低成本、更少资源消耗、更多人使用和更可持续的交通体系的关键所在。

变革山雨欲来。这种变化带有变革和转型的意味。许多人会试图去延缓它的步伐，然而其他人却尽力让它提速。我们可以当自己是把头深深地埋在沙漠里的鸵鸟，并寄望置身于事外、循规蹈矩地运转的市场机制会以某种方式带给我们更好的结果。若非如此，我们可以最大限度地发挥我们的想象力和智慧，利用好车辆电动化、出行共享化和车辆自动化的机遇，让我们生活的城市变得更美好，让我们的星球更宜居，让未来更好地服务于我们每一个人。

关键的政策目标

以下是向更安全、更经济、更环保和更公平的交通运输体系过渡的未来总体目标：

- 使用者激励：激励出行人选择共享拼车的出行方式，而不是现在的拥有车辆的个人所有权，特别是当使用无人驾驶车辆时更应如此。
- 拼车与电动车：鼓励出行服务公司提供拼车和电动车辆（包括燃料电池车）。激励汽车制造商设计专门用于拼车出行的、由电能或氢能来驱动的自动驾驶车辆。
- 公平性和公共交通：鼓励公交运营商和出行服务公司进行合作，以更低的成本提供更方便乘坐的出行服务。
- 土地使用：开始重新设计城市，使其交通体系占用更少的停车和道路空间，更有利于拼车出行、步行、骑自行车和合理的居住成本。

在下面的章节中，我们将详细阐述可供实施的、可以实现上述总体目标的具体政策。

第二章

电动车：拐点临近

丹尼尔·斯珀林

Daniel Sperling

电动车的出现由来已久，它最终会成为市场的主宰者——即使是在自动驾驶和车辆共享的领域，如果没有强有力的政策推动，进展仍会十分缓慢。

在过去的30年中，电动车在各个方面都取得了显著的进展——在成本、性能、效率和消费者的接受度上。我自己与电动车的渊源说明了这些发展。

我第一次驾驶的电动车是一辆吉奥·麦特罗（Geo Metro）[①]，那是在1992年，它是一部由太阳能（Solectria）公司的詹姆斯·沃顿（James Worden）改装的车子。它的最高时速可以达到每小时60英里，开起来嗡嗡作响，而且跑了大约40英里后就没电了。再后来，我买了一辆2011年款的日产聆风（Leaf）。它说不上是路上最漂亮或跑得最快的车子，但它行驶起来很安静，加速也很平顺，并且在开启冷热风时，我感觉都挺舒服。它

① 吉奥·麦特罗（Geo Metro）是美国通用汽车公司与日本铃木汽车公司从1989年到2001年合作针对北美市场制造和销售的，它的前身是铃木公司的一款名为“卡尔特斯”的车型（Cultus）。参见维基百科。——译者注

的一个缺点是续航里程，广告说有100英里。唉，当我和太太兴冲冲地从经销商那里把聆风开出来，正要加速驶入高速公路时，我绝望地发现，仪表盘上显示的续驶里程竟然很快地从100英里掉到了80英里了。在我到单位后，太太桑迪（Sandy）感到她根本没办法把车弄回家了，那可是我们提到新车后的第一天呀。桑迪不得不返回经销商那里，又充了2小时的电之后才把车开回家。有太多人从第一天购买电动车开始就饱受这种相同的里程焦虑和充电太慢的痛苦煎熬。

我们的下一辆电动车，是一辆特斯拉Model S，它一扫聆风身上的缺点，代之以270英里真实的续航里程。它硕大的智能屏幕能告诉我下一个超级充电站的确切位置，如何到达那里，需要多长时间，以及到达后还剩下多少续航里程。充电是免费的，且只需30～45分钟就能恢复到80%的续航里程。它只有一个缺点：售价超过7万美元。

我现在开的电动车叫“未来”（Mirai），这是一款由丰田公司制造的氢燃料电池车，它也是一款零排放车，而且还有一个优点：定价比特斯拉便宜了50%，续航里程也稍长些，而且在加氢站加注燃料仅需4分钟。不幸的是，在我居住的整个戴维斯—萨克拉门托一带，只有一个加氢站。幸运的是，加氢站正好位于我最常去的目的地——萨克拉门托市中心和萨克拉门托机场的路上。现在加利福尼亚州在关键位置上已经建设和运营了足够多的加氢站点了，这足以让我去最喜欢的度假胜地滑雪，去300英里外的地方看望我太太的家人，去洛杉矶，一路上有许多加氢站等着我光临呢。车载导航和应用程序能准确地告诉我加氢站的确切位置，以及如何到达那里。

在电动车的历史上，终于第一次能够在性能、造型和价格方面与汽油车旗鼓相当了（虽然还考虑成本问题，下文会作解释）。调查显示，大多数司机觉得电动车的静音效果和驾驶体验都超级棒。现在，每一个主要汽车制造商都可出售多款电动车，且通常价格很诱人。越来越多的厂商开始销售以氢燃料电池为驱动力的电动车，越来越多的分析师预计，随着电动车成本的持续下降、续航里程的日益增加和政府的坚持不懈，未来几年的电动车需求将急剧增加。

现实的情况

当下，电动车的生产成本仍远高于汽油车，即使考虑了电池成本下降的因素。汽车制造商以低于成本的价格推销电动车，并满足一些地方政府严格激进的燃料效率和温室气体排放的法规标准。随着电池成本的持续下降，以及中国、欧洲和美国日益严苛的燃油效率和温室气体排放标准，开始迫使汽车厂商超越汽油及柴油车来寻找可能的出路，小型电动车的价格临界点将有可能出现，这个时间点可能出现在21世纪20年代的某个时候。

转型大戏刚刚拉开帷幕。对市场支持力度越大的地区，电动车的市场份额就越高。在这些地方，政府通常提供多种激励手段，充电站数量也非常可观，政府领导对未来电动车的主导地位充满了信心。中国是全球最大的电动车单一市场，2016年全球100万辆电动汽车销量中有一半是在中国市场上实现的，其中包括超过32万辆电动轿车、12万辆电动公交和6万辆中重型电动卡车[①]。美国的销量大约占全球总销量的1/5。市场份额最高的

① 2016年中国新能源汽车总销量达到50.7万辆，其中40.9万辆为纯电动车，9.8万辆为插电式混合动力车（许多是卡车和公交）。参见刘万祥《中汽协：2016年新能源汽车产销量均超50万辆，同比增速约50%》，第一电动网，2017年1月12日。

国家是挪威，截至2017年7月，其电动车销量占全部汽车销量的近35%，要知道挪威人口只有520万。总体而言，2016年电动车仅占全球汽车总销量的1%。

虽然我们中的一些人对电动车产品及政府的各种激励措施了如指掌，但大多数人却并非如此。在加州大学戴维斯分校的肯库·拉尼（Ken Kurani）所做的一系列有关电动车的消费者调查中发现，即使在加利福尼亚州，相当多的有车一族对电动车所知甚少①。例如，截至2014年12月，在加州购买新车的样本人群中，只有不到2.5%的人有比较多的电动车驾驶体验，10%的受访者表示他们只有一点点的电动车驾驶体验。这还是在电动车已被大力推广了25年、经销商提供了各式各样的车型、激励措施力度可观，以及地方电力部门为家庭充电提供了优惠补贴的情况下呈现出的状态。

同样的调查发现，2015年在加州、俄勒冈州和东北部各州准备购买或已经购买新车的家庭中，只有7%~8%有意向购买或实际购买了电动车。在德国，政府在2016年7月通过立法为电动车提供补贴，但是直到当年年底，还有大量的补贴资金未被动用，当年电动车销量占汽车总销量的比重仅有1%②。

另一个数字显示电动车还有很长的路要走：特斯拉2016年交付了

---

① 课题组在八个州进行了调查和访问，其中的两份核心报告是：Kenneth Kurani et al.，"New Car Buyers' Valuation of Zero Emission Vehicles：California，" Institute of Transportation Studies，University of California，Davis，Research Report UCD-ITS-RR-16-05，2016，以及Kenneth Kurani and Nicolette Caperello，"New Car Buyers' Valuation of Zero-Emission Vehicles：Northeast States for Coordinated Air Use Management（NESCAUM），" Institute of Transportation Studies，University of California，Davis，Research Report UCD-ITS-RR-16-16，2016.

② Bertel Schmitt，"There Is a Lot of EV Talk in Europe. And Very Little Buying，" *Forbes*，6 October，2016.

76230辆电动车，比上年增长了51%，相比之下，福特汽车公司一个月就能卖掉相同数量的F系列皮卡（F-series pickups）。[①]

尽管在技术方面还存在诸多挑战，但目前来看，更大的挑战来自消费者——如何鼓励他们购买电池驱动的电动汽车，以及插电式混合动力和燃料电池电动车。但在研究如何影响消费者行为之前，让我们先探讨一下电动车的大背景——为什么业内每个人都认为电动车时代的来临是无可回避的。

全世界为什么需要电动车?

电动车走进我们的生活是近些年的事。在我1988年出版的专著《新的交通燃料》一书中，我几乎就没提到过电动车。当时，气候变化只是若干个引人关注的议题之一，其他的议题还有当地的空气污染、经济影响和能源安全。许多石油替代品已经引起人们的广泛关注和探讨。然而，在我1995年出版的《未来的出行》一书中，我仍然坚持认为电力驱动是实现可持续的交通和能源的关键。到了2017年，整个汽车行业已经开始行动起来推动电动车的发展，既视其为大势所趋，也对它寄予了厚望。

电动车引起人们日益关注有4个方面的原因。第一，是环境影响。在许多污染严重的城市——不仅有富裕的工业化国家的城市，也包括整个亚洲以及越来越多的拉丁美洲和非洲城市，对推动电动车发展的最有说服力的观点是应对空气污染（有时很严重）。应对持续恶化的城市空气污染是

① Dana Hull, "Tesla Deliveries Miss Forecast Again on Production Delays," Bloomberg Markets, 3 January, 2017.

中国大力推动电动车发展的核心动因[①]。除了造成当地空气污染之外，机动车还贡献了全球温室气体排放的大约20%[②]。电动车被寄托了交通领域大幅减少排放的最大希望。纯电驱动的电动车和氢燃料电池驱动的电动车完全没有温室气体排放，当插电式混合动力车（PHEVs）在切换到电动模式时排放也是零。

英国气候变化委员会的一位高级政府顾问说，为了能以最低的成本减少碳排放，在2030年前，全英国60%售出的新车都必须实现电动化[③]。其他地区走得更远。2016年5月，印度电力部的负责人对外宣布，他们将在2030年前使印度道路上行驶的所有车辆都是电动车[④]。2016年10月，德国国家立法机构通过决议，2030年开始禁止内燃机车上路，“零排放乘用车”才能获准上路[⑤]。虽然这些所展示出来的更多是渴望而未必是现实，但它们进一步彰显出电动车作为减少污染和减缓全球变暖的最佳途径之一的重要性。正如我们将要看到的那样，这些愿望会越来越多地转变为政府严格的监管法规和雄心勃勃的激励措施。

应该承认的是，尽管电动汽车在节能和减排方面的优势很明显，但

---

① Yunshi Wang et al.，“China’s Electric Car Surge”，*Energy Policy 102*（March 2017）：486–490.

② R. Sims et al.，“Transport，” in *Climate Change 2014: Mitigation of Climate Change; Contribution of Working Group iii to the Fifth Assessment Report of the Intergovernmental Panel on Climate Change*，ed. O. Edenhofer et al.（Cambridge：Cambridge University Press，2014），599–670.

③ Damian Carrington，“Electric Cars ‘Will Be Cheaper than Conventional Vehicles by 2022，’” *The Guardian,* 25 February，2016.

④ Craig Morris，“India Joins Norway and Netherlands in Wanting 100% Electric Vehicle，” Renew Economy，4 April 2016; PTI，“India Looks to Put Hybrid and Electric Vehicles on the Fast Track in 2016，” *The Times of India*，29 December，2015.

⑤ Bertel Schmitt，“Germany’s Bundesrat Resolves End of Internal Combustion Engine，” *Forbes*，8 October，2016.

它们仍依赖于给车辆充电的电力来源。当电力来源于可再生能源，包括风能和太阳能，也包括核能和水电时，电动车就可以产生最大的环境效益。当发电端从化石能源转为可再生能源和核能时，电动车的气候效益是巨大的——温室气体排放量几乎减少了100%。在加利福尼亚州，超过一半的电力来自零排放的风能、太阳能、核能和水电。在这种情况下，从全生命周期来计算，电池驱动的电动车相对于汽油和柴油车辆而言发展空间巨大。同样地，在法国，大部分电力来自核电，环境效益是非常巨大的。

在大部分电力来自煤炭的地区，例如在中国和印度，以及德国和美国的一小部分地区，电动车并没有多大的吸引力。在这些地区，电动车对解决当地的排放仍然具有一定的积极意义，因为直接受到污染影响是有限的（电厂的排放通常集中在人口稀少的偏远地区）。或许更重要的是，电网正处于全方位的脱碳进程中。大约在2010年前后，德国、美国、中国和其他许多国家开始有计划地采取积极行动，更多地利用可再生能源来发电。随着全球电力生产及最终氢气生产过程的逐步脱碳（decarbonize），电动车的环境效益会使它变得越来越具有吸引力。

第二，来自技术方面。尽管现有汽车厂商仍然固守在积累了一百年经验的内燃机及机械工程设计的传统战场上，但实际上他们已经在将车辆的基础架构转向电子控制方面取得了积极成果。自20世纪70年代中期以来，他们已经逐渐地使用电力和电动机来控制从开关车窗到转向、制动和加速的所有功能。电动车的基础架构的优势在于通过更少的可替换标准件和更精确的制动、燃烧和换挡齿轮管理，来获得更低的成本、更轻的重量、更高的可靠性、更容易的维护保养。用液体和水管的液压刹车和用一根又长又重的钢棒相连接的方向盘正在消失。电机数量正大大增加用来控制天窗、侧窗和座椅等。

这些电子和数字部件大多转向电子驱动。车辆不仅得益于轻量化和易操控的电机和部件，对传动系统、机械式传动轴和笨重的内燃发动机的替换更新，而且还能从制动过程中回收能量。汽车电动化代表了车辆在能效提高方面取得了重大进步。

第三，电动化为车辆设计开辟了一片新天地。随着电池组模块可以放置于车架内部也可以放置在车架下方，车辆的稳定性得以提高，车辆性能也有望得到较大改善。此外，当车辆既无金属材质的变速器和贯穿于车身中部的传动轴，也无位于车头部位的隔热板和引擎罩，那么车辆就能够从头到尾来重新设计，并利用这些优势来更好地满足乘车人的需求，包括更便捷地进出车辆。

这种设计上的灵活性也能让汽车制造商利用较少的平台——也许只需要小型、中型和大型车三个平台，相比之下，目前的汽车厂商普遍需要10～12个平台来满足结构更复杂的内燃机车辆的生产。规模经济性带来成本的节约，以及平台减少带来的制造流程的简化，都是相当可观的。

第四，车辆的电动化是消费者的福音。电动车减少了对进口石油的依赖，也保护了消费者免受油价剧烈波动带来的冲击。电动车比传统燃料车的能效更高，因此总体上看，其使用成本更低。随着部件的改进、伴生损耗的减少，以及总能源管理系统的优化，车辆能效还会稳步提高。相比内燃机车辆而言，电动车的静音效果更好，驾驶也更平顺。另外，由于电动车可替换的标准件更少，也不需更换机油，所以它们更便宜，维护保养也更容易。对大多数消费者而言，可以在家充电也是电动车一个吸引人的地方。而对居住在高层公寓楼内的住户和一些房东而言，接上电源充电就比较困难了，但对大多数人和许多偏爱电动车的人而言，驾驶电动车是一种非常愉快而舒适的体验[①]。

很显然，电动车是有利于公众利益的，也是大势所趋，但是不太清楚的是，向电动化的转型过程会有多快，以及该如何加速这个转型进程以使其更快地造福社会。火车已经实现了电动化运营，汽车制造商和管理部门应该信守在电动车上所做的承诺，但车辆电动化目前仍处于起步阶段，还面临一些强大的阻力。回顾电动车的历史会让其面临的阻碍以及政府监管的杠杆作用更加凸显出来，也让我们能更清楚地了解电动车的发展现状，以及未来的发展前景。

韬光养晦

尽管我个人与电动车的渊源可以追溯到1992年，但是电动车技术的历史却有一百多年了。正如斯蒂文·波尔（Steven Poole）在其2016年的名著——《反思：新思想的惊人历史》（*Rethink*：*The Surprising History of New Ideas*）中所说的那样，电动车的出现并不是灵光乍现的，而是经历了一段长期的艰苦历程。在这个进程当中，渐进式创新、坚持不懈的恒心和不断增加的投资，以及研发人员、政府、企业家和大企业的高度重视，都是必不可少的。电池技术停滞了一个多世纪，但在2010年以后，政府制定的燃油经济性和排放标准开始迫使整个汽车行业走向电动化，这刺激了

① Mark Singer, "Consumer Views on Plug-in Electric Vehicles——National Benchmark Report," National Renewable Energy Laboratory, Technical Report NREL/TP-5400-65279, January 2016.

大量的新投资和创新步伐的加快。到2017年，主要成本和续航里程上的突破，意味着电动汽车开始蓄力抢占市场。

早期的电动车：内燃机仍是主角

电动车发端于欧洲。苏格兰人罗伯特·安德森（Robert Anderson）在1832年至1839年间发明了第一辆做工略显粗糙的电动四轮车，它是由不可充电的一次性电池来驱动的。另一位苏格兰人罗伯特·戴维森（Robert Davidson）于1837年制造了一款由锌酸蓄电池驱动的电力机车[①]。1859年，法国物理学家加斯滕·普兰特（Gaston Planté）发明了可充电的铅酸蓄电池。第一辆电动公交车于1886年出现在伦敦的街头，而这一年距离德国人戈特利布·戴姆勒（Gottlieb Daimler）和卡尔·本茨（Karl Benz）造出世界第一辆汽油车仅仅过了一年。

电动车数量超过汽油车数量的时间是在世纪之交[②]。电动车在当时之所以如此吸引人，是因为它在启动和驾驶车辆时带给人们的体验真是棒极了。“小型电动车……看起来是最受女士们欢迎的款式，至少是在国家首都”，一位社会专栏作家1904年写道（参见图2.1）。通用汽车公司（GM）的创始人W. C. 杜兰特（W.C. Durant）指出，“汽油车噪声太大、味道呛人，能把马都吓一跳”。

---

① International Energy Agency，“A Brief History of Electric Vehicles，” in *Global EV Outlook: Understanding the Electric Vehicle Landscape to 2020*（Paris，France：IEA，April 2013）；“Electric Vehicle History Part ii：Early History，” Electric Vehicle News，accessed 3 September，2017.

② The following historical review is from Daniel Sterling，Future Drive（Washington，DC：Island Press，1995），36–37. 另，此处世纪之交指1900年前后。——译者注

图2.1 一辆1906年款的哥伦比亚马克68号维多利亚电动车，以及一个1912年款的手摇电池充电装置，均由波普制造公司制造

资料来源：创新和科技博物馆，Schenectady，纽约。

但女士们并非购买车辆的主力军，而且电池技术的改进速度并没有像汽油车技术一样快。到了1910年，小型电动车的全盛期就结束了。福特T型车当时的售价不到任何一款广告促销的电动车的一半。到1915年，在全美250万辆的在用机动车中，电动车的比例不到2%。电动车行业逐渐萎缩了，全美最后一家电动车工厂于1935年关闭。硕果仅存的电动车制造厂是叉车制造厂和其他仅供室内使用，又无须很长的续航里程的装备。

早期的电动车之所以以失败告终，主要原因是性能欠佳和成本过高，同时内燃机车辆进步神速。查尔斯·凯特林（Charles Kettering）发明的电子启动器摆脱了手摇的曲柄启动带来的困扰，引擎的制造也变得更有效率，使用了橡胶件的底座减轻了发动机的震动，化油器和点火装置的改进使得汽油车更容易驾驶。同时，石油的发现也将人们对能源供应的担忧一扫而光。道路设施网络的不断延伸和扩展也将汽油机车的活动范围扩得更大。

这种局面一直持续了几十年。20世纪50年代半导体的发明和20世纪60年代电机和控制器的不断改进，激发了一些人对电动车的兴趣。通用汽车公司和福特汽车公司投入一定力量启动了电动车的研究计划，通用汽车公司在1966年的汽车展上展出了一款在Corvair车型基础上改装的、由银锌电池（silver-zinc batteries）驱动的电动车。在欧洲，为数不多的电动车被用来送货。英国制造商从未停止生产电动车，每年生产数千辆送奶卡车，估计到1993年时仍有25000辆车在营运。

在20世纪60年代的日本，受进口石油依赖因素的影响，所有主要汽车制造商都在坚定地推进各自的电动车开发项目，至少有4家主要公司已造出了先进的原型车，据报道，这些原型车原本计划在20世纪70年代投入市场。但在20世纪80年代，这些厂商暂时搁置了电动车生产计划，并大幅度减少了相应的研发工作，仅仅为满足当地市场的需要而制造了少量的小型电动车。与美国三大汽车制造商的担忧一样，他们也担心电动车成本太高、风险太大，因而并不愿意大范围地推销电动汽车。

首辆电动车卷土重来和加州的零排放法规

电动车的首次回归是在1990年，当时通用和AeroVironment推出了一款造型时尚、车速很快、名为“冲击”（Impact）的运动型电动车。它是一辆原型车，并未准备投入商业化生产，但对加州的监管机构而言，它来得正是时候。当时加利福尼亚州正遭受着严重的污染。催化转换器的广泛应用收到了显著成效，发动机排放得以大幅度减少，但是在洛杉矶和加州的大部分内陆地区，空气污染依然影响着人们的健康。随着汽车扮演的角色日益凸显，剧本就需要改写了。加州空气资源委员会（the California Air

Resources Board，CARB）开始实施日趋严格的“超低”排放标准。受通用汽车公司电动原型车的启发，委员会很快增加了一条法规，从本质上看属于一项应用范围更广的排放标准，它要求汽车制造商逐步增加零排放汽车（ZEVs）的生产，到1998年和2003年时，使加州零排放车的市场份额达到2%和10%[①]。这个零排放法规终归会在向电动车转型进程中发挥核心的作用，但它一路走来实属不易，远比监管机构1990年时的预期更漫长，也更艰苦。

CARB是一个相对独立的委员会，负责监管加利福尼亚州的空气污染和温室气体法律的实施。由于加州经常遭受严重的空气质量问题的困扰，美国国会在1967年授予加州对州内车辆排放的管辖权，只要加州排放法规的标准不低于联邦政府的法规标准。其他州随后也被授予是否执行这种更严格的加州标准的自主选择权。截至2017年，有9个州选择采用加州ZEV标准（还有几个州采用加州的车辆排放标准）。因此，加利福尼亚州已将自己的角色定位为领先于联邦政府的先行者，CARB已经成为世界上功绩卓著的空气质量管理机构，第一个根据当地空气污染状况率先提出车辆和燃料的排放标准，现在也在考虑根据温室气体的影响情况来推进上述工作[②]。零排放法规目前仍然是加州拉开空气污染和气候变化保卫战的主

① 此外关于CARB和ZEV早期法规的讨论，主要参考了丹尼尔·斯珀林（Daniel Sperling）和德波拉·高登（Deborah Gordon）的专著《二十亿辆车》一书中的《加州的先驱者角色》，牛津大学出版，2009年，以及古斯塔沃·科兰特斯（Gustavo Collantes）和丹尼尔·斯珀林（Daniel Sperling）的《加利福尼亚零排放车辆法规的起源》，收入2008年《交通研究Part A 42》第1302页到1313页。

② 欧盟在通过立法来实施气候政策上已经成为全球领军人。它于1998年采用了（自愿的）车辆二氧化碳排放标准，于2005年针对主要固定污染源启动了碳交易项目（cap-and-trade program），还有其他各种各样地措施。加州2006年通过的控制全球温室气体排放的法案范围更宽，要求整个经济全方位地减排，但这些规定直到2010年后才开始实施。同时，作为美国的一个州，加州在海洋运输、航空运输和其他跨州境活动上的管辖权是有限的。

力军。

当CARB于1990年发布2003年10%的ZEV标准（10-percent-by-2003 ZEV）时，就吸引了汽车制造商和公众的眼球，继而掀起了一股投资电动车和动力电池的热潮。它也促使美国联邦政府于1991年创建了先进电池联盟，这是一项大规模的应用性研究开发项目，旨在帮助美国工业超越铅酸电池，向下一代更强大、更小型化的电池方向进军。日本和欧洲各国政府也启动了类似的电池项目，但规模要小。

但1990年的ZEV法规从结果来看太过激进。电池技术远远没有像监管机构所希望的那样取得快速进展，而且消费者对这些新型车辆并不感兴趣。这项法规深陷两面夹击的窘境，一方面是产业界的诉讼，另一方面是电动车倡导者的不满。汽车业界异口同声地抱怨加州在揠苗助长，迫使那些尚不成熟的技术提早进入商业化阶段。力挺法案的人认为，ZEV计划对于加速先进车辆技术的开发和商业化是必要的。

当我1994年5月在参加一次公开听证会并在CARB面前作证时，我亲眼目睹了当时的局面是何等的危险。代表社会基层的示威者坐着几辆公交车就来了，加州反对隐形税收组织也加入到诋毁电动车的队伍当中。事实证明，这些团体大部分或许完全是由石油公司来提供资助的。很快，被称为“阿斯特罗特夫”（Astroturf）的团体（因为当地的草皮是人造的）公开发表了大量有一定代表性的反对意见。

通用汽车公司的原型车EV1于1996年进行量产（见图2.2）。它的经历映射出电动车所面临的挑战和机遇。一方面，车速之快在当时而言是令人难以置信的，车辆从静止状态到每小时69英里仅需8秒，而且跑起来没有什么声音。但是另一方面，这辆体型不算大的车却荷载着令人震惊的1175

磅重的铅酸电池，几乎占了整车重量的40%。这种铅酸电池的寿命只有两年，且仅提供16.5千瓦时的存储容量，一次充电只能跑60英里[①]。通用汽车公司在仅仅生产了1117辆之后，最终于2002年停产了这款车[②]。公司召回了所有已经租赁出去的EV1车，除了保留了一少部分车外，其余车辆都被压扁，表面上看是为了免除自己作为制造商应承担的任何责任和义务。电动车的倡导者们对此出离愤怒。

图2.2 电动车EV1，当时的时尚款式

注：照片由莱特·布莱恩图片社提供（里克·罗文），CC BY-SA 2.0（http：//creativecommons.org/licenses/by-sa/2.0），Wikimedia Commons。

如前所述，汽车制造商在20世纪90年代后期和21世纪初期这段时间在全美仅供应了大约2000辆电动车，且大部分在加利福尼亚州[③]。在汽车厂商和石油工业的强烈反对下，CARB在2003年放松了ZEV法案的标准，允许汽车制造商选择在2007年前出售几百辆燃料电池车，以此作为达到电动车

① EV1再晚一些的版本装备了镍氢电池（nickel-metal-hydride battery），能提供26千瓦时的存储容量，续航里程也拉长了一倍，但当时也仅生产了400辆。

② "General Motors EV1，" Wikipedia entry，last modified 23 July，2017.

③ See Levi Tillemann，*The Great Race: The Global Quest for the Car of the Future*（New York：Simon & Schuster，2015）.

标准的变通方案。

2006年拍摄的一部纪录片《谁杀死了电动车？》试图挖出EV1消亡的罪魁祸首。电影很自然地将矛头对准了通用汽车公司，也对准了反对电动车的石油行业，对准了反对ZEV法案的乔治·W. 布什政府，对准了不买这款车的消费者，对准了削弱ZEV法案效力和支持氢燃料电池车的CARB。真实的情况是，汽车公司从未花费太多精力来推销这些车辆，他们确信电动车的成本太高而市场又太小。同样真实的是，石油公司发动了一场针对电动车的战争并一举获胜。但是，在“战犯”名单中人们漏掉了一个真正的元凶——电池。

电池的痛点和突破

电池从一开始就是电动车的硬伤。托马斯·爱迪生（Thomas Edison）在19世纪90年代投入了大量精力，并花费了几百万美元来寻找性能更好的电池，想改进重量大、寿命短的铅酸电池。他的团队用了所有种类的金属和其他材料进行了几千次匹配试验，最终于1903年定格在用铁和镍作电极的碱性电池上。随着大张旗鼓的宣传，碱性电池开始商业化。但在投入实际使用后发现，电池很快就失效了，并没有比铅酸电池好到哪里去。爱迪生关闭了电池工厂，用了3年时间来重新设计电池，但到了1910年，T型车开始大行其道，以摧枯拉朽之势碾轧电动车。电动车电池的市场开始消失。爱迪生失败了，跟他一起（暂时）失败的还有电动车。

人们对性能更好的电池翘首以盼。到了20世纪80年代，在历经了几十年缓慢的进展之后，先是受到电池驱动的消费电子产品市场不断扩大，继而是电动车的影响，化学电池的创新开始提速。世界各地的企业进行了大量的各种化学电池试验并最终实现了商业化。在20世纪90年代早期，福特汽车公司投资于高温钠硫电池（sodium-sulfer）技术，并用于旗下电动皮卡。其他企业投资了镍镉（nickel-cadmium）和氯化钠镍（sodium-nickel-chloride）电池，但它们要么是由于存在毒性，要么是因为寿命短，这些电池均未达到规定的标准。

随着镍氢电池技术取得重大进展，动力电池在20世纪90年代后期迎来了第一次重大突破。这种新型电池技术是在20世纪60年代发明的，但并未能大规模商业化，直到斯坦·奥夫辛斯基（Stan Ovshinsky）——一位著名的自学成才的科学家，开发了一种更先进的合金结构，并被用于最后400辆EV1车型上和第一批油电混合动力车（gasoline-electric hybrids）——包括本田汽车公司1999年推出的英赛特（Insight）和丰田汽车公司2000年推出的普锐斯（Pruis）上。10年后，另一种基于锂电池的性能更好的电池组横扫了整个汽车业界（尽管日产曾经在20世纪90年代将它们装备在示范运行的车辆上）。这种新型先进电池拥有更高的能量密度（单位体积储存的电量），使用低成本的材料，耐久性也不错。电池成本开始大幅度下降。

随着包括特斯拉在内华达州的超级电池工厂（Gigafactory）等一批电池工厂的开工投产，电池成本有望持续走低，电池生产的规模经济性也将显著提高。特斯拉建设这个超级电池工厂既是为了满足整车制造商的预期需求，同时也是为了促动电池存储业务。特斯拉在2013年计划生产比全世界其他工厂加起来的产量还要多的铁锂电池（lithium-iron batteries）。通过与松下公司和其他战略合作伙伴的合作，特斯拉希望可以通过发挥规模经济优势、制造环节的创新、减少资源浪费和生产集中度（在同一间厂房内完成所有生产工序），来降低其电池包（battery pack）的成本。

同时，化学电池的研究工作仍马不停蹄地在推进。斯蒂夫·乐维恩（Steve LeVine）——《动力系统：拯救世界的电池发明探秘》（*The Powerhouse: Inside the Invention of a Battery to Save the World*）一书的作者，呼吁全社会投身于“更好的电池”的研究，他认为这是“目前正在进行的独一无二的，也是最重要的工程和科学研究项目之一。它是一座圣杯（Holy Grail）”[①]。尽管如此，2030年之前及之后的一个时期，电池成本的持续（显著的）降低仍将集中在铁锂电池的持续改进上，而不是新的化学电池。

特斯拉："梦寐以求"的电动车

特斯拉让电动车获得了新生。在渡过了公司创业初期的管理危机之后[②]，伊隆·马斯克（Elon Musk）接管了公司并于2008年推出一款运动型跑车——Roadster，由此接过了胎死腹中的EV1的衣钵。特斯拉这款电动敞篷跑车Roadster动车强劲，它能轻松地把几乎所有汽油发动机的运动跑车甩得远远的。为Roadster提供动力的是铁锂电池，这也是后来几乎所有电动车都跟着采用的动力电池（中国小型的低成本电动车不算）。Roadster很快就抓住了媒体和其他汽车厂商的眼球。

通用汽车公司的副总裁鲍勃·卢兹（Bob Lutz）[③]曾经在接受《新闻周

① 马克斯·福塞特《特斯拉的S型车是终结石油的肇始者吗？》，参见《艾尔伯塔石油》，2015年7月2日。Max Fawsett, "Is Tesla's Model-S the Beginning of the End for Oil?" *Alberta Oil*, 2 July, 2015.

② 指公司创始人马斯克与时任CEO马丁·艾伯哈德（Martin Eberhard）存在尖锐矛盾，最终，艾伯哈德被迫离开了特斯拉，由泽夫·德罗里（Ze'ev Drori）于2007年11月接替了艾伯哈德的工作。但在2008年金融危机爆发之后，特斯拉遭遇了破产危机，马斯克重新接手了公司的管理工作。——译者注

③ 现已退休。——译者注

刊》的采访时断言，如果硅谷的创业公司（start-up）都能生产这么一款颇具吸引力的车，那么通用也不会落后[①]。通用汽车没有食言，它于2010年12月推出了一款电动车——雪佛兰沃蓝达（Chevy Volt）。这款车与特斯拉的Roadster可谓天差地别，却堪称是工程学上的一个奇迹。它把一个大容量电池（16千瓦时容量）和传统汽油发动机结合在一起，充满电后一次可以行驶38英里，然后切换到混合动力模式，由电池和发动机无缝隙地协同工作。

日产汽车公司是电动车领域的另一个先锋。就在通用汽车公司发布其插电式混合动力车沃蓝达之前，日产发布了它的纯电动车——聆风（Leaf）。这款车几乎是近一百年来第一款大规模销售的纯电动车。它的额定续航里程达到100英里。但正如我妻子感叹的那样，这个额定续航里程是在下坡路段的行驶距离，还得是顺风。在正常驾驶情况下，它的续航里程在70～80英里之间。在寒冷的天气里，或者在高速公路上，其续航里程就会大打折扣。最早一批购买它的人是那些愿意忍受这些不方便（例如在炎热天气下必须关闭车上的空调），以及以区域性短途出行为主的人。根据一些针对驾车人所做的简单的研究，电动车只要能满足超过80%的日常出行需求就已相当满意了。但是驾驶人已经习惯了随时随地和随心所欲的驾驶习惯。里程焦虑（range anxiety）对于大多数驾驶人来说都是一个显而易见的问题，也包括我。

2012年，特斯拉再次成为英雄，它发布了Model S 轿车，对汽车行业和汽车市场产生了革命性影响。《消费者报告》（*Consumer Report*）称它

---

① Keith Naughton, "Bob Lutz: The Man Who Revived the Electric Car," Newsweek, 22 December, 2007.

是有史以来测试过的最好的车辆，只有几年前的雷克萨斯（Lexus）的一款车型能与之匹敌。《汽车与驾驶者》（*Car and Driver*）杂志评论道："它完全颠覆了传统电动车的思维——它是未来的一个掠影。"《艾尔伯塔石油》（*Alberta Oil*）说道："特斯拉Model S 是有史以来最漂亮、最有趣的车辆之一。它也可能是最危险的车辆之一。因为它设法做了其他电动车所没有做过的事情——成为梦寐以求之瑰宝（object of desire）。"①

图2.3　特斯拉Model S，让电动车成为"梦寐以求之物"

注：由马里奥尔多（Mariordo）拍摄，CC BY-SA 4.0（http：//creativecommons.org/licenses/by-sa/4.0），Wikimedia Commons。

Model S外观时尚而不失优雅，集多项创新于一身，续航里程高达270英里。如果选装了后排座椅，它最多能乘载7个人，这也是伊隆·马斯克一直坚持的，因为他想让这款车能装载全家人一同出行。尽管满载一大家子人，这款车也不失与Roadster一样卓越的速度，能把保时捷（Porsch）和2座法拉利（Ferrari）跑车甩在后头，时速从0到60英里用时不到4秒。这款车上的创新之处包括一个硕大的平板显示屏，它代替了仪表台上所有人工按键和按钮。车载全球卫星定位系统的地图数据和算法及其他一些数据定

① Fawsett，"Tesla' s Model-S".

期会通过互联网进行更新，这些东西是以前任何一个汽车制造商所不曾做过的，而且在这本书付梓之时也不曾有厂商在做。这款车唯一的缺点是价签上标着7万美元一辆。

在2010年到2016年之间，汽车制造商推出了超过24款电动车型，全美销售了超过40万辆，其中有一半是卖给了加利福尼亚州的消费者[①]。从全球来看，截至2016年，最大的电动车供应商是中国的比亚迪，然后是特斯拉、宝马、日产，另外两家中国公司排名第五、第六位。这些电动车中，有一半是纯电动车型，另外一半是插电式混合动力车。燃料电池车只卖出了大约1000辆，而且都是在2016年售出的。尽管电动车的市场渗透率还不高（仅占全球汽车市场份额的1%），但车载动力电池已经超过其他用途电池的总销量（以千瓦时计）。

接下来在2016年底，通用汽车跨越了一个非常重要的门槛——推出了博尔特（Bolt），一款续航里程超过200英里、售价不高于4万美元的电动车，大致相当于一辆汽油车的平均价格。又过了一年，特斯拉再次推出Model 3，续航里程和成本与博尔特相当。在新车发布的第一周内，Model 3获得了32.5万辆订单[②]，向市场释放出被抑制的需求信号。

零排放车辆法规：角色依然

分析师们认为，美国的电动车市场更多的是受到加州ZEV法案的促动，而不是联邦法规。事实也的确如此，加州的ZEV法案在车辆电动化转

① David Reichmuth and Don Anair，“Electrifying the Vehicle Market：Evaluating Automaker Leaders and Laggards in the United States，” Union of Concerned Scientists，August 2016.

② “The Week That Electric Vehicles Went Mainstream，” Tesla website，7 April，2016.

型的过程中发挥了核心作用。

ZEV法案在经历了2003年标准被弱化之后，CARB在2008年形成了其最终版本。我在2007年受州长阿诺·德·施瓦辛格任命就职于CARB，并主管审议工作。新法案要求汽车制造商在2012年至2014年总共要生产7500辆燃料电池汽车和1.25万辆动力电池车或者二者的某种组合，还有5.8万辆插电式混合动力车[①]。行事谨慎的汽车制造商认为这些法案过于激进，而苛刻的电动车支持者却相反，他们认为法案力度还不够。

2008年至2012年，辩论的风向开始翻转。随着通用汽车公司和克莱斯勒汽车公司的破产及此后的政府救助、电池成本的下降、对气候变化的日益关注，以及全社会对电动车积极意义的认识不断提高，汽车行业对电动车的热情再次升温。在我的支持下，CARB提出了一项力度更大的强化版ZEV法规动议，要求汽车制造商在2025年前生产约150万辆电动车，约占当年总销量的15%。只有大众汽车公司提出反对这项新规定。这项法规于2012年1月被CARB采纳，汽车制造商们只是对个别不太重要的细节提出了一点修改意见，总体上支持了这项新法规。我记得有两位来自不同企业的高级管理人员兴奋地跟我说，这是他们有史以来第一次代表公司未对法案进行阻挠和抵制。现在恰恰相反，他们成为解决方案的一部分。

前进的道路正变得越来越通畅。汽车公司接受车辆电动化的一个象征

---

① 实际上法案所扮演的角色是相当复杂的。它主要包括两大类别：纯零排放车辆（ZEVs）和过渡型零排放车辆（TZEVs），后者包含了插电式混合动力车辆。清洁的传统车辆在过去也是被计算积分的，但目前的分类已经被简化。实际上，一个复杂的积分倍增系统的面世导致了有相当多的过渡型零排放车辆也被纳入积分系统当中。在2008年3月的一次委员会会议上，我提出的一个解决方案被会议采纳，即在2009年围绕加速燃料电池、纯电动和插电式混合动力技术的商业化的原始目标，来重新设计整个零排放车辆体系，这更多的是出于气候和能源目标的动机，而非对空气污染的担忧。关于空气资源委员会编写的零排放法规工作人员辅导材料，参见：https/2 peri www.arb.ca.gov/mspro g/zevprog/zevtutorial/zevtutorial.htm。

性事件是，我在2016年9月举办了一次只有受邀代表能参加的小范围工作研讨会，旨在解决加州ZEV法规的调整可能带来的一些问题，所有主要的汽车公司的政府关系主管，也包括政府监管机构的负责人和非政府组织都参加了这次工作研讨会。没有一个汽车公司高管表示ZEV法规设定的2025年标准应该适当放松，或者回归到原来的标准（尽管当时希拉里·克林顿有望赢得美国总统大选）。整个讨论都围绕着强化和完善法规所带来的变化这个主题而展开。

这种大家同舟共济的局面在唐纳德·特朗普当选美国总统之后开始动摇了，他任命的高级政府官员对气候变化和政府干预持怀疑态度。汽车制造商们通过他们的行业协会开始质疑加州电动车的监管法规和联邦政府的排放标准。大选后不久，福特汽车公司的时任首席执行官马克·菲尔兹（Mark Fields）表示，公司计划游说新任总统，促使其放宽全美和州的车辆标准。他声称这些标准迫使厂商不得不生产过多的、远远超过消费者需求的电动车和混合动力车，因而侵蚀了公司的利润。与此同时，菲尔兹表示福特公司并不打算更改其2020年前再向混合动力车和电动车业务投资45亿美元的计划，届时混合动力和电动车将占总销量的40%[①]。

人们普遍认为，在某个时点上，规模经济和成本下降开始发挥威力，被加州监管法规所激发起来的零排放车市场，通过正常的市场竞争、消费者需求，以及更大范围推行的车辆温室气体排放标准，将步入自己的生命周期曲线。对美国和欧洲而言，出现这种局面可能要到2020年以后了。但对中国而言，有可能更早些。

① Keith Naughton, John Lippert, and Jamie Butters, "Ford Willing to Work with Trump If Policies Are Right," Detroit News, 3 December, 2016.

转型任重道远

关于电动车的未来走势，仍然存在着诸多悬而未决的难题，包括纯电驱动的电动车，插电式混合动力车（像通用汽车公司的沃蓝达）和氢燃料电池车的组合权重该如何安排。但几乎可以肯定的是，电动车最终将把汽油车和柴油汽车从市场上清理出去，问题只是什么时候被清理。这个判断如果放在20世纪90年代，肯定会让保守谨慎的汽车行业感到毛骨悚然。那个时候，整个行业和相关技术还没有做好准备。2003年确定的电动车必须达到总销量10%的目标，已经产生了强大的颠覆性效果。

现在，整个行业已经准备好了。相关技术先进而高效，汽车制造商拥有技术诀窍，并且零部件的供应链已经建立起来。从机械工程到电子工程和计算机工程的转变已经开始并顺利推进。新型电动车的销量将会加大，但这一过程并不容易。企业仍然需要降低成本和提高能效，还需要逐步转变其业务模式，摆脱传统的基于内燃机的财务模式和文化模式。但这种转型不会再威胁汽车制造商的核心业务，也不太可能产生很强的破坏性力量。

车辆电动化转型的大戏已经徐徐拉开了帷幕，而且很可能持续不断地进行下去，主要原因有三个：在不菲的售价面前消费者的谨慎，高昂的初始制造成本和既得利益者的阻挠。在一些特殊的情况下，比如挪威，电动化的快速转型是可能完成的，但像在美国这样的国家，汽车市场规模庞大而且是多元化的，城市、州、电力部门和其他主体正在以不同方式干预汽车市场，因此总的来看，电动化转型的进程要缓慢得多。

在图2.4中，国际能源署的情景分析给出了未来电动车市场容量的变化区间。高容量情景（high-volume scenario）反映的是在世界各国共同致力于将全球温度增长控制在2℃以内的情景下，电动车市场容量的增长曲线。巴黎协定情景（Paris Accord scenario）反映的是在2015年巴黎协定得以执行的情景下，全球电动车市场容量的增长曲线。参考情景（reference scenario）则是在没有政府新的政策推动或电动车市场需求没有显著增长的情况下，电动车市场容量的增长曲线。

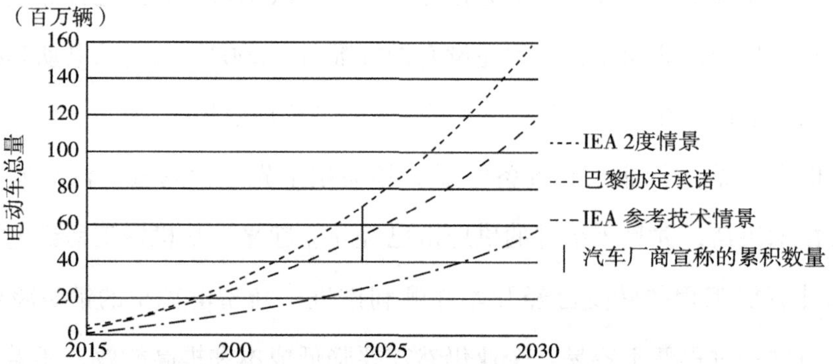

图2.4 不同情景下2030年电动车全球保有量情况

资料来源：摘自国际能源署《全球电动车展望2017》，法国巴黎，OECD/IEA，2017。

降低成本

降低成本不是一朝一夕之功。汽油车已经经历了一百年的持续发展历程。相比之下，电动车进入主要制造商的视野不过是2010年以后的事。倘若电动车及其体型笨重的电池包也能经历一百年的持续发展，电动车的发展历程就会与今天有着天壤之别。实际上，纯电池电动车的制造成本跟同等级普通汽油车相比，成本高出1万美元以上。

电池成本现在仍然是关键变量。尽管电池成本已经下降很快了，但在可预见的未来，它的成本仍会维持在较高的水平上。图2.5显示电池成本从2005年超过每千瓦时1200美元的水平，降到2020年个别供应商的每千瓦时200美元的变化情况。即使是有了85%的降幅，成本差距仍然很大。拿通用汽车公司的雪佛兰博尔特（Bolt）来说，它有超过200英里的续航能力，2020年时其60千瓦时容量的电池成本也要1.2万美元。若电池单位成本降至每千瓦时150美元，博尔特的电池成本就会是9000美元。这些增加的成本一部分被发动机、变速箱和排放控制装置的取消所冲抵。随着成本的持续降低，到2025年，很有可能会出现这样一个情景，即以保有车辆所有权的总成本（on a total-cost-of-ownership basis）来计算，小型电动车将会呈现出很强的成本竞争力[①]。

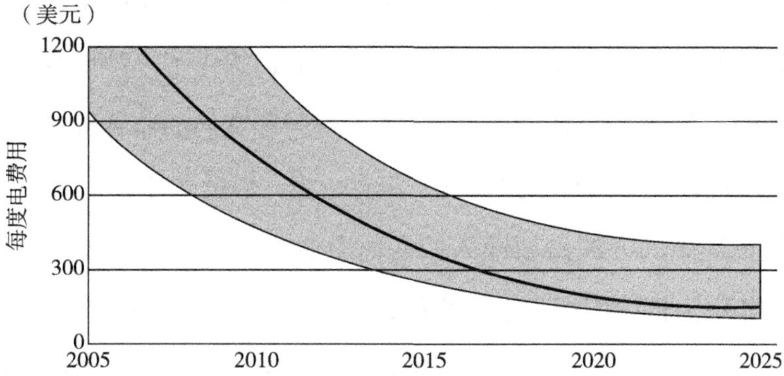

图2.5　电池成本正在快速下降

注：阴影部分显示的是可能的成本变化区间以及相应的电动车成本变化情况。

资料来源：摘自Björn Nykvist and Måns Nilsson，“电动车的电池组成本快速下降，”《自然界气候变迁》2015年第5期，第329–332页。

能源成本在车辆电动化转型进程中同样会发挥作用。同时，它也映射

① National Research Council，*Transitions to Alternative Vehicles and Fuels*，Washington，DC：National Academies Press，2013.

出转型所面临的挑战。一个被广泛采用的假设前提是对于电动车而言，其能源成本是比较低的。但对现如今许多电动车的拥有者而言，实际情况并不是这样。这是因为许多房屋产权人容易受到阶梯电价的影响，他们用电越多，每千瓦时的电费就越贵。为电动车充电而消耗的额外电量势必会推高房屋产权人的用电等级。他们经常面临这样的选择，与其去支付更多的电费，还不如去多消耗汽油。

电力部门和它们的监管机构原来的想法是，将在许多州推行的阶梯电价作为鼓励节能行为的一种方式。当人们为使用过多的电量而支付更高的费用的时候，他们会去购买更节能的电冰箱，也会随手关灯。但是这种电价思路对于在家给电动车充电的行为而言却不啻于一种惩罚。解决的办法是让电力部门采用一种新的电费结构来适应和支持电动车的使用。这应该是符合它们的利益的，因为为电动车充电为它们提供了一种更容易和更经济地管理电力负荷的机制。但对许多电力部门和它们的监管机构来说，这种做法太激进，走得太远，只能走一步看一步，慢慢来吧。

新的更理想的办法是鼓励人们在电力需求处于相对低谷的时候去充电，以便让电力部门削掉需求的峰值，同时在一个较大的基数上去分摊电厂和电力基础设施的成本。如果在电动车充电的时候，它们能够根据风力大小、太阳光照强度和消费者用电量多寡的情况，通过打开或关闭电动车的充电开关来精确地管理和调度，就能把电动车当作一个巨大的蓄电池来使用。一些电力公司已经施行了分时电价（time-of-day rates），笼统地说就是，预期电价会随着需求与供给的变化而变化。它们会逐渐增加商业用户和居民用户的智能电表的安装数量，这样，当电力供给超过电网消纳能力的时候，多余的电就会被用来给电动车充电，反之亦然。最终，电力部门通过在需要更多电能的时候从电动车的电池中吸纳电能，就能进一步地将电动车融合到电网之中，也就避免了拉闸限电和突然断电的情况发生。同时，在电网中存在多余电能的时候，又可以给电动车充电。当所有这些变化发生之时，拥有电动车的成本就会显著地降低了。

同样地，如前所述，电动车自身成本也将随着企业在制造环节的经验积累和规模经济性而持续下降。但这需要时间。正如宝马汽车公司电动动力总成研发部门副总裁斯蒂芬·朱拉谢克（Stefan Juraschek）2016年12月所言，“我们只需要蹚过流泪谷——烧无数的钱但保证企业能活着——才能搞清楚如何在生产电动车时省更多的钱”[①]。

关于何时电动车才具有成本竞争力的问题，需要考虑拥有电动车所有权的全部成本，包括日后的维护保养费用和节约能源的费用，因此难以给出确定的答案。《彭博新能源财经》杂志（Bloomberg New Energy Finance）的分析师们曾在2016年做过一项预测，他们认为到2022年，拥有一辆小型电动车的成本有可能与汽油车持平[②]。他们的预测比大多数人都要乐观。国际清洁交通委员会（International Council on Clean Transportation）的分析师们（他们曾在2015年揭露了大众汽车排放造假事件）预测，在2025年前后，续航里程不足150英里的小型电动车将具有成本竞争力，而大概在2030年时小型电动车只要续航里程达到200英里就会有成本竞争力[③]。欧洲电动车的收支平

① Elisabeth Behrmannm “BMW Sees Battery Costs Weighing on EV’s,” *Automotive News Europe*, 5 December, 2016.

② Carrington, “Electric cars ‘Will Be Cheaper’”.

③ Peter Slowik and Nic Lutsey, “Evolution of Incentives to Sustain the Transition to a Global Electric Vehicle Fleet”, International Council on Clean Transportation (ICCT) white paper, November 2016; Paul Wolfram and Nic Lutsey. “Electric Vehicles: Literature Review of Technology Costs and Carbon Emissions”, ICCT White Paper. July, 2016.

衡点会由于更高的燃油价格而来得更早些。

无论如何，由于电池价格昂贵（而且很笨重），续航里程较短的小型电动车最具吸引力，大型电动车则不太受欢迎。燃料电池和氢气装置与汽油和柴油发动机相比要占用更多的空间，但比起动力电池来要节约空间。因此燃料电池应用于大型车上要比纯电池驱动更具吸引力，如图2.6所示。

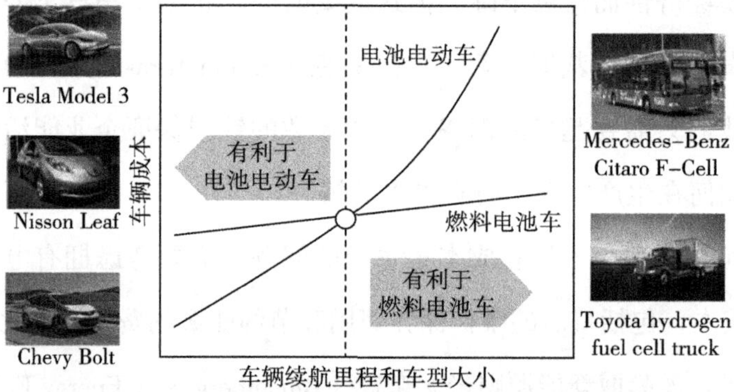

图2.6 纯电动车和燃料电池车的相关优势和成本比较

加州大学戴维斯分校开展了一项具有里程碑意义的研究尝试，去量化电动化转型给总体经济带来的额外成本（包括插电式混合动力车和燃料电池车）。研究人员对能源和汽车成本进行了非常详细的分析，其中包括对石油、电力和氢气的价格走势预测。他们考虑了规模经济性以及充电和氢燃料基础设施的预期成本。他们发现，未来20年，美国实现电动化转型的总成本将达到3000亿～6000亿美元[①]。虽然听起来开销着实不菲，但作者指出：“如果把这些过渡阶段的预期投资和补贴成本与全美所有消费者花在购买新轻型车和燃料上的最低成本（大约每年1万亿美元，或者20年20

① Joan M. Ogden, Lewis Fulton, and Daniel Sperling, “Making the Transition to Light-Duty Electric-Drive Vehicles in the U.S.: Costs in Perspective to 2035,” Institute of Transportation Studies, University of California, Davis, Research Report UCD-ITS-RR-16-21, 2016.

万亿美元）相比较，成本还是温和适中的，甚至还要少一些。”——大概省2%～3%。他们还指出，从能源节约中获得的收益，还不包括温室气体减排的效果，就很可能在20年转型期尚未结束前大大超过额外付出的资金成本。①

既得利益者的阻挠

电动化转型除了被消费者的谨慎和高昂的成本拖住了脚步之外，还有一个更现实的原因决定了转型进程将是渐进式的：总有一些人出于意识形态或财务方面的原因，蓄意给支持电动车的社会公众泼冷水，并置消费者的利益于不顾。他们还会使出浑身解数来拖延政府的支持计划并劝阻消费者不要支持电动车。挑战尤其来自石油行业。毋庸讳言，电动车给石油公司的业务造成了根本性的破坏。《艾尔伯塔石油》（*Alberta oil*）杂志于2015年7月发表了一篇题为《特斯拉的Model S 是否给石油敲响了丧钟？》的文章，文章断言：“创造性的破坏已经颠覆了大多数重要行业，而且在此过程中，它破坏的可不是一星半点。如果这种颠覆性力量降临到化石燃料行业的头上，那几乎可以肯定，它会以电动车的形式迎面袭来。”②

一些大型石油和天然气公司正在探索与电动车进行合作的方式，但在大多数情况下，它们认为这种合作没什么吸引力。它们可以向电力公司

---

① aJoan M. Ogden，Lewis Fulton，and Daniel Sperling，“Making the Transition to Light-Duty Electric-Drive Vehicles in the U.S.：Costs in Perspective to 2035，” Institute of Transportation Studies，University of California，Davis，Research Report UCD-ITS-RR-16-21，2016.

② Fawcett，“Tesla’s ModelS”.

出售天然气，而且销售规模正变得越来越大。但是它们并不想从事电力业务，认为这是一个低利润和受高度管制的行业。它们倒是有可能从事电池业务，但这并不契合它们的核心竞争力。它们在本质上是高度资本密集型的企业，汇集了大量资金，建造了大型设施——包括管道、炼油厂和离岸石油钻井平台。

其实电动车业务有这样一个机会，可能被证明是对石油公司具有吸引力的，就是从化石能源中生产氢气。石油公司可以将天然气或者煤炭转换成氢气，并将剩余的碳进行捕捉和封存（capture and sequester），从而创造出一个近乎零排放（near-zero-emissions）的能源资源。随着政府开始征收碳税，实施碳封顶，以及碳捕捉与封存技术不断成熟，制氢业务的经济效益有可能被证明是具有吸引力的。然而到目前为止，石油行业对低碳技术的投资比其他主要行业（包括汽车制造商和电力部门）都要慢。

无论如何，石油业务的萎缩将是一个渐进的过程。电动车在轻型车市场上吸引力最强，而轻型车市场占全球石油消费总量的一半不到。车辆体形越大，电动化的渗透过程就越具挑战性（也越缓慢）。因此，大型卡车转换为电力和氢气驱动的速度要慢得多，火车和轮船的转换速度同样也要慢一些。石油工业余下的业务领域是大型石化产品市场，在这个市场上，石油和天然气被转化为满足各种工业和家庭需要的化学品和塑料产品。生物燃料最终将无疑会取代石油，供许多卡车、飞机、船舶和化学品之用。当然，生物燃料也面临诸多问题，包括成本、可获得性及大量所需土地。

根据国际货币基金组织（IMF）的数据，延缓石油工业走向衰败的步伐的可能性来自化石燃料，每年全球化石燃料获得的补贴达到5.3万亿美元之巨，这使得石油工业不至于大幅度或大踏步地溃缩。相比之下，可再生能源获得的补贴每年仅有1200亿美元。①

如何让消费者欣然接受？

现实的情况是汽车制造商已经在电动车技术上投下了巨资，但电动车仍然比同级汽油车贵出一大截。这并不奇怪，大多数汽车制造商都不愿意扩大规模，全力以赴地发展电动车。汽车制造商还指望着在得到消费者和政府政策的支持情况下，才会进一步推进电动车业务。

与共享出行和自动驾驶这些正在被消费者需求（和行业竞争）拉动的革命形成鲜明对比的是，车辆电动化目前是被政府政策所推动的（即使是特斯拉也严重依赖政府法规和补贴）。世界各国的政策制定者普遍看好和接受电动车是因为他们认为电动车能带来更大的公共利益，能解决当地空气污染和全球气候变化问题，减少石油进口，以及/或者（特别是对中国而言）跨越由跨国汽车公司主导的传统内燃机发展阶段。他们正采取一系列激励措施和法规将电动车推向市场。但是，他们应该采取哪些政策和法规呢？

税收减免和退税可以直接地降低消费者支付的价格，而燃油经济性、温室气体和电动车相关法规则刺激了汽车制造商促销打折出售电动车，从而间接地降低了电动车价格。其他的奖励措施如拼车/多乘员专用车道（carpool lanes/HOV lanes）和公共充电桩，可以进一步吸引消费者购买电动车。尽管这些政策的经济学、公平性和政治学分析，以及实施这些政策

---

① David Coady et al. “How Large Are Global Energy Subsidies? ” International Monetary Fund, 18 May, 2015.

的紧迫性的研究分析，都还只是初步的，但是一些见解和结论则是非常清楚的。

也许最明显和最有效的政策是在购车环节直接为消费者提供优惠。[①]中国和挪威都在电动化转型的早期采用了这种方法。中国一些城市为电动车消费者最初提供了每辆车高达3万美元的奖励。[②]挪威提供的补贴力度更大，他们直接免除了高昂的车辆购置税（相当于车辆价格的100%）。在挪威购买一辆特斯拉的免税补贴额高达8万美元。美国提供了大量的、力度更加适中的激励措施，总计高达1.3万美元，包括7500美元的联邦税收抵免，以及来自各州和城市的数千美元的退税。随着电动车销量的增长，这种高水平的补贴是无法持续的，即使是富裕的挪威也难以为继。

一个更为复杂的方法是“综合税贴”（feebates）的概念，在欧洲被称为“车辆奖惩制度”（bonus-malus）。对污染重、耗油多的气辆征收费用，同时用收来的钱对节能低碳车辆的买家提供补贴。这种方法有两点使其颇具吸引力：一是收入中性，这意味着无须纳税人去支付这些奖励费用；二是它是永久性的，即电动汽车和能效高的车辆总是具有竞争优势的，因而无须补贴。

快速启动的挪威电动车市场

挪威是世界上电动车人均拥有量最高的国家，截至2012年7月，全国520万人口，保有纯电动车超过11.8万辆，插电式混合动

① Scott Hardman et al.，“The Effectiveness of Financial Purchase Incentives for Battery Electric Vehicles：A Review of the Evidence，” *Renewable and Sustainable Energy Reviews 80*（December，2017）：1100–1111.

② Wang et al..“China’s Electric Car Surge”.

力车约为4.96万辆。2010年至2017年，电动车销量呈现显著增长趋势，2017年占轻型车总销量的近35%。这种惊人的增长未在其他地区出现，这是私人企业、政府机构和社会组织几十年合作的结果。其驱动因素是多方面的：挪威议会在减少温室气体排放和达到联合国气候变化目标的解决方案上达成了一致；挪威本土的几家电动车制造商（Think Global和Pure Mobility）已在电动车市场上扎稳根基；挪威有充足的、清洁的水电可供使用。

挪威摆脱化石燃料的计划之所以会令世人瞩目，不仅是因为它的规模，而且还是因为这样一个事实，即挪威是世界上最大的石油和天然气生产国之一。挪威的计划是具有战略眼光的，他们通过向电动车的车主提供可观的财政激励，从而将其在化石燃料上积累下来的财富前瞻性地投向了具有发展前景的电动车。挪威电动车协会负责人克里斯蒂娜·布（Christina Bu）说，挪威的这套体系是行之有效的，因为“建立这套制度可以让污染最少的车辆最具吸引力”，同时让汽油车或柴油车的车主因多掏了腰包而感到心疼。

从20世纪90年代初开始，由不同政党结成的一个广泛的战略联盟，逐步推行了一系列力度较大的激励措施，来推动零排放车辆在挪威的发展。这些激励措施包括：

- 免征处于全世界最高水平的购买税/进口税（1990年）；
- 降低年度道路税（1996年）；
- 免缴公路收费或渡轮收费（1997年和2009年）；

- 免收市区停车费（1999年）；
- 使用公交专用车道（2005年）；
- 减征50%公司车辆税（2000年）；
- 免征25%购买环节增值税（VAT）（2001年）；
- 免征25%租赁环节增值税（VAT）（2015年）。

2015年，各政党同意在2018年之前保持现行财政激励措施，然后开始过渡到所有车辆都要根据它们对社会施加的外部成本来征税的制度安排。电动车车主2018年开始少缴一半年度公路费，到2020年增加到全额缴纳，地方政府自行决定是否允许电动车免费停放并使用公交车道。免缴公路费的政策将被差异化的价格所取代，而后者是根据车辆的温室气体排放量而确定的。与此同时，充电基础设施的建设也将继续执行政府2009年启动的相关计划。

挪威议会通过了2025年前所有售出的新车必须是电动车或氢燃料车辆，抑或是插电式混合动力车的目标。为实现这一目标，政府计划根据污染者支付（the polluter pays）的原则强化其绿色税收制度（green tax system）。克里斯蒂娜·布（Christina Bu）总结道，“作为国际电动车市场的灯塔，我们的职责也许是为挪威执行应对气候变化的长期计划做出最重要的贡献”。

非货币激励措施也可以是非常有效的，并且具有不直接给纳税人增加负担的优势。有一项特别有吸引力的非货币激励措施，就是让电动车使用拼车/多乘员专用车道（carpool lanes/HOV lanes），有研究表明这一措施的市场价值达5000美元或更多[①]，即使车上只有一名乘员。但是拼车专用车道并不是哪儿都有的，但不管怎么说，拼车专用车道也会很快就变得拥堵不堪。在加利福尼亚州，截至2016年，州内近2500万辆注册乘用车中的27万辆注册电动车获得了使用拼车专用车道的特权。还有一个更有价值的非货币激励措施，就是能避免在新车辆注册登记时去参加摇号和拍卖，比如中国一些大城市目前就是如此做法。鉴于2017年上海的新车牌照拍卖价格约为15000美元，而在北京新车摇号中签率还不到1%，因而中国这些现行激励措施的市场价值是巨大的。对大多数人来说，是否拥有车辆还是存在差别的。

另外一个行之有效的补贴措施是在电动化转型的初期，给安装公共充电设施和加氢站提供补贴。这个措施是至关重要的，原因有两个：（1）一个大型的、看得见摸得着的充电站网络的心理价值是非常大的，它能打消那些潜在买家的顾虑，不用担心自己的车辆会因无法充电或加氢而搁浅；（2）售电收入太少了，特别是对于充电设施而言，以至于无法形成一种能吸引公共充电设施投资的商业模式。在实践中，大多数人主要是在家中充电，而很少使用公共充电设施，这就会进一步削弱公共充电设施的商业模式。在家里充电不仅方便易行，而且经常会得到补贴，比如在美国，购买和安装240伏家庭充电系统会得到联邦政府和州政府的税收优惠。[②]

也许推动非家庭充电设施（away-from-home chargers）投资建设的最简单易行的做法是对企业雇主和零售机构（如购物中心和酒店）的充电设

---

① Lingzhi Jin，Stephanie Searle，and Nic Lutsey，“Evaluation of State-Level U.S. Electric Vehicle Incentives”，ICCT White Paper，October 2014.

② Suzanne Guinn，“EVSE Rebates and Tax Credits，by State，” clippercreek.com，accessed 22 December 2016.

施（以及安装和运营它们的公司）提供补贴，作为给相关的工人和客户的一种附加福利。随着电动车市场扩展到出租公寓和产权公寓的居民，公共充电设施的使用率将会提高。最有吸引力的公共充电设施是高功率版本的，它可以在30分钟或更短时间内为车辆充满电，而240伏充电装置则需要4～8小时。这些快速充电装置价格更昂贵，也需要更多的安全防护措施。目前市场最迫切需要的还是这些快速充电装置，因为它可以让买家打消顾虑，他们可以随时充电，也可以放心地驾驶电动车进行长途旅行。像优步和来福车这些共享出行企业，快速充电装置能够满足它们高强度地使用电动车的业务需要。

对于充电和加注氢燃料而言，主要问题是站点的数量有多少，什么时候和在什么地方进行充电和加氢，以及由谁来支付这些费用。2016年8月，日产汽车公司发布了一份研究报告，声称基于英国目前的发展趋势，电动车充电站数量有可能在4年内超过加油站的数量。[①]2016年底，福特、大众、宝马和戴姆勒公司联手在欧洲建立电动车快速充电网络。[②]在日本，投入运营的公共充电设施的数量在2016年前已经超过了6000个，这个数字是完全可信和有保证的，这些充电设施得到了各类官民合作机制的融资支持。[③]

加氢站的情况以及对初始补贴的需求是相似的。虽然这些站点比电动车充电设施要贵得多（每个超过100万美元），但是不同之处在于加氢站

① James Murray, "Electric Vehicle Charge Points to Outnumber Petrol Stations by 2020, Say Nissan," *The Guardian*, 4 August, 2016.

② Paul McVeigh, "Ford, BMW, Daimler, VW Group Plan Fast-Charging EV Network," *Automotive News Europe*, 29 November, 2016.

③ Zach McDonald, "A Simple Guide to DC Fast Charging," fleetcarma.com, 4 February, 2016.

最终会变得有利可图，因为加注时间（也是客户支付的营业额）很快，每次加注的收入也会高得多。此外，开车者将无法选择在家里加注燃料。

不过，该由谁来支付加氢站点的初始补贴呢？全美大概有15万个加油站，但是截至2017年，全国加氢站数量尚不足40个，且几乎全部位于加利福尼亚州。加州已经承诺在2022年前每年投入2000万美元，包括由丰田汽车公司和本田汽车公司提供的一些杠杆基金（leveraged funds），从而使加氢站数量接近100个。由于加氢站在投入运营后多年内都无法实现盈利，因此还需要更多的公共财政补贴来扶持。除了壳牌石油公司之外，其他石油公司尚看不出有什么突出的竞争优势能让其在加氢站建设方面冲在前面（不像生产电动车的汽车制造商）。

政府支持电动车销售的另一项有效的干预措施是在车辆管理环节给予电动车特殊的政策。美国、日本、中国和欧盟等对新车（有时是卡车）实施了日益严格的燃油经济性和温室气体排放标准。所有这些特殊规定，都让汽车制造商对销售电动车感兴趣。例如，美国和欧洲允许电动车在车辆排放等级评定时被评为每英里排放零克，甚至在确定温室气体法规的合规性时数量上增加一倍（尽管这项激励措施计划于2022年开始逐步退出）。

政府领导人也可以开动他们独一无二的、强大的国家宣传机器来激励消费者去接受电动车。这是政府向消费者和整个行业传达其致力于培育和推动电动化转型的坚定信心的一种方式。降低风险和不确定性，对消费者和行业而言，在电动化转型的早期是至关重要的。

面向纯电动、插电混合动力和燃料电动车的转型蓝图究竟是以何种具体方式来展开，目前还是雾里看花。不同的地区差异也非常大。有些战略和路径相比其他的战略和路径而言，代价更高，也更复杂。但通常来讲，最佳的政策思路是在转型初始阶段就为消费者提供显而易见的激励措施，确保公共充电设施和加氢站网络是高度发达和随处可见的，为汽车制造商提供政策激励，在政治上可接受的范围内明确法定销量，随着消费者偏好的变化调整政策的适应性和灵活性，推动技术创新，以及促进行业投资不断增长。

超越电动化

各种类型的电动车对于解决空气污染和气候变化问题都具有极大的吸引力。一般来讲，动力电池的电动化是最适合应用于汽车上的，还可用于短途的公交车和卡车，特别是在污染重的区域。在电网脱碳最彻底的地区，电动车对于环境的友好性使其显示出强大的吸引力。氢燃料电池的电动化通常最适合用于大型车辆，例如大型SUV、皮卡车和厢式面包车。插电式混合动力车也可以满足上述所有这些用途。

虽然所有这三种类型的电动车都可以不同的方式、在不同的地区和不同的时间得到良好的发展，但仅凭它们本身并不足以创造一个可持续的、零碳排放的运输系统。第一个应该并行推进的重要战略是让电力和制氢过程也脱碳。但是，让电力和氢气的生产和传输真正接近零排放的程度，还需要相当长的时间。

第二个战略是从总体上减少车辆的使用。大多数城市都无法容纳过多的车辆，不管这些车辆是不是电动车。现在从洛杉矶到巴黎、北京、圣保罗，这些城市已经高度依赖车辆了，即使这些车辆都是零排放车，也是不可持续的，同样也不是人们所期望的。减少车辆使用的最佳途径之一是拼车（pooling）和共享出行（sharing ride），尤其是使用自动驾驶汽车（AVs）。我们出版这本书的目的就是想整合车辆的电动化、共享化和自动化。

主要政策措施

目的是让消费者和汽车制造商能更普遍、更快速地接受电动车。

在国家层面

- 征收综合税贴（Feebate）——给电动车购买者补贴，对汽油车购买者收费，从而为购买电动车者提供永久性的激励，同时对因多使用电动车和减少石油需求而造成低油价的损失进行部分补偿。综合税贴保持中性，不给纳税人增加额外负担。
- 联邦政府为企业和零售机构安装充电装置提供奖励资助和税收优惠。
- 资助教育和宣传推广工作，让公众提高对电动车及其积极意义的认识。
- 在政府更新公务用车时，要求车队越来越多地采购电动车。
- 强迫汽车制造商执行ZEV法规，要求它们出售越来越多的电动车（包括燃料电池车），直到占其汽车总销售量的15%～20%，但包括其他一些弹性制度安排，如积分交易。

- 在燃油经济性和温室气体排放法规中，给电动车和燃料电池车设定零排放等级（rating of zero emissions），直到它们达到汽车总销量的15%～20%。在此之后，将等级评定机制延伸到上游排放环节。

在州或地方层面

- 取消低收入和中等收入家庭电动车注册费，直到电动车超过汽车销量的一定百分比。
- 允许电动车免费使用多乘员车道（high-occupancy-vehicle，HOV）和收费车道（最初）。
- 为公共充电设施提供补贴，重点是快速充电设施。
- 对加氢站早期的建设和运营提供补贴。
- 对家庭购买和安装充电装置提供补贴，重点是有多户家庭共同居住的公寓楼。
- 与电力公司和公用事业委员会合作，为电动车主提供优惠电价和智能充电装置，以使电动车具备为电网存储多余电量（从而减少为满足高峰时需求而建设过多的电网容量的需要）。
- 提供州和地方奖励金和税收减免，以鼓励雇主单位和零售机构安装充电装置。
- 在政府公务车队进行车辆置换时，转而采购电动车。
- 鼓励网约车公司（ridehailing companies）的车辆驾驶人使用电动车。

第三章

共享出行：网约车和拼车出行的潜力

苏珊·沙希恩

Susan Shaheen

提供拼车服务的共享出行（shared mobility with pooled rides）是推动车辆电动化和自动化发展，以减少拥堵和排放，创建宜居城市和社区的关键所在。

共享出行的历史比乘马车出行还要悠久，而且最新的创新成果使得共享出行较以前更容易，更便捷，也更有效率。基于拼车业务的创新型出行方式能够降低出行成本，缓解道路拥堵，而且能减少温室气体排放。除了驾驶私家车和乘坐公共交通的传统出行方式之外，共享出行为人们提供了更多的出行方式选择。虽然共享出行包括的领域很广，包括共享单车、共享踏板车和共享汽车，但本章的重点放在拼车出行服务（pooled services）上，即多人合乘同一辆车。这种出行方式可以释放巨大的经济、社会和环境效益。

人们选择拼车出行的动机是很简单的。首先，也是最重要的动机是经济因素。汽车是我们经济生活中使用率最低的资产之一，95%的时间闲置着，其余时间车里也只有一个人。如果车辆使用率再提高5个百分点，或者一辆车载有2位、3位或4位乘客，那么每位乘车人分摊的成本就会急剧下降。这种出行方式带来的好处要远远超出其他廉价的出行方式。因为每一辆车都会载有多位原本有可能自己开车出行的乘员，所以道路上行驶的车辆数量就会减少，也不需要那么多的停车空间，空气污染也会减少，能源消耗和温室气体排放也会降低。假定全世界有超过10亿辆轿车和轻型卡车，那么大幅度减少污染物和温室气体排放的潜力是非常巨大的，在美国是这样，在其他地方也如是。

向共享出行转型的未来图景正变得清晰起来。剩下需要解决的问题就是人们是否愿意及其在何种条件下愿意接受共享和拼车出行。

行将颠覆的历史趋势

共享出行是与二战后在汽车制造业由国防装备工业转向消费品工业以来形成的根深蒂固的私家车文化背道而驰的。这种汽车文化跨越了工业化的边界，并得益于大容量高速公路和汽车服务业的发展的支撑，例如直通车餐馆（drive-through restaurants）和汽车电影院（drive-in movie theaters）。几乎在每一个地方，只要私家车拥有量增加，公共交通使用率就会下降，尽管各方面也在努力推动公共交通出行。

自20世纪60年代后期以来，公共机构，特别是美国和加拿大的公共机构，一直试图增加轿车和厢式面包车的拼车服务。这些策略包括施行减少出行条例（trip-reduction ordinance），开辟拼车车道（carpool lanes），建设停车换乘场地（park-and-ride lots），以及使用语音通信和计算机系统对出行需求进行匹配。那么，这些措施是否取得成功了呢？在美国，拼车出行在20世纪70年代能源危机期间达到顶峰。1970年，美国人拼车上班的比例为20%[①]，然后稳步下降至2014年的9%（见图3.1）。[②]

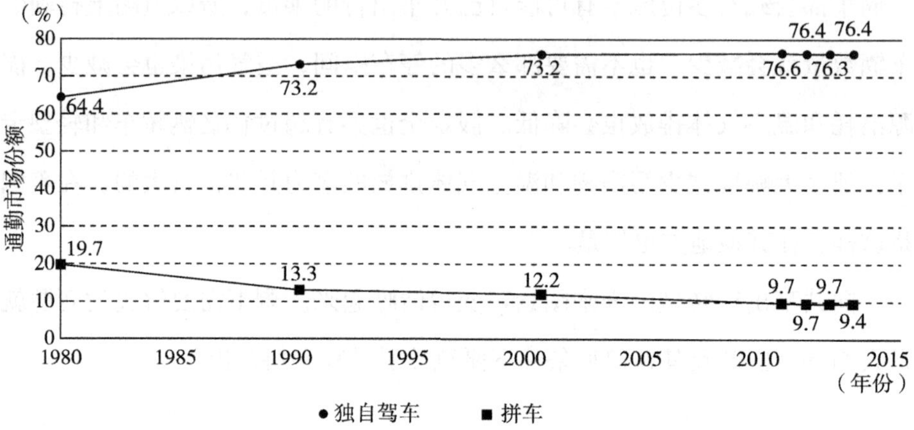

图3.1　美国1980～2013年拼车出行的衰落和自驾通勤的增长

资料来源：Steven Polzin and Alan E. Pisarski，"Brief 10. Commuting Mode Choice，" Commuting in America 2013（Washington，DC：AASHTO，October 2013），figure 10–2。

但是借助于新的业务方式，并最终借助于车辆自动化技术，共享出行有可能逆转历史性趋势。智能手机、可穿戴技术、基于位置的各种服务、社交网络和移动互联网，能够使出行人更便捷地实现共享出行。用来福车（Lyft）总裁兼联合创始人约翰·吉默（John Zimmer）的话来说，"实现向'运输即服务'（Transportation as a Service）的彻底转型最终有可能实现，因为人类历史上第一次有了创造一个完美而高效的交通网络的手段"[③]。

在消费者需求的推动下，拼车（pooling）这种创新型出行方式正在迅

① Nelson Chan and Susan Shaheen，"Ridesharing in North America：Past，Present，and Future，" *Transportation Review* 32（January 2012）：93–112.

② US Census Bureau，2014 American Community Survey 1–Year Estimates，Table B08006.

③ John Zimmer，"The Third Transportation Revolution：Lyft's Vision for the Next Ten Years and Beyond，" Medium，18 September，2016.

速地占领出行市场。从全世界来看，按需交通（on-demand transportation）正在蓬蓬勃勃地发展起来。甚至汽车制造商也开始意识到未来汽车的使用方式会发生很大变化。像福特、通用、梅赛德斯、菲亚特、克莱斯勒、宝马、标致雪铁龙和沃尔沃等这些汽车公司正在公开探讨从以驾驶者为中心（driver-centric）的汽车制造商逐步转变为出行服务公司（mobility companies）的必要性。[①]谷歌（Waymo）、特斯拉和福特都表示，他们的计划是将第一辆完全无人驾驶的车辆用于共享出行服务。福特汽车时任首席执行官马克·菲尔兹（Mark Fields）推翻了私人车辆所有权恰恰就是自由的内涵（private vehicle ownership is the very definition of freedom）这一论断，他在2016年消费电子展（CES）上问道，"倘若我们行驶在洛杉矶拥堵的街道上，即使是坐在车里，我们也真的感到自由了吗？"[②]

就此引出了一个问题，即哪一个才能给我们提供更多的自由，是驾驶私人汽车还是接受一个专职司机的服务？提出这类问题等于是在问，根本性变革是如何开始的。

基于应用程序的拼车市场的增长

使用智能手机叫车出行（ridehailing）在2010年就开始了。由特拉维斯·卡兰尼克（Travis Kalanick）和格瑞特·坎普（Garrett Camp）创立的UberCab（不久后转变成优步）推出了一款iPhone手机应用程序，可以在旧金山地区使用手机来方便地打出租车。该款应用程序能让出行人只需用手

① Eric Newcomer, "GM Invests $500 Million in Lyft," Bloomberg Technology, 4 January, 2016.

② Nellie Bowles and Danny Yadron, "Self Driving Cars Hog the Road at CES," *The Guardian*, 7 January, 2016.

指轻敲手机屏幕就能叫来一辆黑色豪华轿车，还能使用信用卡无缝隙地支付乘车费用。该项服务很快扩展到其他城市，进而遍布全美各地。2013年2月，优步推出了UberX，这是一种更实惠的服务，由车主驾驶自己的私家车来提供载客服务，这是一种基于端到端的服务平台（peer-to-peer-based platform）。公司紧接着又推出了可以容纳6人的大容量SUV或小型厢式面包车——UberXL，以及使用豪华车的UberSelect。

另一位市场参与者——来福车（Lyft）（其前身为Zimride）的历史略长些。其前身是由洛根·格林（Logan Green）和约翰·吉默（John Zimmer）于2007年创立的，他们创业的动机是试图兼顾共享出行的社会与环境效益目标和商业利益目标。吉默这样写道，“顺风车（ridesharing）只是终结车辆所有权和改造我们的城市运动的第一个阶段”[①]。他指出，我们生活的城市完全是以汽车为中心建立起来的，如果我们能够找到一种方法，让大多数汽车从道路上消失，我们的城市交通状况就有可能改善，污染也可以减轻，我们生活的社区也才更加真真切切地成为一个以人为中心而建立的世界。格林和吉默当初创建的公司——Zimride，业务重心聚集于匹配不同长距离出行人的拼车需求。公司的绝大部分资金来自出行匹配软件（ridematching software），这个软件能够应用于个别学校和公司的个性化服务。此后，在2012年年中，格林和吉默推出了他们的来福车叫车应用程序（Lyft ridehailing App）（比优步推出类似的UberX服务早了几个月），它被称为“启动闲置车辆，创造经济机会，降低交通成本”的一种方式。到2013年，超过130所大学和企业园区通过Zimride提供了顺风车

---

① Zimmer，“Third Transportation Revolution”.

（ridesharing）和拼车（carpooling）业务，但来福车的这部分业务的成长速度更快。在2013年年中，格林和吉默将Zimride卖给了租车公司Enterprise Rent-A-Car，这样他们就能够专注于来福车业务。

来福车和优步的总部都位于旧金山，尽管它们成立之初在价值观和发展路径上截然不同，但这并不妨碍它们几乎在同一时期不约而同地采取了相同的商业模式——从驾驶自己车辆为他人提供出行服务的个人那里收取交易费（transaction fee）。在这个服务领域，它们并不会感到形单影只。2012年年中开业运营的Sidecar，也是以旧金山为基地的，与优步和来福车可谓是近邻。最终，Sidecar于2015年在将其资产卖给了通用汽车公司之后退出了市场。

来福车、优步和Sidecar都是轻资产公司。它们几乎就等同于行动敏捷的计算机公司，不需要管理大量的库存设备、各类设施或员工。他们最主、要的创新活动是利用计算机算法来有效地匹配出行人和驾驶人的供需关系。他们的应用程序取消了乘员与驾车人之间直接的货币交易，代之以通过应用程序来自动完成计价和订单支付，这一过程中应用了经济学的基本原理，即在需求超过供应时通过提高价格来平衡供需关系（称为优步的潮涌定价，surge pricing by Uber）。这些公司建立了一个乘客对驾车人的评级系统，以及驾车人对乘客的评级系统，而且在乘客确定下单前，驾车人的评分情况会马上在屏幕上为乘客显示出来。

来福车和优步很快就迎来了其他出行公司与之为伍，如印度的Ola Cabs、东南亚的Grab、法国的Chauffeur Privé 和中国的滴滴出行（Didi Chuxing，2016年它收购了优步中国子公司，很快成为全球最大的按需服务公司）。所有这些企业都是基于私家车运营的、提供端到端服务的轻资产公司。

同时，出行行业还衍生出一些专业性的服务提供商，比如Lift Hero（为老年人和那些残障人士提供出行服务）以及HopSkip Drive和Kango（为接送孩子上下学提供服务）。这些提供商专营特殊的细分市场（孩子、老人和残障乘客），它们使用训练有素的驾驶人去帮助那些有特殊需求的乘客，所使用的车辆也是专门车辆，可以提供儿童座椅和轮椅车无障碍服务。

拼车出行（pooling）是最具转型意义的服务模式，它是一种多人合乘同一辆车的出行方式。这种模式已经有过不少尝试，一些拼车服务公司较其他竞争对手获利更丰厚。

优步在全球许多城市推出了UberHop业务，这是一种为高峰期出行的群体提供的按需服务（on-demand service）。这些出行人通过应用程序提出用车需求，然后步行到指定的地点上车，再与其他通勤者一起合乘出行。来福车最早推出了它的拼车服务——Lyft Carpool，通勤出行人在旧金山地区会沿路接载陌生人。UberHop最终在除马尼拉以外的所有市场上中止了这项业务，Lyft Carpool也由于匹配率不高而在不到一年的时间内就停止了此项业务。

比较成功的案例是2014年推出的Lyft Line和UberPool。它们可以把此前并不认识、但起始点相似的多位出行人集合在同一辆车上。计算机算法会实时地为驾驶人分配额外的乘客。当车辆接收了新的订单之后，计算机会对出行路线进行优化，以便使每一位乘客的实际乘坐路线都是绕路最短的。为了给因绕路而稍微耽误了时间的乘客以合理的补偿，乘客通常可以在车费上得到40%~50%的折扣，即使驾车人并未接载其他乘客。

Lyft Line和UberPool的一个变体是Driver Destination，最早由来福车推出，然后优步也推出了此项业务。在此模式下，驾车人将目的地输入应用程序中，然后会接收到沿路上多位通勤者发送的乘车请求。另外一项创新型拼车业务是一些公司鼓励乘客步行一小段路，走到一条主干道，或者指定的“热点”（hot-spots）交叉路口与其他乘客会合后一同乘车，乘客会得到车费的一定折扣作为回报。另外一个创新性的拼车服务是为主要高速公路沿线的通勤者进行合乘匹配，这项业务目前集中在华盛顿特区[①]、芝加哥[②]、中国成都以及印度的新德里和班加罗尔[③]，可能还有其他地方。在Lyft Line和UberPool服务仍然在以很快的速度扩张的同时，我们在这里所介绍的各种衍生服务已经取得了不同程度的成功，至少到目前为止可以这么说。网约车公司仍在继续各种尝试，以便找到可行的开展拼车业务的途径。

拼车对于长途城际出行也能够获得成功，就像世界上最大的长途顺风车服务公司BlablaCar所展现的那样。[④]BlablaCar公司是2006年在法国成立的，当初是一个顺风车的免费平台，但自2011年开始收费。它将城市之间愿意合乘出行的驾车人和乘客联结在一起，并共同分担出行费用。乘客和驾车人通过兼具社交媒体和预订平台功能的网站联结起来，同时能

---

① Faiz Siddiqui，“Uber Is Betting DC Commuters Are Willing to Pay to Slug.” *Washington Post*，27 March，2017.

② Meg Graham. “Uber Tests Commuting Service for Drivers with a Seat to Spare，” *Chicago Tribune*，8 December，2015.

③ Manish Singh，“Uber Eyes UberCommute Expansion in India.” *Mashable*，24 November，2016.

④ Susan Shaheen，Adam Stocker，and Marie Mundler，“Online and App- Based Carpooling in France：Analyzing Users and Practices–A Study of BlaBlaCar.” in *Disrupting Mobility: Impacts o Sharing Economy and Innovative Transportation on Cities*，ed. Gereon Meyer and Susan Shaheen（New York：Springer，2017），181–196.

给双方带来诚信感和安全感，这也是企业成长的核心价值。截至2017年，BlablaCar在全球22个国家拥有超过4000万名会员。[①]

应用程序的拼车出行尚处于试验性发展初期。问题是如何让这些技术应用于更多的车辆，承载更多的乘客，这样企业和社会能够取得双赢结果，即企业创造更多的利润，社会也从减少排放和交通拥堵上获益。细节决定成败。来福车和优步的高管们相信，他们的长期取胜之匙是降低价格，而当下降低价格和成本的最佳途径就是拼车——让更多人合乘同一辆车。

社会公众对拼车出行的支持可以采取多种形式，例如包括让拼车车辆优先使用外侧的专用车道，以减少拼车出行人的时间。还需要进行更多的测试，以验证前述那些不同类型的服务，同时公共政策要鼓励拼车出行，这一点我们会在本章的结尾再次强调。

旧金山湾区的拼车出行

在旧金山湾区（San Francisco Bay Area），通勤者经常在早上通勤高峰时段使用临时拼车（casual pooling）从东湾区（East Bay）到旧金山市中心。临时拼车，也称为搭顺风车（slugging），这是一种非正式的系统，人们自觉地在一个地点排队，等待搭乘那些想使用多乘员的拼车车道（carpool lane）或者可避免缴纳过桥费的驾驶人的便车。搭顺风车对于跨越旧金山海湾大桥的许多湾区通勤者而言尤其具有吸引力，因为车辆可以进入拼车车道，节省了出行时间，缩短了在收费站的等待时间，也少缴了通行费。有人说，节省

① “BlaBlaCar Unveils Opel Leasing Deal in Boost for Ride-Sharing”, *Automotive News*, 6 April, 2017.

时间和成本是临时拼车的“秘密武器”（secret sauce）。在这种情况下，搭车人的平均等待时间只有两分半钟（Susan Shaheen，Nelson D. Chan，and Teresa Gaynor，“Casual Carpooling in the San Francisco Bay Area：Understanding Characteristics，Behaviors. and Motivations，”*Transport Policy* 51 January 2016：165-173）。临时拼车肇始于1979年，当时正值湾区快速公交系统（BART）举行为期九十天的大罢工，此后便自发地成长起来。现在临时拼车每天搭载超过6000人出行（Ibid）。

湾区也是来福车和优步的所在地，这两家公司将湾区作为其最初开展拼车出行业务的测试平台（test bed）。2014年一项针对旧金山380名叫车出行客户进行的调查发现，在被调查的叫车出行订单中，有一半的车辆载有超过一名乘客（不包括驾车人），平均每辆车载客2.1人（而出租车为1.1人）。接近90%的受访者表示他们在提交叫车订单后等了不到10分钟车就来了，67%的受访者表示等车等了不到5分钟（Lisa Rayle et al.，“App-Based，On-Demand Ride Services：Comparing Taxi and Ridesourcing Trips and User Characteristics in San Francisco，Institute of Transportation Studies，University of California，Davis，Research Report UCTC-FR-2014-08，August 2014）。

在传统的（非应用程序）拼车市场陷入停滞的情况下（2017年4月10日访问的美国普查局的美国社会调查报告显示，湾区使用拼车通勤出行的份额在过去的十年时间里一直保持在10%的水平上），湾区高速公路和快速轨道交通的拥堵状况接近历史最高值（“Transit Ridership，”Vital Signs，updated December 2015），作为地区交通管理部门的大都会交通委员会（Metropolitan Transportation Commission，MTC）相信，填补私家车上的空座位可能是增加交通容量的成本—效益最佳的方法（Adam Cohen and Susan Shaheen，“Planning for Shared Mobility，”American Planning Association，Planning Advisory Service Report 583，2016.）。在2015年5月至11月期间，MTC公布了两项决定，与从事基于应用程序的拼车服务的私营部门开展合作。MTC还与四家私营的应用程序开发商推进了示范性协议合作项目，这四家企业包括Carma，Lyft，MuV和Scoop。这几家企业正在试验其营销和激励计划，以鼓励通勤者使用新的基于应用程序的服务项目来增加拼车出行的频次。

一旦MTC确认此试点计划成功，它可能决定逐步淘汰其官办的出行匹配服务（public ridematching services）。MTC估计将出行匹配服务转移到私营部门手中，每年可以节省50万美元。MTC还在考虑其他若干项未来创新计划，包括将基于应用程序的匹配服务与呼叫交通服务（call-in transportation services）整合在一起，设立指定的“热点”（hot-spots）用于临时拼车，将基于应用程序的服务与停车—换乘设施相整合，将拼车服务引入BART和其他长途公交服务领域（Barbara Laurenson，personal communication，1 February 2017）。

为什么拼车出行如此重要？

当优步推出UberPool业务时，公司称其为“一个大胆的社会实验”，并承诺让此项业务走上正轨，“因为减少道路上的汽车数量、城市拥堵、污染、停车场等带来的挑战，具有更广泛的社会意义……也确实是激动人心的”[①]。在伦敦举行的UberPool业务发布会演讲中，时任优步首席执行官特拉维斯·卡拉尼克（Travis Kalanick）表示，他们的目标是让伦敦街道上行驶的300万辆汽车减少1/3，他说这样不仅可以减少城市拥堵和碳排放量，还可以创造10万个新的工作岗位，同时能大幅度地推动当地经济的增长。[②]

一项由总部位于巴黎的国际交通论坛（International Transport Forum）2016年进行的研究，让人们对共享出行如何改变未来的城市生活面貌有了初步的了解。这项在葡萄牙里斯本（一个中等规模的欧洲城市）进行的研究，对用共享的、自动驾驶的出租车和公交车来替换城市所有的汽车和公交车的可能影响进行了模型分析。[③]研究得出的主要结论是，将城市现有的车辆规模（包括小汽车、穿梭巴士和全尺寸公交车）减少97%就可以满足全市的出行需求，而城市的公共停车场地可以减少95%，而所有车辆的行驶里程也能减少37%。该研究还估计，每辆车的行驶总里程将是目前的10倍。提高车辆利用率会带来很多益处：使每位乘客的出行成本更低（因

---

① “Announcing UberPool，” *Uber Newsroom*，5 August，2014.

② Oliver Smith，“Uber Taxi App：Founder Travis Kalanick’s Plan to Rid London of a Million Cars，” *City A.M.*，6 October，2014.

③ José Viegas，Luis Martinez，and Philippe Crist，“Shared Mobility：Innovation for Liveable Cities，” *International Transport Forum Corporate Partnership Board*，2016.

为折旧和运营成本会分摊在更多的乘客身上），车辆的更新速度也会更快，而这将更有利于清洁车辆的加快应用和渗透。

一项由马萨诸塞州理工学院（MIT）的研究人员针对纽约市进行的研究也得出了类似的结论：3004辆乘用车就能满足整个纽约市98%的出租车需求，平均每次叫车等待时间仅为2.7分钟。[①] 研究人员还发现，仅需2000辆10人座车辆就能够满足95%的出租车需求，相比之下，目前在纽约市运营的出租车有近14000辆。他们使用一种算法能够实时地重新计算车辆的行驶路线，以满足短时订单需求。

最后，由劳伦斯伯克利国家实验室（Lawrence Berkeley National Laboratory）的研究人员进行的一项研究发现，一个由共享的、自动驾驶的电动车组成的车队，如果能根据出行需要，合理调配合适尺寸的车型（当乘车人数量较少的时候调配小型车辆，而乘车人多时则调配大型车辆），再结合使用低碳电网，预计到2030年，相比私人拥有混合动力车而言，每英里的温室气体排放量有望减少63%～82%。[②]

然而，还有更极端的情景，明确地表明了按需响应的拼车服务（on-demand pooling）在交通运输、基础设施、环境和社会效益方面蕴藏着巨大的潜力。这些未来的情景意味着要摆脱依赖私家车出行的旧模式，单向的（one-way）、端到端（peer-to-peer）的共享出行将有助于加快向新的出行方式转型。在新的模式下，人们从商业运营的车队或私人手里借来车辆然后自己驾驶。汽车共享（carsharing）代表着出行人朝着创造更多出行方

---

① Javier Alonso-Mora et al., "On-Demand High-Capacity 38. Dynamic Trip-Vehicle Assignment," *Proceedings of the National Academy of Sciences 114*（17 January, 2017）: 462-467.

② Jeffrey B. Greenblatt and Samveg Saxena, "Autonomous Taxis Could Greatly Reduce Greenhouse Gas Emissions of US Light-Duty Vehicles," *Nature Climate Change 5*（2015）: 860-863.

式选择，并使驾驶人更容易地朝着放弃个人拥有车辆所有权的方向迈出关键一步。但是，典型的汽车分时租赁是一部车辆按照顺序每次出行只接纳一位顾客（即驾车人自己）。拼车出行的碳足迹则要小得多，占有的道路和停车空间也要少得多，车辆还有可能提供更多的出行服务。简而言之，拼车出行是使共享出行的效益最大化的关键。

至于这一点是从对纽约市基于应用程序的出行服务的分析中得出的。分析发现，尽管拼车出行得到大力推广，但是单人出行仍然占主导地位，而这种出行方式大大增加了在城市街道上行驶的车辆里程。①这份于2017年2月发布的报告称，“在分析了黄色出租车、黑色专车和汽车服务公司的乘客数量下降的原因之后，基于应用程序的出行服务自2013年以来已经净增加了3100万次出行和5200万人次”，这样就给城市路网增加了6亿英里的车辆行驶里程。这种发展趋势显然是不可持续的。我们需要付出更多的努力来鼓励大家拼车出行。

其他共享模式的演进

现有的交通服务方式，像出租车和公交系统，当它们面临新的竞争挑战时，会很自然地感受到威胁来临。出租车比公共交通更容易受到冲击，但出租车仍有很多机会与基于应用程序的出行服务商开展合作并从中受益。但这些不同的出行服务商是如何发展以适应市场竞争的呢？

---

① Bruce Schaller，“Unsustainable? The Growth of App-Based Ride Services and Traffic. Travel and the Future of New York City，” Schaller Consulting，27 February，2017.

出租车

传统的出租车行业很明显受到了网约车公司（ridehailing services）的威胁。仅举一个例子，在诞生了优步和来福车的旧金山，出租车数量在2012年3月至2014年7月期间下降了65%。2016年1月，该市最大的出租车公司——Yellow Cab申请破产。[①]从纽约到巴黎，出租车一直在努力阻止来福车和优步的发展脚步，但收效甚微。政府保护有助于出租车生存，但如果他们要成功地与网约车、分时租赁服务和微型公交车展开竞争，出租车就需要提升他们的服务水平。

互联网约车（e-hailing）服务商，如美国的Arro、Bandwagon、Curb、Flywheel、Hailo和iTaxi，正朝着这个方向迈进。出行者可以运用这些移动应用程序，使用数字化手段实现出租车的调度。这些应用程序要么由出租车公司来维护，要么由第三方服务提供商进行维护。这些服务正深得老百姓的欢迎。截至2014年10月，80%的旧金山出租车使用了Flywheel。2017年4月，Flywheel被车载信息系统提供商（telematcis provider）——Cabconnect所收购，该公司希望通过这笔收购交易能够创建一个通用型出租车预约应用程序。[②]截至2017年5月，Curb为美国65个城市提供了5万辆出租车预约服务[③]，Curb后被Verifone公司[④] 收购。越来越多的出租车和豪华出租车行业的监管机构开始推进网络约车的示范性项目，并强制规定了网络约车应

---

① Aaron Sankin, "Can a Smartphone App Save the Taxi Industry from Uber?" *The Daily Dot*, 9 May, 2016.

② Joe Fitzgerald Rodriguez, "Flywheel Taxi App Sold in Effort to Battle Uber, Lyft," *San Francisco Examiner*, 10 April, 2017.

③ "Verifone Launches Curb in Five New US Cities," Verifone Press Release, 21 July, 2016.

④ Verifone是一家总部位于加利福尼亚州圣何塞市的美国跨国公司，为销售终端（point-of-sale）的电子支付交易和增值服务提供技术支持。Verifone向金融、零售、酒店、石油、政府和医疗保健行业销售商户运营，面向消费者和自助支付系统。参见维基百科。——译者注

用程序必须具备兼容性。

尽管这种网约车创新已经运行了很多年，但最终被大多数人所接受还是在优步和来福车取得成功之后才得以实现。由于应用了网约车这种创新出行方式，出租车已经减少了他们的等候时间，非常接近其竞争对手共享出行服务的水平。但是出租车的网约服务仍然面临来自市场的挑战，包括匹配需求与供给，以及收费标准受地方管制。再者，出租车也不能够像其他网约车公司经常做的那样，在出行需求高峰时段执行高峰期定价（surging pricing）。

另一项创新是出租车共享。多人合乘出租车受到欢迎，不只是因为它提高了出租车的利用率，还因为它可以减少每位乘客的出行成本，这样更多人可以乘出租车出行。然而到目前为止，很少有出租车被允许搭载多个互不相识、上下车地点又不同的乘客共乘出行。像洛杉矶、伯班克①和波士顿这样的城市，只允许出租车在市中心和机场共享运营。纽约市从技术上讲是可以实现出租车共享运营的，但是在现实中，也只在机场、城市一些固定出租车站和一条东区走廊沿线获许运营共享出租车。②

共享出租车在不同地区兴起的原因也各不相同。在华盛顿特区，共享出行最早出现在第二次世界大战期间，目的是保护稀缺资源。在纽约市，共享出租车（Share-a-Cab）于1979年在拉瓜迪亚机场（LaGuardia Airport）投入运营，以解决出租车站排队过长的问题。开放的市场、积极的营销、规模经济性、优质和可靠的服务，这些因素加在一起使得经济效益突出的共享出租业务在像阿肯色州小石城这样的地方萌芽成长起来。

① 伯班克（Burbank），位于美国加利福尼亚州洛杉矶县，毗邻好莱坞市。——译者注

② David Mahfouda，personal communication，30 January 2017、27 February，2017.

1977年，共享出租车服务运载了170多万乘客。[①]但从那时起，地方性法规已经缩减且时常取缔这些共享出租车服务。

2013年7月，Bandwagon公司在纽约市重新推出了共享出租车业务。它与纽约市出租车和豪华轿车委员会合作，提供了一个iPhone应用程序，让乘车人可以在拉瓜迪亚机场、肯尼迪国际机场、纽瓦克自由机场、纽约宾州车站和港务局巴士总站乘坐共享出租车。等车的乘客给Bandwagon发短信告知自己的目的地，他们随后会被系统匹配到相同路线和目的地的同行乘客。被匹配上的乘客可以走到出租车候车队列的前面并上车，同行的乘客分别支付各自的车费。Bandwagon声称应用程序有助于缩短出租车的排队时间和乘客的排队等候时间（当排在等候出租车队列末尾的乘车人与排在队列前面的乘车人匹配在一起的时候），还可以节省高达40%的出租车乘车费用。[②]

2010年在纽约市进行的一项试验为共享出租车的潜在益处提供了更多的依据，在这项试验中，每辆出租车最多运载4位乘客，而且每位乘客只需支付3～4美元的优惠价格。[③]共享出租车在指定的接客地点接载乘客，并允许乘客在早上通勤时段在沿线上的任意地方下车。这项试验使人们相信，搭乘共享出租车是非常方便的，在通勤高峰时段出租车的运载能力得以提高，乘客还能节省出行成本，此外还能减少温室气体排放。[④]2014年进行的一项后

---

① Robert Cervero, Paratransit in America: Redefining Mass Transportation（*Westport*, *CT*: *Praeger*, 1997）.

② James Covert, "Taxi-Sharing App Doesn't Want You Waiting on Line at the Airport," *New York Post*, 22 May, 2015.

③ Janelle Orsi, "Taxi Cab Sharing in New York City and Beyond," Shareable, 23 February, 2010.

④ Elizabeth Daigneau, "New Yorkers Share a Cab," *Governing*, 4 March, 2010.

续研究，量化分析了纽约市共享出租车的影响，发现共享出租车可以减少约40%的全市出租车总里程，从而减少相关的二氧化碳排放量。[①]

公共交通、微型公交和残疾人专用公交

公共交通客运量在美国大多数城市已呈下降态势，其原因是多方面的，包括低廉的燃油价格，在某些市场上的经济效益欠佳，在某些地方还面临网约车的竞争。[②]随着越来越多的城市更加关注社会公平、城市宜居性、空气质量、气候变化和交通拥堵，公交运营公司在改善服务质量和数量上面临着巨大的压力。与共享出行运营商开展合作是实现上述目标的一种应对策略。将非营利性业务和营利性业务结合起来，能够提供类似共享公交车的服务（pooled bus-like services），可以衔接好最初和最后的一英里，并填补稀疏的公共交通网络的空白。[③]本书第五章将探讨这些合作伙伴关系的演变过程。

微型公交运营商使用厢式面包车和小型公共汽车来提供各种各样按需调配的（demand-responsive）、路边到路边（curb-to-curb）的接送服务。这些服务往往比出租车便宜，但还是比传统的公共汽车和铁路贵不少。通常情况下，乘客使用移动应用程序以电子方式支付出行费用，并在车辆接近上车地点时能够跟踪车辆，当然还是有一些微型公交服务公司仍然在使用电话调度车辆并接受现金支付车费。

---

① Paolo Santi et al., "Quantifying the Benefits of Vehicle Pooling with Shareability Networks," *Proceedings of the National Academy of Sciences* 111（16 September, 2014）: 13290–13294.

② Laura Bliss, "What's behind Declining Transit Ridership Nationwide," *Citylab*, 24 February, 2017.

③ Lisa Rayle et al., "Just a Better Taxi? A Survey-Based Comparison of Taxis, Transit, and Ridesourcing Services in San Francisco," *Transport Policy 45*（January 2016）: 168–178.

微型公交已经由旧金山和纽约等城市的小巴车（jitney）逐步发展起来。小巴车在全世界许多城市都很常见，且形式各异。但在美国，随着保险费用不断上涨以及保护公交系统的法规限制，小巴车已经日渐式微了。这些小巴车通常每辆车乘载最多15位乘客，在繁忙的街道上沿着相对固定的线路行驶，途中接送大量乘客上下车。有些小巴车会提供门到门的额外收费。

小巴车的一个成功案例是纽约市的“美元面包车”（dollar van），它最初出现是由于全市持续了11天的公共交通罢工。2016年，“美元面包车”每天客运量达到12万人次。[①]它们作为影子公交沿着热门的公共汽车路线运营，而且会服务于许多被地铁和公共汽车忽视的社区。它们通常在拥有大量移民人口的低收入社区运营。自1994年以来，纽约市一直在给“美元面包车”发放运营许可证以对其进行管制，但大多数“美元面包车”仍然处于非法经营的状态，没有受到任何正规的管制或监控，[②]“由于这些服务很好地融合到社区生活当中，因而监管机构通常对它们网开一面”[③]。2017年3月，有325辆正规的（官方授权）“美元面包车”在运行，[④]“比几年前超过1000辆的运营规模有所下降，可能的原因与其说是运营车队规模的实际减少，不如说是缺乏合规运营执照的一个写照”[⑤]。

近年来，新的微型公交服务商（microtransit services）不断涌现，

---

① Matthew Daus，“When the L Closes Let Dollar Vans Rush In，” *New York Daily News*，10 October，2016.

② David A. King and Eric Goldwyn，“Why Do Regulated Jitney Services Often Fail? Evidence from the New York City Group Ride Vehicle Project，” *Transport Policy 35*（September 2014）：186–192.

③ David Holmes，“Anti–Uber：The Quiet Disruption of NYC Dollar Vans，” *Pando*，8 July，2014.

④ “Current Licensees，” New York Taxi and Limousine Commission，last updated 2 August，2017.

⑤ Matt Daus，personal communication，30 March，2017.

提供不同等级的、固定线路和灵活线路相结合的按需服务。[①]美国的微型公交服务提供商包括沙里奥（Chariot）和维亚（Via）。沙里奥公司的运营模式很像一家公交公司，它在2016年9月被福特收购了。沙里奥最开始是在奥斯汀和旧金山这两个城市使用面包车沿设定好的线路运营，而且计划扩展到多个城市。顾客可以根据按需定制的新的“众包”（crowdsourced）路线提交乘车需求订单。集中在纽约市运营的维亚公司拥有大约500辆车，自开业到2015年10月已经提供了超过150万人次的出行服务。布里奇（Bridj）是一家2014年在波士顿开业的微型公交服务商，它后来将有限的业务版图扩展到了奥斯汀、堪萨斯城和华盛顿特区，但是在2017年5月，布里奇由于客流不足和未能与主要汽车厂商达成预期交易而关闭。[②]

微型公交蕴藏着巨大的发展潜力，但仍需付出相当大的努力才能取得成功。它可能特别适合用于补充、强化或者替代现有的残疾人专用公交（paratransit）和电话叫车（dial-a-ride）服务，这些服务在法律上要求只为那些行动不便的乘客提供出行服务。服务商根据实际需求调配经过特殊配备的小型公共汽车和面包车，并提供门到门的服务。残疾人专用公交在20世纪70年代的美国应运而生，它们在为残疾人提供出行服务时会获得补贴。残疾人专用公交提供商通常隶属大型公交运营商或是与公共交通运营商签订合同的小公司，通常也会外包给出租车来提供相关出行服务。关于微型公交和残疾人专用公交，将会在下一章作进一步讨论。这里要说的是，这些服务提供商已经运营非常成熟了，完全可以整合到一个更大规模

---

① Cohen and Shaheen. “Planning for Shared Mobility.”

② Linda Poon，“Bridj Collapses after Just 3 Years，” *CityLab*，1 May，2017.

的共享出行系统中。

人们何时选择共享出行?

有两个大问题摆在眼前：什么时候和在什么价格上，人们愿意和陌生人一起合乘出行，以及在什么条件下，人们愿意放弃个人汽车所有权，用共享出行来代替开私家车出行。

人们选择拼车出行的初始动机是为了省时、省钱，或许还为了省油。在美国，政府在第二次世界大战期间开始鼓励人们拼车出行，是想以此作为降低成本和减少汽油消耗的手段。石油输出国组织（OPEC）1973年至1974年的石油禁运，导致排队等待加油的汽车沿着城市街区蜿蜒蠕动，这种情况刺激了很多人选择拼车出行。一项20世纪70年代能源危机期间对19.7万名工薪族进行的调查发现，其中15%的被调查人是拼车上班的，这导致车辆周转里程减少了23%。①

共享和拼车有利于低收入群体和移民家庭提高出行能力，因为对他们而言，成本、驾驶技能或驾车的合法性都可能存在问题。②来自全国家庭出行调查（National Household Travel Survey）和美国社区调查（American Community Survey）的数据显示，共享出行的使用者通常是低收入群体，一些少数族裔（典型的是西班牙裔和非洲裔美国人）较其他族裔和宗教团体更多地使用拼车出行。经济和文化影响着人们选择共享出行

---

① Lew Pratsch, "Commuter Ridesharing," in *Public Transportation: Planning, Operations, and Management*, ed. George E. Gray and Lester A. Hoel (*Englewood Cliffs*, *NJ*: *Prentice Hall*, 1979), 168–187.

② Cathy Yang Liu and Gary Painter, "Travel Behavior among Latino Immigrants: The Role of Ethnic Neighborhoods and Ethnic Employment," *Journal of Planning Education* 32 (January 2012): 62–80.

的意愿。

2016年在湾区开展的一项有关临时拼车出行（人们自发组织起来自觉排队等待与那些想走共乘车道或想免交过桥费的驾车人一起合乘出行）的研究显示，许多人愿意与陌生人拼车出行以节省时间和金钱，同时缓解通勤时段的紧张情绪。[①]研究发现，75%选择临时拼车出行的受访者以前是公共交通的常客，而将近10%的受访者以前是自驾出行的。[②]一项在弗吉尼亚州北部进行的有关临时拼车出行的网络调查发现，选择拼车出行的人具有相似的动机。根据这项调查，选择与陌生人拼车出行的人主要是为了节省油钱，且拼车出行的时候还可以腾出时间来干别的事情，选择自驾出行而不是拼车出行的主要原因是自己可以灵活掌控出发的时间。[③]

事实胜于雄辩。从这些调查和案例提供的证据来看，当消费者认为拼车出行比自己驾车出行更便捷更便宜的时候，他们会选择拼车出行。我们现在不清楚的是到底有多少人以及在何种条件下，愿意与陌生人一起拼车出行。甚至我们对于到底有多少人和在什么条件下，愿意放弃自己的车辆拥有权而去选择与别人拼车出行所知更少。因为众所周知，基于对未来人们并不熟悉的服务和产品的可接受度进行预测的调查分析，其实并不可靠，它需要经过大量的现实生活中的体验和研究，才能精确地评估新的出行方式未来获得成功的概率有多大。

---

① Shaheen, Chan, and Gaynor, "Casual Carpooling."

② Ibid.

③ Marc Oliphant, "The Native Slugs of Northern Virginia: A Profile of Slugging in the Washington DC Region," *master's thesis*, *Virginia Polytechnic Institute*, *Blacksburg*, 2008; Vanasse Hangen Brustlin Inc., "Dynamic Ridesharing (Slugging) Data," *final report prepared for Virginia Depart- ment of Transportation*, 15 June, 2006.

自动驾驶锦上添花

共享出行的吸引力有可能会因为自动驾驶车辆的融入而变得更加诱人。没有了驾驶员，车辆使用率变得更高，拼车出行可能会更便宜（可能比今天拼车出行费用还便宜90%，如前面图1.2所示）。许多公司都对此充满了期待。确实，在2017年4月诉讼案件的一方当事人，优步说任何一项阻止它们继续在自动驾驶汽车方面开展工作的禁令，都会对其市场生存能力造成损害。①优步已经认定了自动驾驶汽车代表未来发展趋势，因而孤注一掷地投入了几亿美元。公司首席执行官特拉维斯·卡拉尼克（Travis Kalanick）说："假如我们不能融入自动化大潮当中会是什么结局？结局就是未来将与我们擦身而过。"②

截至2017年，各种规模不大的共享自动驾驶车辆示范项目在全球范围内如雨后春笋般萌芽滋长起来。③匹兹堡（Pittsburgh）的优步无人驾驶车辆示范运营部门和新加坡的NuTonomy④示范项目管理部门，携手EasyMile公司利用其开发的无人驾驶的穿梭巴士，在芬兰、法国、瑞士和加州的圣·拉蒙市（San Ramon）沿预先设定好的线路进行测试运营。City-Mobil 2在意大利和芬兰也启动了自动驾驶示范项目，并计划将测试范围扩大到

---

① Biz Carson, "Uber Responds: Google Claims about Stolen Technology Are a Total 'Misfire'," Business Insider, 7 April, 2017.

② Ibid.

③ Adam Stocker and Susan Shaheen, "Shared Automated Vehicles: Review of Business Models," presentation for the Roundtable on Cooperative Mobility Systems and Automated Driving, International Transport Forum, 6 December, 2016.

④ NuTonomy是一家麻省理工学院衍生技术创业公司，该公司生产用于制造自动驾驶汽车和自动移动机器人的软件。该公司成立于2013年。2016年8月，它在新加坡推出了机车出租车服务。参见维基百科。——译者注

法国、瑞士和希腊。亚利桑那州坦佩（Tempe，Arizona）的Local Motors推出了一辆自动驾驶电动微型巴士——奥利（Olli），在大学和企业园区提供接驳服务，以填补城市公交系统的空白（见图3.2）。

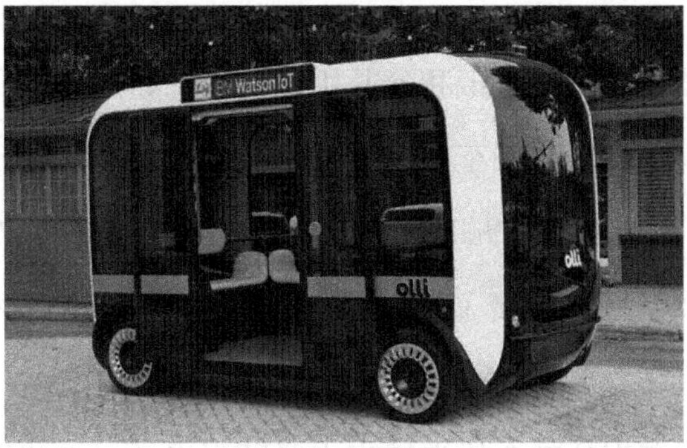

图3.2　Local Motors的自动驾驶电动微型公交——奥利

考虑到不同地区完全自动驾驶车辆的初始价格比同等级非自动驾驶车辆贵大约1万美元到5万美元不等[①]，有些分析预计，第一批投向市场的自动驾驶车辆将投向共享出行服务，而不是定位在私人所有。来福车2016年1月得到通用汽车公司5亿美元的投资，计划从通用订购一款用于共享出行的自动驾驶电动车。[②]2016年9月，来福车的联合创始人约翰·吉默大胆地预测，5年之后，来福车的大部分出行服务将主要由自动驾驶车辆提供，到2025年，车辆的个人所有权将在美国大部分城市成为稀罕物了。[③]2016年10月，特斯拉公司为未来描绘了一个蓝图——“特斯拉网络”（Tesla Network），它将让旗下完全自动驾驶车辆通过这个网络实现共享运营并

① Alex Davies，“Turns Out the Hardware inSelf-Driving Cars Is Pretty Cheap，” *Wired*，22 April，2015; Xavier Mosquet et al.，“Revolution in the Driver’s Seat：The Road to Autonomous Vehicles，” *bag. perspectives*，21 April，2015.

② Newcomer，“GM Invests $500 Million.”

③ Zimmer，“Third Transportation Revolution.”

收费，从而为车主带来回报，尽管车主并未使用这些车辆。[①]在欧洲，总部位于德国的欧洲大陆最大的铁路公司——德国铁路股份公司（Deusche Bahn），计划建立并运营共享自动驾驶车队，用于各地方火车站之间的往返联络。[②]

这并不奇怪，美国的城市和公共机构已经开始探讨开发、测试、管理和依法监管共享的自动驾驶车辆的几种可能的方式。联邦政府的“智慧城市挑战项目”（Smart City Challenge）引起了全美各个城市对新兴交通技术的兴趣，其中78个城市递交了第一轮5000万美元奖金的竞标申请书。[③]自动驾驶车辆是大多数参赛城市递交的竞标书中的关键环节。2016年6月，俄亥俄州的哥伦布市从78个候选城市中脱颖而出，一举获得了挑战赛的胜利，它的建议书中包括共享的自动驾驶穿梭巴士将公交系统与商业街区连接起来。旧金山提出的方案是用共享的、电动和网联的自动驾驶车辆来替代只乘载一个人的私家车辆。[④]

我们还需要做更多更深入的研究才能对共享的自动驾驶车辆带来的机遇有更加透彻的认知。不同地区主流的共享自动驾驶车队很可能也不尽相同，而且受地方性因素的影响很大，比如人口密度、城市形态、地方政策和私家车拥有成本。但是，今天我们为加快和鼓励拼车出行的所作所为，将为未来自动驾驶车辆的推广打下根基，这一点是清楚无误的。

---

① Dana Hull，“Elon Musk Says Tesla Car-Share Network Is the ‘People vs Uber，’” *Bloomberg Technology*，26 October，2016.

② Kirsten Korosec，“Why Europe’s Biggest Railway Is Working on Self- Driving Cars，” *Fortune*，7 May，2016.

③ US Department of Transportation，“Smart City Challenge：List of Applicants，” 2016.

④ San Francisco Municipal Transportation Agency，“City of San Francisco Meeting the Smart City Challenge，” sfmta.com. 2016.

如何营造良好的外部环境？

移动计算技术的发展和智能手机应用程序的广泛应用为拼车出行提供了新的机遇。几十年来，公共政策的侧重点放在建设资本密集的多人共乘车道（HOV）和停车换乘车位（park-and-ride lots）上，而且，正如我们看到的，使用多人共乘车道的拼车出行出现了衰退。尽管提高HOV的通行能力有可能为将来的拼车出行打下基础，但是数字化基础设施可能更加重要。运用了现代信息通信技术的拼车出行可能增加车辆的座位利用率，可以缓解道路的交通拥堵，而且无须增建HOV设施。

公共政策在推动基于传统车辆、电动车以及最终的自动驾驶车辆的拼车出行上，将扮演重要的角色。城市和地方政府能运用他们手中掌握的行政权限，例如土地使用和地方性基础设施，包括道路、路权、公共停车场和路侧停车位等的管理权限，来扶持拼车行业发展。政府保有公交系统的所有权，并对公交运营提供财政补贴。在很多情况下，政府依法对公交行业实施管制，还可以对出租车行业进行征税；他们还能掏出胡萝卜来鼓励那些扶助拼车服务发展的伙伴项目和企业。

就拿停车来说吧。当下兴起的共享出行和即将到来的自动驾驶车辆，减少了行程终端的停车需求。在这种情况下，地方政府可以考虑修改甚至取消建筑物配建停车泊位的最低标准。这些花费不菲的停车泊位标准可以让驾车人免费使用，因而实际上是对车辆私人所有权的一种大额补贴。[①] 取消建筑物配建停车泊位的标准将会极大地减少土地的开发成本，进而是房屋的成本，还有商业设施所出售的任何一件商品的成本。减少或取消建

① Donald Shoup，*The High Cost of Free Parking*（Chicago：APA Planners，2005）.

筑物配建停车泊位标准将会鼓励其他的出行模式，包括共享自动驾驶车辆出行。城市规划师可以考虑通过与各社区的合作来改变冗余空置的停车场所和其他道路基础设施的用途，将它们改造为公园、散步步道、自行车道和价格适中的增建房屋。

拼车出行面临的一个挑战是提供连接公共交通的第一公里和最后一公里的数据共享问题。没有出行数据，地方政府就无法有效地投资于交通和停车基础设施。他们同样也不能有效地治理交通拥堵，管制服务领域的竞争性行为，设计公交路线，补贴公交和残疾人专用公交，满足弱势群体的出行需要，或者筹划未来公共交通的融资方案。数据公开同样是必不可少的，将与出行服务有关的各种数据打包在应用程序中，这样人们就能够选择采取何种方式来出行。还有其他方式来获取数据，包括出行人调查和采用新技术从移动电话中收集“大数据”（Big Data）。但所有这些替代性获取数据的方式都是代价高昂的，也是迟缓和/或靠不住的。

要建立公共部门和私营部门的数据库，公共部门需要建立防火墙，以便为出行服务提供商和出行人提供隐私权保护。政府安全和环境监管机构通常会与汽车制造商一起来做此项工作（由汽车制造商提交数据安全保护模式与技术的未来计划）。公共部门可以在建立和监控数据标准、开发安全协议和维护数据交换方面发挥关键性作用。美国联邦政府交通部关于自动驾驶车辆的现行政策，要求共享系统测试和应用数据，“以便让政府、行业和公众加深对技术进步的学习和理解，同时保护好隐私权和竞争利益”①。

再进一步地说，随着世界范围内交通领域的根本性变革不断推进，

① US Department of Transportation，NHTSA，“Federal Automated Vehicles Policy，” September 2016.

人们的生活方式和城市面貌也将发生急剧变化，这是清晰无误的。拼车出行就处于重构和创造一个更加经济、更加环保和更可持续的交通的核心位置。

主要政策措施

政策目标是创造一个有利于拼车出行的社会和制度环境。

在国家层面

- 在燃油经济性、温室气体排放和零排放车辆法规（ZEV）的监管方面，对那些努力销售专司出行服务和以乘客为中心的车辆的汽车制造商给予额外奖励。这些车辆应该主要用于拼车服务，并装备车载报告或执法监控程序。
- 鼓励出行服务企业修改应用程序，纳入与乘客安全相关的简要介绍供乘客使用，同时应用程序中要包含等级评分设计（类似于优步和来福车的驾驶员和乘客的评级功能），并规定禁止有关种族、民族、性别、社会经济地位或残疾的歧视性言行。
- 给那些平均每辆汽车载客人数达到2人或更多（厢式面包车人数更多）的出行服务提供商以税收减免的优惠政策，但要求他们必须提供有效的报告和执行情况。

在州层面

- 降低那些使用自有车辆从事拼车服务的车主和出行服务公司的车辆登记费（但不适用于单位乘客的UberX类型的服务）。而从中受益的车主和企业应该同意提交报告或接受监控。

- 为那些在员工之间开展高水准的拼车示范运营的公司提供税收减免，其中政策门槛根据其所在位置来确定（例如，位于人口密集的城市中心地带的政策门槛要更高一些）。
- 为选择拼车服务的低收入出行者提供补贴（包括残疾人专用公交）。
- 探索实行跨共享出行企业的标准开放的应用程序界面（application programming interfaces，API），为乘客提供更多信息。

在地方层面

- 在机场和其他拥挤区域为拼车车辆提供特殊的泊车和停车特权。
- 为使用收费公路和收费车道的拼车车辆提供缴费折扣。
- 在城区范围内赋予拼车车辆优先权，包括优先使用指定的路缘泊车位和拼车车道，允许免费使用公交车站和出租车站。
- 减少针对出租车的烦琐规定，让他们能够轻装上阵地参与市场竞争，包括允许他们提供拼车服务。
- 为选择拼车出行的工人群体提供免费的共享出行优惠券和公共交通通行证，同时奖励他们在单位餐厅用餐排队时优先用餐。
- 要求出行服务提供商（包括自动驾驶车辆的管理方）向承担公共职能的非营利机构所管理的安全监控设施提供数

据。要求这些数据以匿名形式向地方规划部门和研究人员提供，允许有一定时滞，同时要尊重市场竞争机制，且保护好个人隐私。

- 禁止新建停车库（极少数除外），对所有设立在商业机构的私人停车场产权人进行奖励，以表彰其仅允许共享车辆使用其停车位的行为。对上述私人停车设施产权人的转型重建提供协助。
- 对任何新的建筑物甚至房屋的停车空间进行封顶限制，取代新开发建设项目配建停车场的强制性最低标准（以往采用这种最低标准，以防止车辆过多地集中停泊到路边车位或停车库）。

第四章

车辆的自动化：重塑交通体系的最佳突破口

丹尼尔·斯珀林、艾伦·范·德·米尔和苏珊·派克

Daniel Sperling，Ellen van der Meer，and Susan Pike

车辆自动化能够为我们带来更安全、更清洁、更实惠和更便捷的交通出行，但只有与电动化和共享化出行相结合才能实现。

从旧金山到上海，未来的汽车将是自动化的。汽车制造商和科技公司正竞相通过一系列令人眼花缭乱的、新的信息技术和自动化技术来开发、测试新产品，并将它们推向市场。每一个新款车型集中投放的年份不仅会给消费者带来更多的创新成果，同时也带来厂商对未来趋势的宣言。但是这些企业究竟会给市场带来什么，以及这些新车的自动化程度如何呢？我们是应该称之为自动驾驶的（autonomous）还是自动化的（automated），抑或是无人驾驶（driverless）的车辆？这些概念是什么含义呢？它们真的会改变我们所熟知的交通吗？这些概念和问题着实让人有些困惑不解。

在这一章，我们将探讨“自动驾驶的”（autonomous）车辆的内涵，什么时候这些先进的车辆会走入我们的生活，人们如何使用这些车辆，以及这种革命性技术对我们的生活和城市（和拼车出行）的意义何在。对这些问题，我们不敢班门弄斧，只是略知一二，在这里可以向大家解释一下不同等级的自动驾驶技术，但是没人（包括我们）能够准确地预知，更加先进的技术什么时候才能应用到现实生活中，甚至对什么时候这些先进的技术能够被广泛地采用更是如此。我们跟大家分享一下我们所知道的关于这个新现象是如何发生的，以及我们对这个被过度热炒甚至有些偏离事实的话题的见解。

我们确信，技术装备竞赛的发令枪已经扣响。企业已经开始了在控制技术和市场方面的竞争，同时监管机构和政府部门也都在努力地跟上它们的步伐。

现在流行什么？

除非您能与所有的媒体都隔绝联系，否则您一定会知道自动驾驶汽车的时代正在来临。媒体对这项技术的关注度如此之高，以至于人们对它的期望与日俱增。是好或坏，技术和汽车公司是这波热潮的始作俑者。虽然自动驾驶技术的历史跨越了数十年，但直到谷歌2010年宣布它正在进行一项“自主驾驶汽车”（self-driving car）实验项目，自动驾驶汽车才又重新回到大众的视野当中。在接下来的几年里，谷歌将“自动驾驶车辆”（autonomous vehicles）这一术语深深地植入了人们日常的话语体系当中。2013年，特斯拉公司宣布推出其自动驾驶系统（Autopilot system），从而使该项技术的热度进一步提升（尽管Autopilot软件直到2015年才被投入实际应用[①]）。紧接着，几乎所有的汽车制造商接二连三地对外宣布了他们

① Ryan Bradley, “Tesla Autopilot: The Electric-Vehicle Maker Sent Its Cars a Software Update That Suddenly Made Autonomous Driving a Reality,” *MIT Technology Review*, March/April 2016.

关于何时推出自动驾驶车辆的公告。其他一些咨询公司和预测机构的研究报告纷至沓来。

摩根士丹利在2013年的一份报告中称，2018年到2022年，汽车有可能具备“完全的自动驾驶能力”（complete autonomous capability），在2026年之前，自动驾驶车辆将实现完全的市场渗透。[①]2014年，信息咨询服务公司IHS的汽车业务部门（IHS Automotive）预测，到2050年，几乎所有在路上行驶的车辆都是自动驾驶的车辆。[②] 2015年，特斯拉宣布完全自动驾驶的车辆距离上路只有大约三年时间了[③]，福特公司也报告说，他们计划在2021年之前拥有完全自动驾驶汽车。[④]到2017年，通用、大众、日产、谷歌、百度、英特尔、来福车、戴姆勒、保险信息研究所、电气和电子工程师学会等都先后发布了类似的信息，但他们通常对“自主驾驶”（self-driving）、“自动化的”（automated）和“完全自动驾驶的”（fully autonomous）的定义模糊不清。[⑤]对自动驾驶技术的过热炒作甚至来自高级政府官员。美国交通部前首席创新官克里斯·戈迪斯（Chris Gerdes）曾在2016年表示，到2026年，在道路上行驶的各种车辆当中，35%将会是自动驾驶的车辆，这意味着自2021年开始，销售的每一辆新车都是自动驾驶的

---

① “Autonomous Cars：Self-Driving the New Auto Industry Paradigm，” Morgan Stanley Research，November 2013.

② Emily Barasch，“Study：Nearly All Cars to Be Self-Driving by 2050，” mic.com，5 January，2014.

③ Cadie Thompson，“Elon Musk Says Tesla’s Fully Autonomous Cars Will Hit the Road in 3 Years，” Business Insider，25 September，2015; “All Tesla Cars Being Produced Now Have Full Self-Driving Hardware，” Tesla Blog，19 October，2016.

④ “Ford Targets Fully Autonomous Vehicle for Ride Sharing in 2021; Invests in New Tech Companies，Doubles Silicon Valley Team，” Ford Press Release，16 August，2016.

⑤ “Forecasts，” Driverless Car Market Watch，accessed 4 September，2017.

车辆。[①]

时任谷歌自动驾驶汽车项目技术主管的克里斯·厄姆森（Chris Urmson）2016年3月在奥斯汀西南偏南会议（South by Southwest Conference）上对到场的观众表示，每一个关于自动驾驶车辆未来的预测都有一点点道理，因为技术的演进是渐进式的："让我们想象一下，我们想找天气不错、道路条件又很好的地方，自动驾驶技术有可能首先在这些地方粉墨登场。然后，一旦我们对自动驾驶技术有了十足的信心，就可以向那些天气和道路等客观条件具有一定挑战性的地点进军。"[②]他的这番话还是有道理的，因为诸多的不确定性（包括技术进步的速度、消费者的认可、法律法规的调整、基础设施的变化）和市场预测都未具体说明自动驾驶的层级和驾驶模式。

炒作并不是件坏事或错事，它是激发投资人、政治家、未来的消费者和媒体热情的一种方式。现实情况是，它真的起了作用。对自动驾驶汽车的热炒确实是激发了创新，引发了新投资，抬高了人们的期望值。但它毕竟只是炒作。盖特纳（Gartner）——一家专门为客户跟踪分析技术潮流变化的咨询公司，认为自动驾驶汽车在2016年下半年刚刚越过了技术炒作周期"期望高峰期"（peak of inflated expectations），未来十多年都不会成为主流技术而得到广泛的商业应用（见图4.1）。[③]

---

① Alex Roy, "What If the Autonomous Car Industry Is Wrong?" The Drive, 7 December, 2016.

② Chris Urmson, "Google Self-Driving Car Project," SXSW Interactive Featured Session, 2016.

③ "Gartner's 2016 Hype Cycle for Emerging Technologies Identifies Three Key Trends That Organizations Must Track to Gain Competitive Advantage," Gartner Newsroom Press Release, 16 August, 2016.

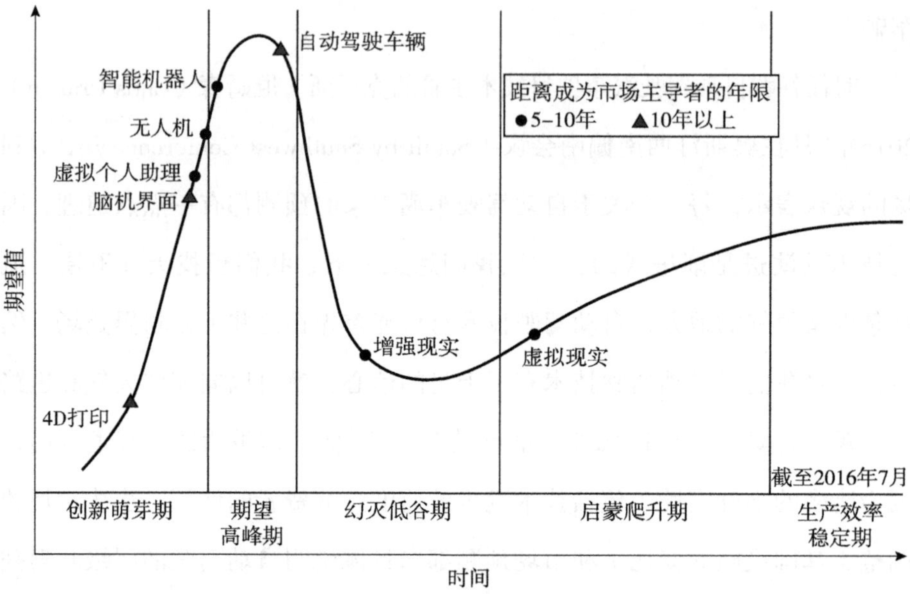

图4.1 技术成熟周期（2016年时值自动驾驶车辆处于高峰期）

资料来源：盖特纳，2016年7月。

在这里，我们给出几个传播较广的术语的定义。“自动驾驶的”（autonomous）是谷歌过去经常被用来推广其早期开发的外观像气泡似的小型汽车时使用的术语（见图4.2）。为了反映出硅谷与众不同的独特文化，谷歌特别强调了这款车无须人工干预即可上路行驶，也无须与交通信号灯、其他车辆或其他基础设施进行通信联络。虽然在某些情况下可能会出现这种情况，例如农村凹凸不平的土路，但实际上自动驾驶汽车却很少以真正自主操作的方式行驶。它们很可能还会与其他车辆相联结，与交通信号系统相联结，与路侧发送的信息相联结。它们将是自动化的和网联化的车辆，因此，我们在本书中使用“自动化的”（automated）作为一种通用描述来表示一类包括且不限于自动驾驶（includes but is not limited）的车辆。

图4.2　2017年2月，加利福尼亚州山景城路上行驶的一辆Waymo自动驾驶汽车（谷歌的母公司Alphabet 2016年底将其自动驾驶汽车部门分拆后组建了Waymo）

摄影：Grendelkhan，CC BY-SA 4.0（http：//creativecommons.org/licenses/by-sa/4.0），来自Wikimedia Commons。

其他非正规的口头表述还有“自主驾驶”（self-driving）和“无人驾驶”（driverless）。虽然各界对这两个概念之间的区别并未取得一致认识，但这种区别却是非常关键的。“自主驾驶的”（self-driving）是指在某些特殊情况下，车辆不需要人为干预，例如在限制进入的高速公路上，车辆受到外部突发的意外干扰很少。实际上，正如本章后面所强调的那样，截至2017年，只有为数不多的车辆能被认定是近乎自动驾驶的，包括特斯拉的自动驾驶系统（Autopilot）。他们使用自主适应巡航控制（adaptive cruise control）来加速和减速、紧急制动直到完全停止，以及车道保持功能（lane keeping）以引导车辆保持在车道内行驶。在一些具备上述功能的车辆中，如果人类驾驶员打开转向信号开关，车辆在检测到相邻车道没有车辆时就会变换车道。过不了多久，一些车辆就能够自行判断和决定何时转换车道。在这些自动驾驶汽车中，驾驶员座位上的人将在某些情况下被要求重新接管车辆。例如，当警察指示汽车在单行道上逆行以绕过前方路段上的交通事故或道路施工。这些汽车将具备自动驾驶功能，但它们仍然需要驾驶人大部分时间或在全部行程中都要安坐在驾驶位上。在这种情况下，它们就不是无人驾驶（driverless）的车辆。

相比之下，无人驾驶汽车（driverless car）将没有方向盘，乘员不需要拥有驾驶执照。实际上，汽车也不再需要任何乘员。无人驾驶车辆可以确信在任何条件和环境下上路行驶，而无须人工干预。无人驾驶汽车的益处比自主驾驶车辆（self-driving cars）更多，但潜在的缺点同样也不少（包括大量空车在遇到交通堵塞的时候会给人一种阴森森的恐怖感觉）。

为什么要实现车辆自动化？

自动驾驶车辆是不可避免的和我们所期望的吗？说是不可避免的，没错；但要说是我们所期望的，可能吧。自主驾驶和无人驾驶车辆的最明确和显而易见的好处就是安全。完全自动化的汽车要远比人类驾驶员操控的汽车更加安全。

近年来，安全已成为一个特别有吸引力的目标。一个多世纪以来，美国和几乎所有工业化国家的交通事故的死亡率一直在下降。所有这些都在2012年前后发生了变化，当时正值智能手机热销之际。开车时开小差是个很现实的问题。因为机器人不吃不喝，不发短信，不睡觉，因此，开车分神和醉驾将不会在自动驾驶汽车上出现。谷歌估计，自动驾驶可以使全球每年交通事故致死人数在120万人基础上减少一半。[①]还有报告预测到2040

① See the crash fatalities estimate from the World Health Organization, "Global Status Report on Road Safety 2013," available at http//www.who.int/iris/bitstream/10665/78256/1/9789241564564_ eng. pdf.

年，自动驾驶车辆可以使道路交通事故发生数量减少80%。[①]

除了安全，自动驾驶还有诸多益处。自主驾驶和无人驾驶车辆能够大大增加孩子、老年人、病人、盲人、生活困难者和残疾人的出行能力，同时还能减少交通成本，使我们每个人生活的城市更加宜居。[②]如果这些自动驾驶车辆是电动的和多人共享的，那么它带来的益处可能还要大些。[③]

还可能会有经济方面的效益。考虑到人们每天花在开车上班、上学、出差和社交上所浪费的时间，如果人们不用去考虑如何操控车辆，那么所有这些时间都能被节省下来。对一个典型的工人而言，每天节约50分钟的通勤时间，就相当于每年节省了5个星期（每个星期以40个小时工作时长来计算）。这些节省下来的时间可能用来工作或干些别的事情，这就是说，可以让通勤变得更富有生产效率，甚至购物、社交和处理个人事务的出行时间都能节省下来。出行人可以利用这些节省下来的时间进行工作、看电影、睡觉，或者只是在车里小憩一下。假如我们以美国每小时10美元的价格来计算上述节省下来的时间价值，那么就相当于每人每年节省了数千美元的花费。

除了节省时间，自动驾驶还能带来潜在的基础设施方面的节约。由于自动驾驶车辆将会更精确地行驶，车道可以缩窄，因为车辆在道路上可以保持紧凑的间距行驶，因而不需要那么多的道路和车道。

---

① "Self Driving Cars The Next Revolution," KPMG and the Center for Automotive Research White Paper, 28 November, 2012.

② Jonas Meyer et al., "Autonomous Vehicles: The Next Jump in Accessibilities?" *Research in Transportation Economics* 62 (June 2017): 80-91.

③ Dimitris Milakis, Bart van Arem, and Bert van Wee, "Policy and Society Related Implications of Automated Driving A Review of Literature and Directions for Future Research," *Journal of Intelligent Transportation Systems* 21, No. 4, published online 13 February, 2017.

自动驾驶最大的益处之一是如果车辆由公司或非营利性机构来运营，并载运多位乘员，就能够节约停车场地。在洛杉矶，停车场所占据了14%的空间，全市350万所住宅占有1860万个停车位，平均每辆车占有3.3个停车位。[①]住宅、街道和市中心可能不再需要停车位。不必要的停车位、路侧停车场和道路空间可以转换为住宅、自行车道、人行步道、便道咖啡馆和公园，抑或其他种类的公共场所。购物中心、公寓楼和工作场所的开发商都不再需要停车场地，或者至少不需要那么多了。停车也将变得更有效率了，因为更多的车辆可以停放在较小的空间里，而无须人工操作。

自动驾驶带来潜在的益处还将继续展现出来。在一个所有车辆都实现了自动化的，并且车祸已被消除的世界中，车辆可以做得更小更轻，因为它们不再需要笨重的钢架结构和安全装置。它们也可以更有效地工作，因为它们可以通过程序控制来实现与其他车辆的协调行驶，同时减少了停车和起步。自动驾驶车辆将使用相当于今天车辆所消耗能源的一小部分，并且可以被用作移动的会议室。信号系统和交通标志的减少，也使城市环境更加干净整洁，也不需要那么多的加油站了。

最重要的影响可能是个人的经济利益。如果出行人省下了钱，就必然会拉动消费市场。成本的急剧下降不仅是合理的，而且也是很有可能实现的——如果车辆能实现商业化运营。通过提高车辆使用效率，而不是像我们现在那样让车辆95%的时间都处于闲置状态，并且由于驾驶人被取消，出行服务提供商可以将出行成本压减到现在的很小比例，比公交、优步拼车和所有其他现有出行方式的成本还低。

---

① "Wasted Spaces: Options to Reform Parking Policy in Los Angeles," Council of Infill Builders, 16 May, 2017.

未来货运也可以实现自动化，而且实际上有可能率先实现。货运车辆的自动化将使货运更加安全、更加高效，也更便宜。由于与小汽车有相同的原因，卡车也将会更加安全。它们紧密地排成一列行驶，相互间形成的气流可以减少燃料消耗，估计能节约成本10%～20%。[①]货物装卸可以进一步优化，以使货运卡车在大部分时间内处于满载状态，并沿着更短的路线行驶。对于部分实现自动化的车辆，驾驶人有更多的时间来休息，如果法规变更，车辆可以在自动驾驶系统下行驶更长的距离。如果将驾驶员操控车辆的因素排除在外，从事长途运输的自动化车辆能更进一步地降低成本。最终结果是更安全的道路、更低的成本、更少的能源消耗、更少的温室气体和污染排放，以及更少的卡车上路行驶。这丝毫不奇怪，初创企业和传统制造商正在联手合作进军自动化货运领域。其中就包括2016年被优步收购的卡车初创公司奥托——Otto[②]，还有戴姆勒公司在2014年推出了一款带无人驾驶选择功能的原型卡车，公司希望在2025年前将这款车推向市场。[③]法律、法规和社会公众能否以适时适当的方式接受无人驾驶卡车，仍有待进一步观察。小汽车的驾驶员对无人驾驶卡车的铜墙铁壁会感到舒适吗？可能不会，因此卡车的自动化不会比汽车更快，尽管它从经济效益角度来看更有吸引力。

---

① Will Knight，"10–4，Good Computer：Automated System Lets Trucks Convoy as One"，MIT Technology Review，28 May，2014; Xiao–Yun Lu and Steven E. Shladover，"Automated Truck Platoon Control and Field Test，" in *Road Vehicle Automation*，ed. Gereon Meyer and Sven Beiker（Switzerland：Springer International，2014），247–261.

② Tom Simonite，"Uber Is Betting We'll See Driverless 18–Wheelers before Taxis，" *MIT Technology Review*，7 September，2016.

③ Greg Harman，"Driverless Big Rigs：New Technologies Aim to Make Trucking Greener and Safer，" *The Guardian*，24 February，2015.

自动化车辆的庐山真面目

由汽车工程师协会（Society of Automotive Engineers，SAE）给出的自动驾驶技术的若干层级的定义，有助于我们最全面地理解自动化技术的内涵。2014年1月，SAE为自动化驾驶（automated driving）[①]构建了一个被政府和产业界广泛接受的通用术语。它从技术的功能性方面详细说明了自动驾驶技术的6个层级，从零自动化（第0级）到完全自动化（第5级）。

自动化的若干层级

从第1级到第3级代表自动化技术的渗透程度逐步增加，同时需要驾驶人保持一定的专注度。[②]截至2017年，包括宝马、梅赛德斯—奔驰、奥迪、通用和沃尔沃等在内的许多车型，都组合性地使用了适应性巡航、车道保持和自动刹车技术，使驾驶人的双手可以离开方向盘，双眼可以移开前方道路，但也只有短短的一瞬间。这代表着第2级自动化（level-2 automation）。

第3层级的自动化能够使车辆在某些情况下实现自主驾驶，比如限定进入（limited-access）的高速公路，但至少偶尔还是需要依靠人工干预的。带有自动驾驶功能Autopilot的特斯拉正逐渐向第3级自动驾驶趋近。它可以在不借助人类驾驶员帮助的情况下操控车辆并保持一定速度的巡航。

---

① “Automated Driving，” SAE International，2014; “Taxonomy and Definitions for Terms Related to Driving Automation Systems for On-Road Motor Vehicle，” SAE International，30 September，2016.

② Patrice Reilhac et al.， “User Experience with Increasing Levels of Vehicle Automation：Overview of the Challenges and Opportunities as Vehicles Progress from Partial to High Automation，” in Automotive User Interfaces ed. Gerrit Meixner and Christian Muller（Switzerland：Springer International，2017），457–482.

在转向灯开关被拨开的时候，车辆可以安全地变换车道而无须人工干预。通用汽车公司2017年底开发成功的超级巡航（Super Cruise）系统，允许驾驶员将双手长时间离开方向盘，但如果驾驶员注意力不集中，系统还会制停车辆。

有些企业，包括谷歌和福特，主张跳过第3级，他们认为这些车是不安全的。他们担心一旦车辆开始进入自主驾驶状态，驾驶员就可能会疏忽大意，没有准备好安全地接管车辆。福特在2017年2月说，公司正在使用铃铛、蜂鸣器、警示灯、震动座椅和方向盘晃动，以确保车内的测试工程师始终保持精力集中。他们甚至在车辆上配备了第二名工程师，以紧盯着主驾驶员的一举一动。时任福特汽车公司产品开发总监宁睿（Raj Nair）说，由于四平八稳地驾驶车辆过于枯燥沉闷，因此工程师正想方设法让车辆保持"情境意识"能力（situational awareness）（虽然后来福特否认他们的工程师在测试自动驾驶车辆时睡着了）。①其结果就是，福特公司建议不仅可以跳过第3级，甚至可以跳过第4级（在有限的路线上自主驾驶，车内有人类驾驶员）。它声称将拆除车上的方向盘、制动器和油门踏板，并计划在2021年推出用于共享出行服务，进而使这些车辆成为完全无人驾驶（第5级）的车辆。②

尽管如此，研究人员和一些汽车制造商并不打算直接跳过第3级。特斯拉的伊隆·马斯克坚持认为，第3级自动驾驶是实现完全自动驾驶的重

---

① Keith Naughton, "Ford's Dozing Engineers Side with Google in Full Autonomy Push," *Automotive News*, 17 February, 2017; Aaron Birch, Ford Denies Report That Engineers Are Dozing in Self-Driving Test Cars," Ford Authority newsletter, 20 February, 2017.

② Naughton, "Ford's Dozing Engineers."

要一步，它能挽救人的生命。[①]弗吉尼亚理工大学自动驾驶汽车系统中心主任希因·麦克劳格林（Shane McLaughlin）认为，其他技术可能会解决驾驶人双手脱离方向盘的问题，同时他还说道："我们可以让机器给驾驶人足够的时间作出反应。"[②]车上的视频和红外系统会监控驾驶员的注意力，而所谓的电子地平线技术（electronic horizon technology）能让驾驶员"看清"车辆行驶前方更远的路况，从而有更多的时间作出反应。但福特公司发现司机们并不喜欢传感器一直盯着他们的面部表情并跟踪他们眼睛和视线的每个细微的变化，来确定驾驶人是否保持警惕，时刻准备着接管车辆。在试驾中，由于总是被不厌其烦地提醒保持注意力，司机们抱怨道，"车子实际上是一直在冲你大喊大叫"[③]。对于第3级技术是否应该被禁止，现在仍然是一个悬而未决的议题。

在第4级自动驾驶车辆上（再重申一下，第4级是完全自动驾驶车辆，但仅限于特定的路线，并且车内始终有驾驶员），驾驶员能够被完全解放出来，他可以睡觉、发短信、吃东西和看电影。第一批第4级汽车的示范驾驶可能始于2017年，当时有多达100辆沃尔沃汽车在瑞典哥德堡的一条限行环路上运行。虽然在那条高速公路不需要人工干预，但驾驶员仍然需要将车辆开上环路，而且也知道一旦环路上出现意外状况（比如说由于前方撞车而出现逆行情况），他们必须要随时接管和控制车辆。

第一批具备第4级和第5级水平的自动驾驶公交巴士的示范应用由于是

---

① Fred Lambert, "Elon Musk Defends Level 3 Autonomy against Google and Volvo, Says Morally Wrong toWithhold Functionalities That Improve Safety," Electrek, 13 September, 2016.

② John R. Quain, "Makers of Self Driving Cars Ask What to Do with Human Nature," *New York Times*, 7 July, 2016.

③ Naughton, "Ford' s Dozing Engineers."

在特定的、固定不变的和专门设计的线路上行驶的，因此特别引人关注。截至2017年，在欧洲和美国有多家企业推出了自动驾驶的微型公交原型车。当下，大多数汽车业界人士和记者在谈到完全自动驾驶或自主驾驶车辆时，都指的是第4级自动驾驶车辆。

自动驾驶车辆另外一个早期的应用案例，可能是由来福车或优步等出行服务公司在特定交通走廊或市区运营的共享车辆。交通走廊和市内街区可以精心绘制，并且通过算法将车辆分配给那些行程起始点和终点都位于上述精心设计的限定区域内的出行订单。这些车辆可以在备用驾驶人乘车的情况下自主行驶较长的一段距离，这会使乘车人和监控者都对第4级（最终是第5级）自动驾驶汽车感到惬意。这些早期的自动驾驶车辆价格不菲，但移除了驾驶人之后还是能为出行服务公司节省下一笔费用，而且这部分费用能够抵消车辆的额外成本。

第5级自动驾驶车辆堪称圣杯（Holy Grail）。它们不需要方向盘，乘车人也不需要持有驾照（事实上，连乘员也不需要）。这类汽车完全适合被贴上无人驾驶的标签。但它们离商业化还有相当长的一段距离，部分原因是在一个大片区域内运营自动驾驶车辆需要有绘制非常精细的导航地图，并且车辆还需要学习很多东西以预测各种意外情况，因为安全监管机构很可能是趋于保守的。自动驾驶车辆依赖高清地图，可以让它们预测各种弯路和标识，而且还要能识别出那些未作标记的车道。①这些地图的分辨率必须远高于当前通用的GPS地图。开发无人驾驶技术的公司将借助车辆自身来持续地更新和完善地图，包括路牙和车道标记的变化。

---

① Bradley Berman, "Whoever Owns the Maps Owns the Future of Self-Driving Cars," *Popular Mechanics*, 1 July, 2016.

车辆的硬件和软件

如果人的眼睛没有盯着前方道路，双手不放在方向盘上，脚也离开踏板，汽车到底该如何选择正确的行驶路线以避免碰撞呢？答案是取决于车载硬件、软件和数据的系统集成，以及与其他车辆和路侧装置和传感器的数字通信。

关键的车辆硬件包括摄像头、雷达、激光雷达、传感器和具有强大计算能力的控制器。摄像头捕捉道路图像，雷达发出能被物体反弹回来的无线电波，激光雷达发出能被物体反射的光脉冲。这些数据被发送到车载计算机中，通过算法进行解析处理，并找出统计模式。计算机会同步地根据这些统计模型建立一个包含各种可能结果的模型，并指示车辆按相应路线行进。随着人工智能不断地积累经验，并从错误中校正学习，这种模式会变得越来越好。

为了进一步提高安全性，汽车还需要从交通控制设备（和交通警察）接收连续的数据（但在大多数地区是无法长时间获得这些数据的）。车载计算机系统将地理数据和内存地图、GPS数据整合在一起。内存地图需要进行极其精细和持续不断的更新。但是这些地图和道路数据还不够，交通条件和道路环境一直在不断地变化。这正是车载感应装置——雷达、摄像头、传感器和激光雷达发挥作用的地方。比如，车辆需要避开行人和小狗，后者并不属于固定场景的一部分。车辆需要具备在所有路况和环境下都能正常导航行驶的能力，包括如果交通信号系统由于某种原因失效时，人类可能会用手部动作来指挥交通，在这种情况下，车辆就需要接受这些来自人类的信息输入。

自动化的车辆将通过无线通信技术与其他车辆、路侧基础设施和云进行信息联结。总的来说，这些联结被称为V2X（车与任何事物的信息联结）。装备了相同操作系统或共享协议的车辆，相互之间也能就道路条件、交通路况和地形特征等交互通信。一旦与其他车辆取得联系，它们就能够从“车队学习”（fleet learning）中获益匪浅，正如谷歌自动驾驶车辆项目的创始人塞巴斯蒂安·斯朗（Sebastian Thrun）所解释的那样，“当一个人类驾驶员犯了错误时，他或她就会从中学习到经验教训，可是其他人并未有所收获。当一辆联网的自动驾驶车辆犯了错误，其他所有汽车都要从中吸取教训，包括那些尚未面世的车辆和属于更远的未来的那些车辆。方方面面进展的速度实在是太快了”①。

车辆自动化多久来临？

尽管最近一个时期汽车自动化崛起的速度似乎有点快，但是实际上这项技术已经孕育相当长的时间了。自动驾驶技术的一些特征应用在飞机和轨道交通上已经有几十年历史了。自20世纪60年代以来，许多企业和大学都在测试车辆中试验过自动化技术。然而，车辆自动化技术要达到成熟阶段还有很长的路要走，而且这个过程的时间轴还是不确定的。关键的问题是，我们还要等多久才能等到无人驾驶技术来接管我们的车辆？

背景故事

美国最初试水自动驾驶汽车技术的开发是来自大学的工程系和机器

---

① Carolyn Said, “Now at Udacity, Google X Founder Talks Self-Driving Cars and Jobs,” *San Francisco Chronicle*, 3 December, 2016.

人实验室。由俄亥俄州立大学电气工程教授领导的一个团队1962年开发出了第一款自动驾驶车辆。控制转向、制动和速度的车载电子装置塞满了车子的整个后备厢和前排座椅的大部分空间。[①]加州大学伯克利分校在20世纪80年代后期开发了一款自动驾驶车辆，它通过道路上的磁铁来传输数据并由此引导车辆行进。1997年，加州大学伯克利分校在加利福尼亚州南部举办了一场演示活动，在演示中，8辆自动驾驶车辆排成一队，相互间只有一英尺的间距，车上坐着的驾驶人特意“挥手示意他们没有操控方向盘”[②]。基本上在同一时间，1995年，卡内基梅隆大学的一个团队造了一辆自动驾驶汽车，并完成了从匹兹堡到圣地亚哥的行程（车内有两名研究人员），这个项目被称作“脱手穿越美国”（No Hands Across America）。该项目的网站上报道说，整个行程的98.2%都处于无人用手去操控车辆的状态。[③]

在欧洲，由欧洲汽车制造商、电子产品生产商和供应商、研究所和大学组成的联盟于1986年发起了一项大规模的研发项目，这个项目名为“尤里卡普罗米修斯”（Eureka PROMETHEUS），旨在建成欧洲最高效率和空前安全的交通体系（Program for European Traffic with Highest Efficiency and Unprecedented Safety）。这个项目下诞生了许多无人驾驶原型车，其中包括一辆经过重新设计的梅赛德斯S级轿车，这款车在1995年从慕尼黑开往哥本哈根（1043英里）的试驾中几乎全程都处于无人驾驶状态。[④]

---

① Kathy Pretz，“The Drivers behind Autonomous Vehicles，” The Institute，7 April，2014.

② StevenE. Schladover，“PATH at 20：History and Major Milestones，” *IEEE Transactions on Intelligent Transportation Systems* 8（December 2007）：584–592.

③ No Hands Across America website，http：//www.cs.cmu.edu/–tjochem/nhaa/nhaa_home_page.html.

④ Alex Oagana，“A Short History of Mercedes–Benz Autonomous Driving Technology，” autoevolution.com，26 January，2016.

美国国防部下属的研究与开发部门——国防部高级研究计划局（the Department Advanced Research Project Agency，DARPA）协调各方力量朝前迈出了一大步。2004年，DARPA发起了第一个“DARPA大挑战赛”（DARPA Grand Challenge），要求车辆从加州的巴斯托（Barstow）出发，自主驾驶完成142英里赛程，途中要穿过沙漠，最后抵达内华达州的普里姆（Primm）。结果没有一个参赛者成功地完成这个赛程。最成功的参赛者——2支卡内基梅隆大学队之一，也只是行驶了7.5英里。[①]2005年，第二届DARPA大挑战赛时隔18个月后开幕，参赛者要在内华达州南部完成132英里的赛程。最后有5辆车完成了全部赛程，斯坦福大学最后赢得了胜利。

第三届挑战赛是DARPA城市挑战赛，于2007年在加利福尼亚州维克多维尔（Victorville）举行。这届大赛的赛程与前两届不同，车辆必须在模拟的城市环境下行驶，包括在车流中穿梭行进，还有正确地通过有4个方向都设有停车标志（four-way stop signs）的交叉路口。有6辆车完成了全部赛程，卡内基梅隆大学的代表队拿走了大奖。

挑战赛的目的是推动自动驾驶技术的发展。实际上也做到了。但这些参赛车辆都是手工制作的原型车，基本上也不准备把它们投向市场。在不久之后举办的DARPA城市挑战赛中，来自谷歌和其他公司的公告开始现身赛事。

第一波突破

如果说车辆自动化的发展轨迹存在一个转折点，那就是2016年。在这

① DARPA，“The DARPA Grand Challenge：Ten Years Later，” 13 March，2014.

一年，产业界和大众媒体对自动驾驶车辆可谓推崇备至，热情高涨。重要的企业收购案件、投资项目和官方公告几乎是每天都可见诸媒体。2016年4月，6家欧洲卡车制造商（DAF、依维柯、MAN、梅赛德斯—奔驰、斯堪尼亚和沃尔沃）参加了有15辆自动驾驶卡车参赛的欧洲卡车组队挑战赛（European Truck Platooning Challenge）。这些由无线联网的卡车组成的小型车队（每辆车上都设有一个人类驾驶员），分别从比利时、丹麦、德国和瑞典出发驶向鹿特丹，这是世界上第一个跨境卡车组队示范运营。①

麻省理工学院的衍生企业NuTonomy于2016年8月在新加坡启动了首次自动驾驶车辆的公开试验。2016年9月，美国交通部发布了第一部关于自动驾驶车辆的联邦政策，被部长安东尼·福克斯（Anthony Foxx）称之为最全面的国家自动驾驶汽车政策，这也开创了世界先河。②虽然它是一个里程碑式的文件，但各州根据该文件颁布实施相应的具体法规则有些延迟。同月，优步在匹兹堡开展了自动驾驶沃尔沃和福特汽车的示范运行。几个月后，优步在旧金山又复制了一遍同样的事情（见图4.3）。我们团队中有人乘坐了“自动驾驶”的优步车辆，并亲眼见证了车载导航系统在车辆驶入一个复杂的交叉路口，并且旁边有自行车时的不可靠性（在整个测试运行中，“司机”用双手环抱着方向盘，在出现紧急情况时可以瞬间抓住它，这已经多次被证明是必要的）。

① “Dutch Business Community Welcomes Truck Platoons,” European Truck Platooning website, press releases, accessed 4 September, 2017; James Vincent, “Self-Driving Truck Convoy Completes Its First Major Journey across Europe,” The Verge, 7 April, 2016.

② Hope Reese, “US DOT Unveils ‘World’s First Autonomous Vehicle Policy Ushering in Age of Driverless Cars,” TechRepublic, 20 September, 2016; US Department of Transportation, NHTSA, "Federal Automated Vehicles Policy," September 2016.

图4.3 2016年11月在旧金山街头正在作测试运行的一辆优步自动驾驶原型车

照片提供：Dllu，CC BY-SA 4.0（http：//creativecommons.org/licenses/by-sa/4.0），via Wikimedia Commons。

位于硅谷的一家初创公司——Zoox成为第一家获准在加州公路上进行自动驾驶车辆测试的非汽车制造商，或者说是主要的高科技公司。另一家硅谷的初创公司——Drvie.ai已开始开发自动驾驶车辆的人工智能软件。许多人开始想象这样一幅画面，硅谷接管了整个汽车行业，一大批小型的和大型的科技公司向市场出售高利润率的软件，而传统汽车制造商则不幸变身为低回报率的车辆技术供应商。底特律和斯图加特担心它们会沦为硅谷的附庸。

欲速则不达：新平台和政府监管

尽管对汽车业务并不熟悉，但众多新进入者正在向汽车工业发起挑战。通常，传统汽车制造商要用5年时间来开发一款新车型，并在自家测试场地里完成闭门测试运行。但是，新的创业公司却选择了完全不同的发展路径。硅谷的文化是塑造未来，基本上不太考虑或者会绕开政府的监督和管制。但是他们发现其实这并不像他们想象中的那么容易，政府管控的现实正让他们不得不放缓脚步。

优步就是一个例子。作为诞生于硅谷的初创公司，它追求的理念目标是反应敏捷和行动迅速，如果做事越界就会事后请求宽恕。它的运作方式是在现有基础上不断推出新服务，并通过建立强大的客户的忠诚度和广泛支持而始终领先监管机构一步。①如果您需要专业知识，直接购买即可，就像优步曾经挖走卡内基梅隆大学著名的国家机器人工程中心大约50名研究人员时所做的一样②，优步还于2016年初收购了奥托（Otto）（见图4.4），这家企业的一位共同创始人是前谷歌工程师。优步把自动驾驶车辆的研发中心放在了匹兹堡和旧金山，其中，匹兹堡也是卡内基梅隆大学所在地，而旧金山则是优步的总部所在地。当加州机动车管理局（California' s Department of Motor Vehicle）2016年底要求优步取得在城市街道上测试许可证时，优步起初是抵制的，它把测试项目从旧金山搬到了亚利桑那州。但是没过几个月，优步做了让步，提交了车辆测试许可证的申请。

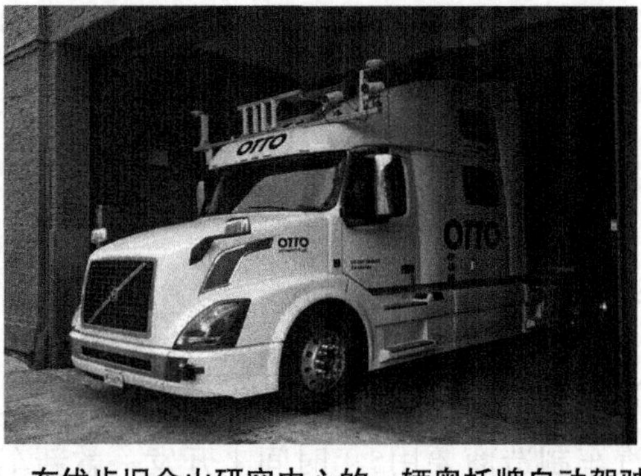

图4.4　在优步旧金山研究中心的一辆奥托牌自动驾驶卡车

照片由Steve Jurvetson提供，CC BY 2.0（http：//creationcommons.org/licenses/by/2.0），via Wikimedia Commons。

---

① Adam Lashinsky, Inside: *Uber' s Quest for World Domination* (New York: Penguin, 2017); Brad Stone, The Upstarts: How Uber, Airbnb, and the Killer Companies of the New Silicon Valley Are Changing the World (New York: Little, Brown, 2017).

② Josh Lowensohn, "Uber Gutted Carnegie Mellon' s Top Robotics Lab to Build Self-Driving Cars," The Verge, 19 May, 2015.

支撑这种大胆激进行为的思想基础是自由主义信条，这种信条认为，这些创新活动促进了经济增长，人们应该自主自愿地提供服务，政府干预应保持在最低限度。随着高科技公司大胆进入出行服务领域，他们的文化正在经受着考验。由于不习惯处理有关安全方面的严格的监管法规，他们开始意识到，向市场推出一款新车与发布一款高科技产品和软件有很大的不同。与只需处理好最低的安全性风险的典型的硅谷技术不同，自动驾驶车辆会受到那些承担消费者安全性保护职责的机构的严格审查。自从拉尔夫·内德尔（Ralph Nader）的书《任何速度都不安全》（*Unsafe at Any Speed*）曝光了通用汽车的考威尔（Corvair）的安全性风险以来，政府对安全性的监管一直在持续地强化。为了确保技术的安全性，监管机构强制执行严格的测试、法规和认证。结果是新的车辆技术的商业化进程要比在硅谷的初创企业的高科技产业化进程更慢也更谨慎。

2015年10月，特斯拉激活了它的自动驾驶技术Autopilot，其实这项技术早在一年多以前就已经装备到汽车上了，它只是单纯地通过蜂窝移动网络为将近7万辆网联车辆提供软件更新。[①]特斯拉实际上是将这个软件当作一个测试版，它还需要进一步的精炼和细化，并进行场内测试，但是消费者以为他们能完全依赖Autopilot实现自动驾驶功能。人们在YouTube上上传了一个视频，在视频中司机在后座上睡着了。特斯拉在2016年5月出了一个致命的事故，当时它未能及时发现前方有一辆牵引挂车在它前面横穿，这就给特斯拉的自动驾驶技术和公司在安全问题上漫不经心的态度提出了严峻的挑战。特斯拉公司开始要求驾驶员要将手始终放在方向盘上。该公

① Bradley，"Tesla Autopilot';"Autopilot，" Tesla Press Information.n.d.，http：//www.tesla.com/presskit/autopilot#autopilot.

司虽然侥幸渡过了事故审查的难关，但仍然深陷随后公众舆论的汹涌旋涡而狼狈不堪。

Comma.ai公司是专门提供自动驾驶软件的科创企业，它在收到美国国家公路交通安全管理局（NHTSA）的一封信后撤回。这封信解释道，公司需要确保其旗下产品Comma One在正式出售之前要符合法规要求。公司创始人乔治·霍兹（George Hotz）回应道，他将把注意力转向“其他产品和市场”，也就是说把人生未来宝贵的时间花在“与监管机构和律师打交道上……不值得”①。

认识到需要处理好快速的商业化和政府监管之间紧张关系的重要性，谷歌、福特、沃尔沃、优步和来福车于2016年宣布，它们正在组建一个战略联盟，“与立法机构、监管机构和公众合作，以实现自动驾驶车辆的安全和社会效益”②。

不确定的时间表

自主驾驶和无人驾驶（第4级和第5级）车辆的到来并不像时下热炒的那样会很快来临。挑战依然相当巨大。首先，技术还不成熟：摄像头、激光雷达和雷达需要更准确也更便宜；软件需要对车辆可能遇到的每一种场况的总体可靠性，瞬间作出预测和反应；还需要开发赋能技术的各种细节。正如霍德·利普曼（Hod Lipson）和梅尔巴·库尔曼（Melba Kurman）在《无人驾驶：智能汽车和未来之路》（*Driverless: Intelligent Cars and the*

① Darrell Etherington, "Comma.ai Cancels the Comma One Following NHSTA Letter," TechCrunch, 28 October, 2016.

② David Shepardson, "Ford, Volvo, Google, Uber, Lyft Form Coalition to Promote Self-Driving Cars," *Automotive News*, 26 April, 2016.

Road Ahead）一书中所说到的那样，“无人驾驶汽车设计在技术上的最后一英里是开发可以提供可靠的人工感知的软件。如果历史可以作为未来的参照物，那么达到最后一英里终点的过程将会被历史证明要经历一段漫长的旅程”[①]。在许多地区，单单由于缺乏清晰可见的车道标记和可靠的交通信号，就已经使得自动驾驶面临的挑战压力很大了。对可靠安全的车辆而言，需要开发车与车（vehicle-to-vehicle）和车与基础设施（vehicle-to-infrastructure）的通信系统，尽管它们对于转型期间的安全运行可能并不是必需的。

假使技术上的难关能够被攻克，那么无人驾驶车辆能够满足大多数人的出行需求，还需要多长时间呢？也许不需太长时间（但怎么也得要几十年），即使是在雄心勃勃的情景下也如是。考虑到人们已在原有的私人交通设施上形成了巨大的沉没成本（sunk costs），因此以目前的车辆消化这些成本至少要20年甚至更长。美国目前拥有近3亿辆汽车，年销量大约为1700万辆。如果从2018年开始新售出的每辆车都是无人驾驶的车辆，那么要实现上路行驶的所有车辆都变成无人驾驶车辆，最快也要到2034年。

根据一项针对安全气囊和自动变速器等车辆技术的商业化历史所进行的研究分析表明，自动驾驶车辆需要10到30年才能成为市场的主宰者。研究报告表明，如果技术上的挑战被证明比预期的更难以解决，那么完全自动驾驶车辆可能在21世纪30年代或40年代之前都无法实现商业化。[②]如果考虑到社会公众和监管机构的接受度，这个过程可能会持续更长时间。

---

① Hod Lipson and Melba Kurman, *Driverless: Intelligent Cars and the Road Ahead* (Cambridge, MA: MIT Press, 2016).

② Todd Littman, "Autonomous Vehicle Implementation Predictions," Victoria Transport Policy Institute, 27 February, 2017.

关于自动驾驶车辆的消费者调查进一步强化了我们的偏保守的观点。如果要社会大众普遍接受自动驾驶车辆，那么消费者至少要愿意乘坐它们才行。密歇根大学的研究人员在2015年对美国持照司机进行的一项调查发现，消费者对自动化车辆很感兴趣，但并不是完全自动化车辆。具有讽刺意味的是，受访者最偏爱的自动化车辆技术并不是车辆具有无人驾驶功能。相对于部分自动驾驶和非无人驾驶车辆而言，只有15%的受访者更喜欢完全无人驾驶车辆。当受访者被问及他们是否更喜欢车辆“带有方向盘和油门、刹车踏板”时，几乎所有受访者都给予了肯定的回答。[①]2016年5月保险信息研究所（Insurance Information Institute）进行的一项调查发现，55%的受访者不愿意乘坐自动驾驶车辆。[②]几乎在同一时间，波士顿咨询集团（Boston Consulting Group）与世界经济论坛（World Economic Forum）合作进行的另一项研究发现，持有更开放态度的大多数人对自动驾驶车辆感兴趣的原因是，他们不需要再费心费力地找停车位了，而且在乘车过程中，他们还可以腾出手来干其他事情。需要再重申一下的是，受访人对自动驾驶车辆最担心的两点是缺乏安全感和希望随时能够掌控车辆。[③]当然，人们对没有体验过的事物倾向于持怀疑和谨慎态度。但随着自动驾驶车辆的逐步普及，这些疑虑就会很快地消失。正如我们在第一次乘坐自动升降电梯时，心里也是忐忑不安的。

汽车公司在人类是否真的想要让出车辆完全控制权这个问题上各持己

---

① Brandon Schoettle and Michael Sivak，“Motorists Preferences for Different Levels of Vehicle Automation，” University of Michigan Transportation Research Institute，Report UMTRI–2015–22，July 2015.

② Insurance Information Institute，“Self–Driving Cars and Insurance，” July 2016.

③ Boston Consulting Group.“Self–Driving Vehicles，Robo–Taxis，and the Urban Mobility Revolution，” big.perspectives，21 July，2016.

见，况且即使人们真的愿意这么做，汽车公司是否真的有意愿去实现这个目标也会犹豫不决。到目前为止，汽车是以驾驶人为中心来设计的：汽车设计的重点是前排座椅，尤其是驾驶员座椅。主流的商业营销思路是在汽车上逐步添加一些自动化功能，并将这些增加的功能当作高档的选配装置来处理。这种方法对于豪华轿车制造商尤其具有吸引力，因为它们可以利用这些魅力十足的先进技术来收取高额的费用。事实上，梅赛德斯和宝马都将保留方向盘当作它们未来的概念车上的奢侈性选配装置。如果它们拥抱无人驾驶汽车，并在所有汽车上都配置相同的基本（安全）技术，那么它们与其他厂商又有何区别呢？无论从哪个角度来说，朝着以乘客为中心并去掉了方向盘和制动踏板的车辆方向发展，都是一个飞跃。

车辆自动化的潜在缺点

无人驾驶汽车的全面引入将会改变城市面貌和生活方式，也会对经济增长产生巨大的影响。这种影响可能极为广泛和深刻，以至于车辆自动化可能会继信息革命之后，成为历史上一次真正的产业革命。

新加坡：前景光明的自动驾驶技术

新加坡是世界上最富裕的国家之一，也是主要的航空和航运枢纽。有550万人居住在278平方英里的小岛上（Department of Statistics Singapore，“Latest Data，” accessed 4 September 2017），道路占据了12%的土地面积（更多用于停放车辆）（“Roadways in Singapore，” Trade Chakra，2008; “Singapore:

Intelligent Transportation System，” C40 Cities，2013）。新加坡迫切需要找到不占用更多土地、服务于富裕社会，并且是经济可行和环境友好的出行解决方案。麻省理工学院2014年针对新加坡进行的一项研究表明，自动化出行系统可将现有的乘用车数量减少到三分之一（K. Spieser et al.，“Towards a Systematic Approach to the Design And Evaluation of Automated Mobility-on-Demand Systems：A Case Study in Singapore，” in *Road Vehicle Automation*，ed. Gereon Meyer and Sven Beiker，Switzerland：Springer International，2014，229-245）。政府已经得出结论，必须结合新技术、新商业模式和前瞻性监管，才能满足其实际需求。

新加坡在限制车辆出行方面是世界领先者，这可以追溯到1975年推出的道路收费计划（road-pricing scheme），该计划要求车辆在早上繁忙时段进入中央商务区最拥挤的地区时缴纳费用（Singapore Government Land Transport Authority，“Electronic Road Pricing（ERP），” accesses 4 September 2017）。新加坡目前实施了车辆配额制，收取高额购买和登记费，收取交通拥堵费，发达的公共交通系统在每天早晨的高峰时段供公众免费乘坐，智能交通信号系统实现了网联化并根据交通情况作出及时响应。

2014年，新加坡自动驾驶陆路交通委员会（Committee for Autonomous Road Transport for Singapore，CARTS）成立，旨在强化政府在“自动驾驶技术的研究、开发和应用方面的领导力和执行力，以及适用于新加坡的自动驾驶驱动的出行理念，研究与自动驾驶技术相关的机遇与挑战”（Singapore Government Ministry of Transport，“Driverless Vehicles：A Vision for Singapore’s Transport，”accessed September 2017）。CARTS包括了国际专家、学者和产业界代表，设想一种未来的交通情景，人们无论想去哪里，何时去，都不会有驾车的紧张情绪，车辆能够安全地行驶，道路周边是开阔的绿地，老人和残疾人都能够享受到周到的出行服务。被他们称为“自动驾驶驱动的出行”（AV-enabled Mobility）能够帮助通勤者解决最初和最后一公里服务的难题，还可以减少道路拥堵。

同样在2014年，新加坡陆路交通管理局（Land Transport Authority，LTA）与新加坡最主要的研发机构签署了为期五年的合作协议，启动“新加坡自动驾驶车辆计划”（Singapore Autonomous Vehicle Initiative），研究自动驾驶车辆的技术可能性。一些研发测试活动已经开展起来：麻省理工学院与新加坡国立大学合作，在校园内测试一辆无人驾驶高尔夫球车，还有一辆无人驾驶穿梭巴士从南洋理工大学校园到清洁技术公园测试运行。从2015年开始，新加坡给四家机构发放许可证，允许它们使用纬壹科技城（One-North）商业区（一个1.5平方英里的区块）测试无人驾驶车辆。LTA还与麻省理工学院下属NuTonomy和英国的德尔福（Delphi）签署了合作协议——在新加坡测试自动驾驶出租车。

2016年9月，NuTonomy与类似优步的Grab公司合作，在纬壹科技城面向公众提供可以免费乘坐、由无人驾驶汽车来承运、具备需求响应能力的试运行。公众会员可以使用Grab应用程序来叫车，车辆是由雷诺或者三菱汽车公司制造的自动驾驶电动车。（Jon Russell，“MIT Spinout NuTonomy Just Beat Uber to Launch the World’s Self-Driving Taxi，”TechCrunch，24 August 2016；Andrew J. Hawkins，“Singapore’s Self-Driving Cars Can Now Be Hailed with a Smartphone，”The Verge，22 September 2016）“这家公司在2016年10月发生了第一起事故，当时是一辆自动驾驶汽车撞上了一辆卡车并造成轻微损坏，据说是由于‘出现了非常罕见的组合软件异常情况’。但在软件修复后，NuTonomy的车辆又重新上路，公司称该事件表明‘进行持续测试是有价值的’，而且新加坡的政策也允许进行这些测试活动。公司希望到2018年能提供有限的商业服务，到2020年覆盖全岛范围。”（Adrian Lim and Chew Hui Min，“NuTonomy Resumes Driverless Car Trials in One-North，Says Software Glitch to Blame for Accident，”Strait Times，24 November 2016）

如果能与共享出行和车辆电动化相结合，自动化转型不仅会更深入，甚至会走得更远。

但许多人期望的自动驾驶带来的各种好处并不一定能够实现。在大多数车辆是完全无人驾驶车辆之前，自动化带来的益处并不显著，包括安全性。若将无人驾驶与非无人驾驶汽车相结合，安全性方面的益处也是不确定的。在第5级完全无人驾驶车辆成功商业化之前，出行弱势群体还是无法从自动驾驶技术上得到潜在的诸多益处。当完全无人驾驶的汽车可以广泛使用时，效益就会显现出来。但是除非无人驾驶车辆应用于共享出行，否则这些好处只是属于少数富人。只有无人驾驶车辆是共享的（这与个人所有车辆所有权相反），才能实现减少车辆使用、减少温室气体排放和减轻交通拥堵的巨大好处。关于自主驾驶（第4级）和无人驾驶（第5级）车辆的其他问题，包括能否信任机器人在面临生死选择上作出决定，车辆黑客攻击、隐私权损失和工作岗位流失等。

安全性顾虑和交通拥堵问题

带有自适应巡航控制、紧急制动和一些转向辅助功能的汽车具有安全方面的一些优势，主要来自已经广泛应用的紧急制动系统。安全方面的首要疑虑来自第3级自动化，即汽车可以在高速公路上自主驾驶，也可能在其他路上，但是当出现异常情况和在其他道路上行驶时，还需要恢复对车辆的人为控制。这些情况可能会使自动驾驶车辆变得不那么安全，还会造成更多的交通事故。

向第4级自主驾驶和第5级无人驾驶汽车的升级最终将产生巨大的安全效益，但由于面临驾驶人操控车辆和无人驾驶车辆在同一条道路上混行的挑战，这些效益在相当长的一个时期内可能无法实现。如何掌控好自动驾驶系统对人类驾驶员的不可预测行为的反应，也是具有挑战性的。硬件和软件将需要弄清楚车辆汇入高速公路时的速度有多快，预测什么时候某人要掉头或违规左转，以及其他无数的可能导致致命碰撞事故的行为。几乎在任何一种情景下，要实现向无人驾驶汽车的全面转型都需要花费几十年。同时，要采取小心谨慎的态度，确保人—机混合驾驶汽车（mixing human- and computer-driven cars）的安全性在任何情况下都能够得到提离。[①]最终，自主驾驶车辆会显著地降低交通事故死亡率，而正因如此，车辆自动化才显出其强大的吸引力。

自动驾驶车辆使交通拥堵问题有无改善，这依赖于自动驾驶技术的层级和实际应用情况。[②]部分自动驾驶汽车无法大幅度改善交通拥堵状况，甚至可能由于减轻了驾驶负担，以及鼓励驾驶人选择居住在更便宜的郊区而更多地驾车出行，反而加剧了交通拥堵状况。[③]“车辆之间可能还会保留一段距离。我们一些车上装备了自适应巡航控制功能的人都知道，部分自动驾驶车辆在行驶中会倾向于保持比我们人类驾驶操控车辆时更大的间距（至少在像洛杉矶和纽约等这样的大城市里驾车必须要有丰富的应对拥堵和高速公路驾车的经验）。甚至4级自我驾驶和5级无人驾驶汽车不太可能改善交通拥堵，只要它们与普通车辆混合在一起。”赛车手亚历克斯·罗伊（Alex Roy）就断言，“自主驾驶车辆不会违反法律，并且本身也会小心谨慎地行驶，这意味着只要车道上有一辆自主/人类混合驾驶车辆出现，整个车流的行驶速度都会降下来”[④]。有鉴于这种现实的情况，以及消除了驾驶时的紧张情绪，有可能在未来自动驾驶尚未占据主导地位之前的几十年里，城市里的交通拥堵状况会恶化。

如果第5级无人驾驶车辆是由个人拥有的，那么在交通转型过程中，无人驾驶车辆也可能使交通状况进一步恶化。如果全自动驾驶车辆的车主

---

① James Hedlund, “Autonomous Vehicles Meet Human Drivers: Traffic Safety Issues for States,” Governors Highway Safety Association, 2016.

② Carrie Cox and Andrew Hart, “How Autonomous Vehicles Could Relieve or Worsen Traffic Congestion,” HERE white paper, 2016.

③ Kenneth P. Laberteaux et al., “Methodology for Gauging Usage Opportunity for Partially Automated Vehicles with Application to Public Travel Survey Data Sets,” *Transportation Research Record* 2625（2017）：43–50.

④ Roy, “What If?”

在早上通勤后放空车回家（停车场是免费的），然后再要求他们的空车在下班后去接他们回家，那么这一天下来上下班的通勤里程就增加了一倍。虽然这种行为将取决于能源价格和停车成本，但对一些通勤者而言，这可能是他们在对自己实际支出成本进行了简单分析之后作出的、成本最低的停车解决方案了，或者至少看起来是。在其他条件都一样的情况下，对不开车的人和老年人而言，自动驾驶车辆可以让他们更方便地出行，但势必会导致车辆使用需求的增加。[①]

机器人的控制问题

自动驾驶车辆要是出了碰撞事故，该由谁来负责呢？当然不该是司机！司机可能并不会特别看重不同自动化等级之间的区别，但保险公司肯定会。在自动驾驶汽车时代，汽车保险可能会发生根本性变化。

美国国家公路交通安全管理局（NHTSA）已确定自动驾驶汽车的驾驶员是其车载计算机。如果因涉诉讼案件在法庭上接受质询调查时，车辆的原始制造商及其设备供应商就会不可避免地陷入该由谁来为碰撞事故和设备故障承担责任的喋喋不休的争论之中。在许多州，要获得车辆测试的许可证要求运营商证明他们有能力承担由自动驾驶车辆造成的高达一定金额的任何损失。负担这些保险费用的一方当事人是相关技术的开发机构和测试机构。在某些情况下，这个当事人可能是汽车制造商，但如果车辆在新车售出之后增配自主驾驶功能，那么承担保险费的当事人就可能是后市场服务的供应商（after-market supplier）。

---

① Littman, "Autonomous Vehicle: Corey D. Harper et al., Potential Increases in Travel with Autonomous Vehicles for the Non-driving, Elderly and People with Travel-Restrictive Medical Conditions," *Transportation Research Part* C72 (November 2016): 1–9.

退后一步讲，自动驾驶汽车应该作出哪些决策？想象一下这样一个场景，当一辆自动驾驶汽车检测到前方出现行人而它又无法避开的时候，它需要在瞬间作出决策，是选择继续直行撞向行人，还是选择紧急转向撞向一棵树，而后者可能会造成车上乘员死亡。福特汽车公司首席执行官威廉·福特（William Ford Jr.）声称汽车制造商与监管机构必须联手作出决策如何应对这个问题，“你能想象如果我们有一个算法，丰田有另一个算法，而通用也有自己的算法，这会是一个什么样的局面？”福特2016年10月在华盛顿特区经济俱乐部（Economic Club of Washington，DC）的一个会议上提出这个问题，“我们需要就伦理道德问题展开全国性的讨论，因为我们以前从未考虑过这些事情，但汽车将会有时间和能力去作这个决策”①。

国家公路交通安全管理局（NHTSA）已经要求汽车商提交安全评估报告，并解释他们的自动驾驶车辆是如何解决伦理道德困境的。梅赛德斯—奔驰辅助驾驶系统经理——克里斯托弗·冯·雨果（Christoph von Hugo）告诉《名车志》（*Car and Drive*）杂志，“如果你知道你能够至少救一个人……救车里的人”②。与此同时，解释道，“我们在工程领域里99%的工作是为了彻底防止这种情形的发生（提出该救谁的道德问题）”。不久以后，他又改变了应优先救乘车人的想法，反映出汽车制造商在这些道德问题的决策上的犹豫不决。

正确地为自动驾驶车辆设定优先程序目前仍然是雾里看花。针对消费者的一项调查发现，多数人认为车辆的道德选择应该是为了更大的利益而

① Ariel Wittenberg. “Helping to Build Moral Machines at MIT，” Greenwire，18 October，2016.

② Michael Taylor，“Self-Driving Mercedes-Benzes Will Prioritize occupant Safety over Pedestrians，” *Car and Driver*，7 October，2016.

牺牲自己。但与此同时，大部分受访者表示他们宁愿不乘坐用这种逻辑进行编程的自动驾驶车辆。研究报告的作者最后得出结论，迫使汽车制造商在为旗下自动驾驶车辆编程，以牺牲自己车上乘员安全的相关法规，“可能造成自相矛盾的情况，因为更安全的技术若被推迟采用，反而会增加人员伤亡”①。

一位法律研究人员建议，这种伦理道德方面的辩论可能没有多少实际意义。他断言，从根本上讲，律师和市场会告诉工程师应该如何对汽车进行编程。②律师将确定责任规则。车辆供应商“较少关注对与错的晦涩深奥问题，而是更多地关注那些前瞻性的有关法律责任的具体问题”。消费者会明白他们到底想要什么，就像当他们想弄明白要从特斯拉上得到什么的时候，他们知道自己想要特斯拉的自动驾驶软件Autopilot，这样他们就可以放心地超限速行驶。特斯拉满足了这些消费者的需求。根据这个观点，软件工程师会吸收律师和消费者的意见和建议。

网络安全风险和隐私权保护问题

自动驾驶车辆面临的更大困扰是来自黑客攻击的风险（the risk of hacking）。随着车辆变得越来越像计算机和机器人，人们变得更加担心他们的车辆会不会被黑客控制。2015年，两名黑客用笔记本电脑向一辆切诺基吉普车发送远程指令，让它开启空调，打开收音机，开启风挡雨刮器，并让加速踏板停止工作。这只是一次测试，但这也表明，任何人只要输入

---

① Jean-Francois Bonnefon, Azim Shariff, and lyad Rahwan, “The Social Dilemma of Autonomous Vehicles,” Science, 24 June, 2016, 1573.

② Bryan Casey, “Amoral Machines or How Roboticists Can Learn to Stop Worrying and Love the Law,” *Northwestern University Law Review* 111, No.5 (2017): n.p.

正确的密码，就能无线控制几千辆甚至几百万辆车辆。[①]2016年，中国的网络安全研究人员通过远程控制技术轻踩了一辆特斯拉Model S车子的刹车制动，并弹开了后备厢。中央情报局（CIA）甚至对车辆安全也显示出了一定兴趣，根据维基解密（Wikileaks）于2017年初透露出来的资料，中央情报局称“车辆系统（vehicle systems）”为“潜在的任务领域（potential mission areas）”[②]。我们不妨想象一下这样一个情景，交通信号系统和车辆都被黑客控制了，而你却手握一张使得交通混乱的秘方。这个情景随着智能机器、高速无线网络、大数据、人工智能和低廉的传感器的兴起而完全有可能成为现实。[③]

普及自动驾驶汽车的安全底线是自动驾驶软件要足够成熟，因而可以从容地应对黑客攻击和各种破坏活动。实际上，今天路上行驶的数百万辆车在安全方面都是弱不禁风、不堪一击的，因为它们都连接到互联网上。正如一家网络安全企业所言，“一旦一辆车连接上互联网，它就有可能被黑客攻击……当一辆新车从底特律或斯图加特的汽车工厂里下线的时候，车上就已植有许多可被侵入的载体，有一亿行软件编码和大约1万个已知的软件漏洞”[④]。

这是一个软件和硬件的工程学问题，所以我们希望从工程学领域找到解决办法。QNX是一家专门制作操作系统的企业，它的产品被大部分跨国

---

① Andy Greenberg, “Hackers Remotely Kill a Jeep on the Highway—— with Me in It,” Wired, 21 July, 2015.

② Alexandria Sage, “CIA ‘Mission’ on Cars Shows Concern about Next-Generation Vehicles,” *Automotive News*, 9 March, 2017.

③ See Erik Brynjolfsson and Andrew McAfee, *The Second Machine Age: Work, Progress, and Prosperity in a Time of Brilliant Technologies* (New York: Norton, 2016).

④ Yoni Heilbronn, chief marketing officer for Argus Cyber Security, quoted in Andy Kulisch, “Cybersecurity Push May Tie Up Autonomous-Car Legislation,” *Automotive News*, 24 June, 2017.

汽车公司所采用。它指出，考虑到一辆网联汽车是由大量的硬件、软件和网络组件集合而成，“其安全性的强弱取决于其最薄弱的一环”[①]。主要的应对思路是要减少与核心系统进行通信的网关数量，并要求第三方服务提供商使用单一的安全路径，但是产业界距离解决网络安全问题还需要数年时间。

另一个问题是隐私权。凭借高清摄像头和传感器，自动驾驶汽车可以跟踪人们在车内和车外的活动轨迹，并将这些信息发送给情报部门、执法部门以及其他机构。网络犯罪分子可能会试图攻破车辆系统来窃取个人信息或确定驾驶人的位置。同样，这是一个可以解决的问题，但需要付出很多努力，使工程学上的解决方案与相关利益主体在法律和责任上的解决方案相契合。

当前面临的挑战是要制定能够有效地阻止黑客攻击和保护隐私的规则和法律，而这些规则和法律并不是约定俗成地存在的。法律法规和政策的目标应该是激励创新，而不是阻止创新。

岗位流失抑或是岗位创造？

自动化意味着工作岗位的减少，至少从表面上看起来是这样。在汽车自动化背景下，机器代替工人也就是替代了驾驶人。但这个看似简单的命题在车辆自动化的背景下来考察，从近期和中期看，甚至是长期来看，可能都不成立。在短期内，部分自动化（从第1到第3级）对工作岗位几乎没有影响。对于大部分的第4级自动化也如是。对于第5级完全无人驾驶的汽车来说情况更加复杂。如果大多数自动驾驶汽车都是由个人所有，那么影

---

① Sage. “CIA Mission.”

响并不大，因为没有工人会被取代。

如果自动化车辆是商业用途的无人驾驶（第5级）的汽车和厢式货车，付薪驾驶员将会被取代，但即便如此，净的效益也可能是正的。这是考虑到目前美国的出租车、公共汽车和网约车服务只占所有乘客出行的2%左右。[①]我们正在构想一个未来的情景，在这个情景中，无人驾驶车辆和公交占全部出行服务市场的10%或20%，或许会更高。随着商业化的共享出行和公共交通运输的显著增加，一些工作是会被取代的，但是更多的工作机会将被创造出来，包括为车辆提供后市场服务、管理车队、帮助残疾人乘车以及其他数不清的工作。实际上，自动驾驶汽车将创造一个全新的产业，不仅仅是替代一个旧的产业。它们将创造新的就业机会来取替以前无须付薪的个人自驾和车辆维护保养，而不是像烹饪和其他家务劳动的机械化和自动化过程中所发生的那样。在车辆自动化的背景下，驾驶工作岗位的流失数量对于新创造的工作岗位而言会相形见绌，这些新的工作岗位有可能是更高端和更高薪的岗位。

塞巴斯蒂安·斯朗（Sebastian Thrun），这位自主驾驶领域的领军人物说道："如果自动驾驶车辆进入随处可见的规模化应用阶段，那么会有超过100万甚至更多人的工作岗位可能发生变化或者面临失去的危险，这可能需要10年或20年的时间。出租车司机、保险代理商、创伤外科医生、侵权案件律师等，都可能发生变化。但是创新的优点在于当我们拥有能让人们从重复性的、单调机械的人力劳动岗位上摆脱出来的新技术时，新的工

① 参见第5章。美国的公交和轨道交通占全部客运市场的1%左右，如果算上出租车和网约车，其市场份额就更少了。

作机会就会对人们敞开大门”。[①]

对于货物运输而言，自动驾驶对人工岗位有什么影响目前还不太清楚。在一个对工人而言处境最不利的情景下，总部设在巴黎的国际交通论坛（International Transportation Forum）在一份报告中这样说道：“在美国和欧洲，自动驾驶卡车在2030年前可以减少50%到70%的驾驶员岗位的需求，在预计的640万个专业卡车司机岗位中，有最多达440万个工作岗位成为多余的。”[②]然而，上述那份报告接着说道：“预计有不超过560万个（卡车司机）能够且愿意在当前条件下工作。他们当中大多数处于职业生涯的后期，同时还有少部分妇女和年轻人正选择以卡车司机作为他们的职业。”[③]况且，这种自动化转型过程很快就能完成是几乎不可能的。正如前面针对客运交通所说的那样，卡车自动化将创造更多的其他工作岗位，这些新的工作岗位肯定会比现今卡车司机的工作岗位更有吸引力。

让自动驾驶车辆驶向梦想情景

向无人驾驶车辆的转型是大势所趋。技术对于个人和企业都具有内在的吸引力，因为它更安全，而且也节省时间。许多人会为得到一辆自动驾驶车辆而支付更多的费用，包括汽车和卡车。汽车公司和科技公司有充分的理由来满足这些需求。它们将以更高的价格提供更高价值的产品（当然，它们也希望得到更高的利润）。市场的驱动力量将是强大无比的。

---

① Said, “Not at Udacity.”

② International Transportation Forum, “Managing the Transition to Driverless Road freight Transport,” OECD, 2017.

③ Ibid.

但是我们该如何将这个转型导入正确的方向，并且让我们的城市和整个社会都从中受益呢？将拼车出行、车辆的电动化和车辆的自动化整合在一起是必需的。从一开始就面临着一个重要的挑战，就是要鼓励拼车出行，正如来福车和优步自2014年以来在Lyft Line和UberPool业务上所做的那样，此外，还应该鼓励人们放弃对自动驾驶车辆的拥有。市场机制能够自动地推动车辆自动化朝着共享和电动化方向前进，当然也可能不会。无论如何，各级政府能够加速这一进程，推动消费者和汽车制造商去接受拼车出行，同时远离自动驾驶车辆的私人拥有权。①

从国际范围来看，比较理想的状态是最好能有一个国际性的实体来协调全球范围的车辆标准化工作。但这种情况在可预见的未来实现的可能性并不大，就好比不太可能让国际性组织去管制空气污染、能源使用和温室气体排放一样。

从全国范围来看，政府的首要目标应该放在确保车辆的安全性设计上，把车辆的使用问题交给低层级的政府去解决（但是州监管机构之间的不协调性是个风险点②）。2016年9月发布的《联邦自动驾驶车辆政策》（Federal Automated Vehicles Policy）是美国迈出的第一步，它为自动驾驶车辆的安全测试与应用、州政府政策范式以及具有前瞻性的管制手段提供

---

① Prateek Bansal and Kara M. Kockelman, "Forecasting Americans' Long-Term Adoption of Connected and Autonomous Vehicle Technologies," *Transportation Research Part A 95* (January 2017): 49–63.

② James M. Anderson et al., "Autonomous Vehicle Technology: A Guide for Policymakers. RAND Corporation Research Report RR-443-2-RC, 2016; Daniel Fagnant and Kara Kockelman, "Preparing a Nation for Autonomous Vehicle: Opportunities, Barriers and Policy Recommendations," *Transportation Research Part A* 77 (2015): 167–181.

了指导方针[1]，但为自动驾驶车辆量身定制的道路安全、隐私权和网络安全的特殊规则和方针仍然“待字闺中”。随着车辆自动化的不断深入，联邦政府可以通过提供融资渠道来引导城市交通系统进行优化提升，尽管在美国和许多国家，大部分的交通领域融资来自州和地方一级的政府。

州和地方政府将处在第一线。他们处理与车辆运营有关的业务，包括驾驶人和车辆的证照，并负责道路和停车管理。截至2017年初，全美有9个州颁布实施了自动驾驶车辆的相关法律，明确规定了车辆运营的范围以及车上是否应该有驾驶人。更多挑战来自促进行业发展的政策，以及导向性的激励措施，使得自动驾驶车辆可以也应该能够在指定区域内投入运营。截至2017年，没有几个州能做到这些，因为在技术的发展方向上，消费者作出何种反应，联邦政府该采取什么政策，发展目标到底是什么，都存在相当大的不确定性。[2] Zipcar的联合创始人兼前首席执行官罗宾·蔡斯（Robin Chase）（以及本书第一章的合著者）建议市政府签署一份题为《宜居城市的客运共享出行协议》（Shared Passenger Mobility Protocol for Livable Cities）的文件，从而形成具有较强谈判能力的利益团体，以便处理与那些销售车辆和提供服务的大型跨国公司的合作事宜。[3]

---

① US Department of Transportation，NHTSA，“Federal Automated Vehicles Policy，” September 2016.

② An extensive review of the benefits and costs of automated vehicles that focuses specifically on policy implications for Minnesota suggests that if Minnesota were to adopt statutes regarding testing of AVs within the state，it could become a testing ground for innovations that address issues AVs have with driving in snow-covered landscapes. Adeel Lari，Frank Douma，and Ify Onyiah，“Self-Driving Vehicles and Policy Implications：Current Status of Autonomous Vehicle Development and Minnesota Policy Implications，” *Minnesota Journal of Law, Science & Technology* 16（2015）：735–768.

③ Robin Chase，“Shared Passenger Mobility Protocol for Livable Cities，” OSMOSYS，accessed 4 September，2017. See also National Association of City Transportation Officials，“NACTO Policy Statement on Automated Vehicles，” 22 June，2016.

目前，政策制定者和公共机构正在努力追赶新技术和新服务的发展潮流。他们面临的巨大挑战是在不扼杀创新的情况下保护公众利益。在最好的情况下，各种政策措施可以使新技术和新服务取得最佳的社会和环境效益，同时能够避免潜在的不利因素，并解决自动驾驶车辆的服务和技术产生潜在的破坏性结果的问题。在实践中，这项工作可谓千头万绪，复杂而棘手，非一日之功。但眼下正是我们应该着手探索车辆自动化革命驱动交通体系转型的具体方式之时，包括如何使用车辆和出行服务，谁将从中受益，以及它们对环境的影响。

主要政策措施

目的是通过鼓励汽车制造商生产纯电驱动和氢能驱动的自动驾驶车辆，为人们提供低成本和环境上可持续的出行服务，同时鼓励出行服务公司以拼车方式来使用这些车辆。

在国家层面

- 在燃油经济性、温室气体排放和零排放车辆（ZEV）方面的监管法规中，给提供拼车服务的第5等级自动驾驶车辆的汽车制造商提供额外的积分奖励。
- 重新定义联邦机动车辆安全标准（FMVSS），纳入第5等级自动驾驶功能，例如省略驾驶员控制功能，附带清晰可见的安全性要求。
- 让自动驾驶技术满足联邦政府交通安全拨款计划的条件，以改善交通运营状况。

在州和地方层面

- 鼓励从事商业性共享出行服务的车队运营商购买和使用第4等级和第5等级的电动车辆和氢燃料车。
- 在零排放车辆的法规方面，对专门为拼车设计的第5级自动驾驶车辆的汽车制造商提供额外的奖励积分。
- 对从事拼车运营的第5等级自动驾驶车辆征收低（或零）注册费，同时对个人购买自动驾驶车辆征收高额注册费。
- 在高密度的城市中心区，通过颁发特殊许可证或征收高额费用的形式，强烈劝阻无乘员和单一乘员的车辆驶入。
- 对在高速公路（最终是所有道路）上行驶的零乘员和单一乘员的车辆征收高额的通行费和其他费用。
- 要求汽车工业保护车辆所有人的隐私权，同时保证私人和公共机构进行对双方都有益处的协议数据分享。
- 对自动驾驶车辆设置操作规程和标准，使之能够以安全的速度和最轻的刹车制动来完成高效率的行驶。
- 修订相关法律，以禁止和惩罚任何意图篡改或使自动驾驶车辆丧失通信功能的行为。

第五章

推动面向21世纪的公共交通系统升级

斯蒂文·E. 波尔金和丹尼尔·斯珀林

Steven E. Polzin and Daniel Sperling

城市公共交通面临举步维艰的困局已经有几十年的时间了。即将到来的颠覆性创新有可能让公共交通车辆和运营机构重新焕发生机，否则会陷入衰退的境地。

在美国，汽车相对于公共交通的竞争优势已越发突出。总的来看，美国普通居民选择乘坐公共交通出行的比例只有2%[①]，而乘坐公交的出行里程比例更是只有1%。[②]甚至在发展中国家，公交的市场份额也在不断地被小汽车所侵占。公共交通正面临举步维艰的困局。随着大千世界的不断变化，公共交通需要一场自我的救赎。

对公共交通的扶持政策仍会持续下去。许多美国大城市的选民继续批准政府对公共交通提供大量的补贴。2016年11月，洛杉矶市选民投票支持提高销售税率的法案，以便在未来的40年筹集1200亿美元的基础建设资金，其中大部分用于公交巴士和轨道交通。自从2000年以来，全美有超

① Adella Santos et al., *Summary of Travel Trends: 2009 National Household Travel Survey* (Washington, DC: Federal Highway Administration, 2011), Table 9.

② US Department of Transportation, National Transportation Statistics, Table 1–40, updated April 2017.

过200个地区的选民投票支持当地增税的法案，为改善当地公共交通条件提供融资。这些为改善公共交通条件的融资法案投票支持率超过了70%，远高于一般的税收法案的支持率。[①]人们确信，公共交通会产生经济、能源、环境和出行方面的好处。然而，这种广泛的政治支持并没有转化为公交出行量的增加。

现在，蓬勃发展的共享出行和自动化技术走到了公共交通的面前。这对公交运营商来说是一个福音还是诅咒？有人预言这将是公共交通的末日，这并不出乎我们的预料，按需服务的自动驾驶车辆会取代传统的固定运营线路的公交服务，除了那些流量极高的交通走廊以外。[②]媒体的头条标题充满了煽动性言语，比如"超便宜的无人驾驶出租车将把大容量公共交通踢到路边"[③]。一些文章则更有思想性，它们抛出这样的问题，"优步正在杀死公共汽车还是在对它伸出援手？"[④]最能给人带来希望的新闻报道提出这个问题，"新的出行服务方式如何才能为深陷困境之中的公交运营商提供客源"[⑤]。

颠覆性创新即将来临，但其影响到底有多大尚不确定。我们能够确定的是人们出行将有更多的选择。这些新的出行选择因成本、速度、便利程度、灵活性、安全性、可靠性、舒适性和环境影响的不同而不同。公共交

---

① Michael Manville, David A. King, and Michael J. Smart, "The Driving Table 9. Table 1-40, updated April 2017. Downturn: A Preliminary Assessment," *Journal of the American Planning Association* 83 (2017): 49.

② Robert Poole, "Autonomous Vehicles' Disruptive Potential for Transit," *Surface Transportation News*, 7 January, 2016.

③ Chris Martin and Joe Ryan, "Super-Cheap Driverless Cabs to Kick Mass Transit to the Curb," Bloomberg Technology, 24 October, 2016.

④ Henry Grabar, "Is Uber Killing the Public Bus, or Helping It?" Slate, 12 September, 2016.

⑤ Sharon Feigon and Colin Murphy, "Shared Mobility and the Transformation of Public Transit," Transportation Research Board, TCRP Research Report 188, 2016.

通运营商能够保持竞争力吗？让公共交通保持竞争力对其自身的生存和发展大有裨益。

公共交通的衰落

实际上，大容量公交在几乎所有经济发达国家中都发挥着不可或缺的作用，尤其是在新兴经济体和欠发达国家，更是扮演着至关重要的角色。但是随着汽车工业的崛起，首先是在美国，然后是其他地方，选择乘坐公交出行的比例持续走低。在美国，公共交通的衰退最为显著，这种情况发生在大部分土地都被小汽车所占用的地区，并不是偶然的现象。公共交通的供应能力已经显著地增长，自从1970年以来几乎翻了一倍（以车辆行驶里程来计算），然而乘坐人数仅增加了42%，比同一时期人口增长速度还慢（见图5.1）。①

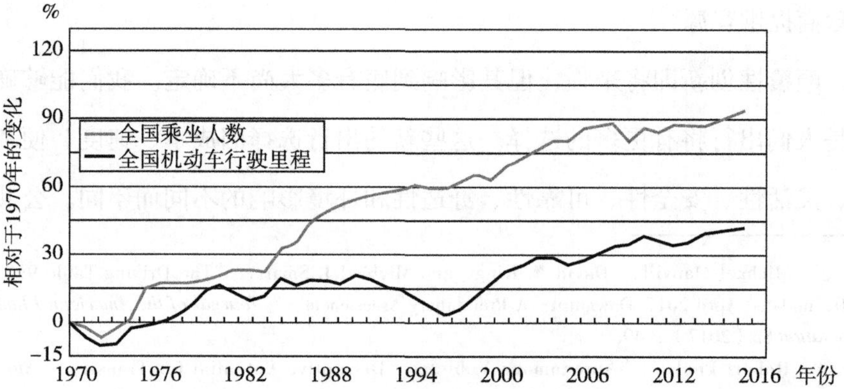

图5.1　1970年以来美国公交供给和乘客人数的变化（除去需求响应的、中巴车拼车、固定运营线路的出租车和摆渡车）

---

① John Neff and Matthew Dickens，*2015 Public Transportation Fact Book, Appendix A: Historical Tables*（Washington，DC：American Public Transportation Association，June 2015）.Tables 1 and 8.

自T型车面世以来，美国公共交通的客运量就一直一蹶不振。唯一的例外是在第二次世界大战期间，汽油实行了定量配给制，市场上也没有新车出售。[①]战后，随着汽车保有量增加，郊区蔓延扩张，高速公路投资飙升，公交客运量从1950年的人均114次下降到1973年的31次，此后才随着公共交通补贴的增加而稳定下来（见图5.2；由于人口增长，总出行量略有增加，但由于人们出行频次更高，相应的公交客运的市场份额持续地缓慢下降）。就连最适合乘坐公交的出行方式，即城区内的上下班通勤，也已经大大减少了。1960年，公共交通承担了12.5%的上下班出行市场份额，1970年下降到8.5%，1980年下降到6.2%，1990年及以后则只有5%左右了。[②]

尽管乘客人数停滞不前，但补贴仍在继续增加。为控制通货膨胀，地方、州和联邦政府的公交补贴总额在1988年至2010年翻了一番。[③]今天，美国城市公交车的乘客仅支付了全部成本的20%（铁路乘客支付30%）。[④]其他80%（铁路70%）的成本则由政府的补贴来承担。

---

① David W. Jones, *Urban Transit Policy: An Economic and Political History* (Englewood Cliffs, NJ: Prentice Hall, 1985).

② Steven Polzin and Alan E. Picarski, "Brief 10: Commuting Mode Choice," *Commuting in America 2013* (Washington, DC: AASHTO, October 2013).

③ John Neff and Matthew Dickens, *2012 Public Transportation Fact Book, Appendix A: Historical Tables* (Washington, DC: American Public Transportation Association, March 2012), Table 71.

④ 2013年，美国城区和郊区公交巴士和轨道交通的平均票价为每英里0.28美元。所有大城市公交运营机构的总运营成本加上资金成本达到每英里1.13美元（0.78美元为运营成本，0.35美元为资金成本）。对于公交车（这类车包括架空机车、巴士、快速公交、通勤巴士、按需服务的残疾人公交、摆渡车、小公共、无轨电车和面包车，其中巴士只占很小一部分比例）而言，成本是每英里1.36美元（1.12美元为运营成本，0.24美元为资金成本）。每英里的这些成本随地点和时间段的不同而呈现出较大的差异，而且总体上与客运量多少密切相关。Office of Budget and Policy, 2015 National Transit Summary and Trends (Washington, DC: US Department of Transportation, Federal Transit Administration, October 2016); John Neff and Matthew Dickens, *2015 Public Transportation Fact Book* (Washington, DC: American Public Transportation Association, November 2015).

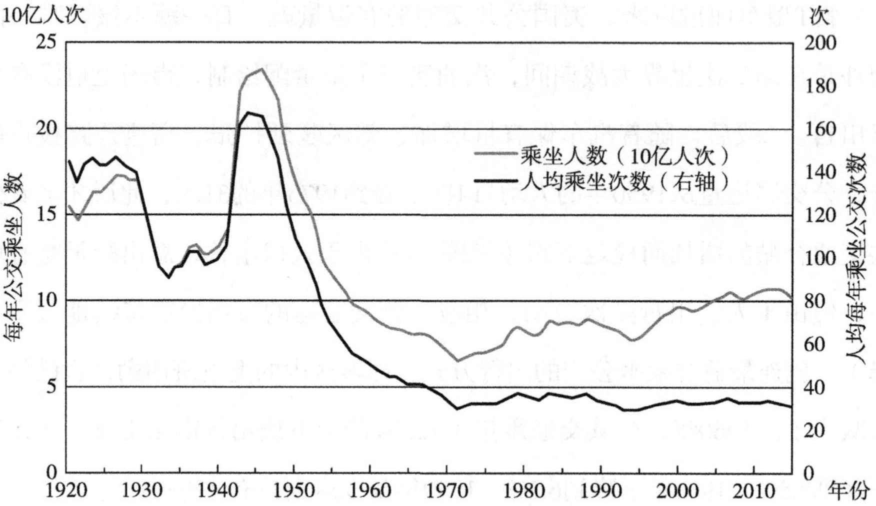

图5.2　1920年至2014年美国公交客运量变化趋势

资料来源：根据1942年以来美国公共交通协会年度报告书和全美人口普查数据编纂。

唯一对公共交通可称利好的消息是轨道交通的新投资呈现显著增长态势。在2000年到2012年，全美大约有20个城市新开通或新增了轨道交通线路，导致在此期间的轻轨客运周转量增加了90%，重轨客运周转量增长了14%。[①]在此情况下，虽然政府补贴也在增加，但是公交管理部门仍然深受成本负担问题的困扰。其结果是维修被迫延迟，费用上涨，车次减少，养老金也缩水了。

我们很难想象这样一种情景，今天的公共交通的客运量能够实现突飞猛进式的增长。公交服务网络的扩张在吸纳更多居民出行的同时，也会带来巨大的成本负担，尤其是在城区。在美国，公交巴士的平均运营成本是每人次5美元[②]，而每新增一位乘客就会给公交系统带来更高的边际成本。

① Manville，King，and Smart，“Driving Downturn.”

② Office of Budget and Policy，Transit Profiles：*2015 Report Year Summary*（Washington，DC：US Department of Transportation，Federal Transit Administration，September 2016）.

展望未来，公共交通产业面临着这样的挑战，即要找到能为那些无法负担传统公共交通服务的人群和地区提供乘车服务的途径。通过与那些有一定技术服务能力的私人企业进行合作不失为一种颇具吸引力的增加人们出行选择的途径，既不产生很高的成本，同时又避免了传统公交运行线路太死板所带来的不便。

变革面临的政治性挑战

尽管公交的服务对象相对有限，但仍然有很大空间可以去扩充它的客户群。虽然新的公交伙伴关系的实践吸引了人们的注意力，但是在公共交通转型之路上仍然布满了插着政治标签的地雷阵。公交运营机构通常雇用工会劳工，提供低票价服务以便为低收入群体提供出行服务，并且经常将运行路线延伸到低密度的（富裕的）郊外社区，当然这样做会带来较高的运营成本。尽管这些做法会增加成本，但也会增加公众对公交服务的支持。相比之下，取消那些使用率不高的路线，雇用非工会公司和提高票价可能会损害社会公众对公交服务的支持度，并引发政治反弹。

无论与私人运营商之间的合作伙伴关系如何具有吸引力和合理性，其带来的益处也不会是均衡分布的，不同地理位置受益各异，这会对社会公众对于公交服务的相对广泛的支持度构成一定威胁。假如公营公交运营商的主要服务对象不是处于弱势的出行群体成为一种新的全球共识的话，社会冲击就有可能被化解。除大城市外的几乎所有地区，对公共交通的支持都面临着挑战，即使在大城市，也可能受到威胁。那些大规模的补贴可能面临缩水。

来福车和优步已经抢走了公交客源。有数据初步显示，虽然这两家网约车公司在为乘客提供连接换乘枢纽的接驳服务，但同时它们也在分流公交出行市场的份额。在纽约和旧金山，网约车对公交出行市场的分流看来力度不小——在优步和来福车的用户中，有10%～30%份额是从公交那里分流来的。[①]车辆自动化可能会加大公交运营商面临的风险，因为共享的自动驾驶汽车和面包车服务可以大大降低成本，价格（补贴后）可能低至公交票价的水平。在价格上极具吸引力的自动驾驶汽车和面包车服务，尤其对于那些在车次间隔长、线路曲折迂回、乘坐不舒适或不便利（比如座位少，上下车踏板又陡）的公交服务构成了巨大威胁。

这些新的出行服务方式，不管是否使用自动驾驶车辆，都会把那些负担得起高额出行费用的高收入客户群拉走。结果是公交客运量呈现持续的螺旋式下降趋势，在这种情况下，更低的服务效率和更少的票价收入导致公交的新增车次被削减，而这反过来又造成客运量进一步的减少。如果公交服务的客户群体规模缩减，特别是如果它失去了有权势的城郊客户，这可能削弱与公共交通开支有关的政治支持。低成本的拼车出行和自动驾驶车辆的应用导致公交导向型开发计划（transit-oriented developments）[②]的吸引力被削弱，因为原本在公交站点附近的住宅价格溢价缩水了。[③]

在高收入国家，公交被用来解决一长串棘手的问题。美国公共交通协

---

① Lisa Rayle et al.，“Just a Better Taxi? A Survey-Based Comparison of Taxis，Transit，and Ridesourcing Services in San Francisco，” *Transport Policy 45* January 2016：168-78; Feigon and Murphy，“Shared Mobility”; Bruce Schaller，“Unsustainable? The Growth of App-Based Ride Services and Traffic Travel and the Future of New York City，” Schaller Consulting，27 February，2017.

② Promoted by transit agencies such as MARTA：http：//www.itsmarta.com/tod-overview.aspx.

③ Bill Conerly，“Self-Driving Cars Will Kill Transit-Oriented Development，” *Forbes*，8 August，2016.

会（American Public Transportation Association）和美国公交运营商同业公会声称，公交创造就业机会，通过乘数效应增加税收收入，节省个人出行费用，减少了上路行驶的汽车数量，减少对外国石油的依赖，增加企业销售额，减少温室气体排放，减少城市蔓延式扩张，节省大量的出行时间，帮助残疾人出行，并通过鼓励人们步行来提高公共健康水平。[①]

这种适合所有人的政治策略是存在问题的。它导致不能很好地实现任何一个既定目标，也会造成高昂的成本。为了适应低收入出行群体的需求，票价保持在较低的水平上。为了满足残疾乘客的乘车需要，公交部门提供了昂贵的可调低车门处地板的公交车辆（kneeling buses）和辅助性服务，车上还专门为轮椅车预留出空间。为了保住有政治影响力的客户群体的支持，公交服务范围还扩展到富人集中居住的郊区，为这里的通勤人们和家庭主妇们提供乘车服务，这就会带来很高的成本。如果公交运营方是商业性企业，它们就可能会以不同的方式来运营。但它们并不是企业，因为公交运营方作为一个社会机构致力于为社会最弱势的群体提供最低水平的出行服务。简而言之，公共交通所追求的诸多目标，虽然就单个目标而言是有意义的，但总体上会导致高服务成本和低服务密度。

对大运量公共交通提供补贴的社会安全网论点（safety-net argument）一直是合理且有说服力的。同样的说法却不能当作环境问题的论据，特别是对于公共汽车而言，至少在美国是这样。因为公交服务随着时间的推移已经增加了，而客运量却没有跟上，公共汽车和地铁的平均上座率仍然不高。随着小汽车变得越来越节能，公交车在能效改善上的进展相比之下却

① American Public Transportation Association, “Public Transportation Benefits,” 2017.

差强人意。1990年，汽车在以乘客周转量（passenger–miles）为单位计算的能源效率首次压倒了公交车（而且温室气体排放量更少），而不是基于乘客英里的公共汽车。现在汽车的能源效率比公共汽车高20%以上。①汽车和轻型卡车（包括小型厢式面包车、SUV和皮卡）排放的温室气体和消耗的能源都比公共汽车少。随着轻型汽车变得更加节能，它们之间的差距将越来越大。

轨道交通的温室气体排放强度表现更佳，如果只计算驱动系统的能源消耗，轨道交通的温室气体排放约为公共汽车的一半。②在人口密集度高的大城市，成熟的轨道交通对减少温室气体排放效果更明显。但是，如果我们分析全生命周期的排放量，包括轨道和车站的建设，以及铁路和车站的维修保养所消耗的能源，两者的差距就会小得多。如果以减少温室气体排放为目标，最便宜和最简单的策略是减少汽车的碳足迹，而不是增加公共汽车上座率。

公共交通要完成颇具挑战性的为弱势人群提供负担得起的出行服务，以及为高密度的城市走廊提供大容量的出行服务这样的核心使命，委实面临着风险和不确定性。

虽然公交运营商面临着很大的政治挑战，但继续前进的风险要远低于停止观望。到目前为止，社会上对公共交通的批评已经偃旗息鼓了，即使公共交通获得的补贴已经增加，但是乘坐公交出行的人数却仍然停滞

---

① In 2012, cans used 3193 Btu of energy per passenger mile compared to 4030 for urban transit buses. Light–duty trucks used 6674 Btu per vehicle mile. Assuming the light trucks have the same average vehicle occupancy as cars, their energy use would be slightly higher than buses per passenger mile. Stacy C. Davis, Susan W. Diegel, and Robert G. Boundy, *Transportation Energy Data Book*, 33rd ed. (Washington, DC: US Department of Energy, July 2014), Table 2.13.

② Ibid.

不前。公共交通带来的高能源成本和高财务成本却并未引起广泛的关注。对公共交通的批评指责已经发生了转向，关注的焦点转到了潜在的收益方面，例如车站周围的人群过度密集、经济发展和城市宜居性。到目前为止，之所以对公交的批评和指责一直风平浪静，是批评者们并没有找到比公交更好的替代出行方式。现在，既然替代性出行方案开始露头，那么对公交的批评也就不会再被置若罔闻了。

公交运营商如果还想生存下去或安稳度日，就需要投身出行革命的浪潮。重新展望21世纪交通的未来图景，需要整合和利用新技术和新的服务模式。公交运营机构可能抵制，但这样做的代价是公交服务被边缘化甚至消亡。

促进公交发展的新服务模式和伙伴关系

1994年，加州大学伯克利分校的梅尔文·韦伯（Melvin Webber）教授发表了一篇颇有先见之明的文章《公共交通与汽车的结合：如何让公共交通再度流行起来》。[①]他提议使用计算机来对人们的出行需求进行系统匹配，并以此填补小型乘用车上的空座位，这样公共交通就可以在成本、便利性和等待时间方面与汽车进行竞争了，甚至在郊区也不例外。他建议“理想的郊区公交系统将挨家挨户地接载乘客，无须换乘，只需等待片刻，并且……它适合少数具有相同出发地、相同目的地和相同出行时刻的人群”。他认为，对于公共交通而言，这是可以与私人汽车竞争，并扭转

① Melvin M. Webber, “The Marriage of Transit and Autos: How to Make Transit Popular Again,” *Access 5* (Fall 1994): 26–31.

公交客运量长期下滑局面的唯一途径。

他的愿景也存在一定的局限性。小型车辆（包括面包车和汽车）在高密度的城市尚无法有效地取代大运量公交服务。具有固定路线和固定时刻表的常规公交服务还将长期存在，尽管公交车辆配备了自动驾驶装置并取消了驾驶员，它们仍将更具竞争力。完全自动驾驶的载客工具在许多机场和一些城市中心区已经投入使用，例如迈阿密市中心的Metromover轻轨系统，位于西弗吉尼亚州摩根敦的Morgantown Personal Rapid Transit公交系统，以及拉斯维加斯的单轨铁路。这种自动驾驶的列车，以及在高密度交通走廊运营的快速公交车，有时还包括专用车道（称为公交车道），将为公共交通提供更加强大的支撑。那些在固定线路上运载大量乘客的出行服务将继续由传统的公交运营商来提供。

正如韦伯所提议的那样，在郊区那些远离轨道交通的区域，以及其他按固定路线行驶的公交线路难以覆盖到的社区，人们的出行需求可由更小型的车辆以更加灵活的运营路线和车次时刻来满足。新的服务业态和伙伴关系项目已经出现，可以提供衔接长途线路的短程往返服务。为那些无法驾车或者因收入低微而无力购买私家车的弱势群体提供出行帮助的其他的创新服务业态也会涌现出来。如果它们比固定运营线路、固定运营时刻表的公交更便宜，那么这些新型的服务业态就为人们提供了一种更具吸引力的、低成本出行的选择。[①]最终，以自动化和共享化车辆提供的出行服务，将覆盖更多的人群和地区，满足那些有出行障碍的人群，填补上第一

① Jeff Spross, "Why Replacing the Bus with Uber Is Actually Pretty Smart? " *The Week*, 16 August, 2016.

英里和最后一英里的服务空白，并为干线公共交通汇集客源。①

从全球范围来看，公共交通的运营机构正在尝试各种新的服务理念。众多示范和试点项目正在启动和规划阶段，包括与基于应用程序的按需服务提供商（比如来福车和优步）、实时的共享出行匹配服务商，以及短期汽车租赁商和共享单车服务商的合作伙伴项目。美国和加拿大的几家交通运营机构正在对来福车和优步提供补贴，以取代提供（更加昂贵的）传统巴士业务。洛杉矶郡大都会交通管理局（Los Angeles County Metropolitan Transportation Authority）、旧金山湾区快速公交系统（Bay Area Rapid Transit）和纽约市的大都会北方铁路/大都会交通管理局（Metro-North/MTA）已经在公共汽车站和地铁站设置了共享单车和汽车分时租赁的相关设施。堪萨斯城（Kansas City）的公交管理局与一家微型公交供应商开展合作，对其延伸服务进行运营测试。

通过这些试点示范项目可以积累越来越多的经验，从而为日后更好地规划公交系统的衔接换乘，以及提供更好的运营服务打下基础。这对于洞察市场环境，以及通过提供第一英里和最后一英里的出行服务为按固定路线运营的公交系统增加客运量，具有特别重要的意义。归根到底，交通运营商还是要搞清楚各种服务方式组合的成本、绩效和环境影响。确定在这些互补性业务上的投资规模，相对于诸如降低票价、增加停车换乘泊位、增加车次、增加线路和延长运营时间等传统策略而言，显得更加审慎。

---

① “Autonomous Vehicles: A Potential Game Changer for Urban Mobility, ” Combined Mobility Platform, International Association of Public Transport（UITP）policy brief, January 2017; Emily Badger, What Will Hap pen to Public Transit in a World Full of Autonomous Cars? “CityLab, 17 January, 2014; Carlo Sessa et al., ” Results of the On-line DELPHI Survey CityMobil2, European Union Seventh Framework Programme, 2015.

为佛罗里达州的阿尔塔蒙特·斯普林斯和皮内拉斯公园的网约车提供补贴

大规模补贴使公交票价保持在较低水平上。在美国，公交客票收入抵付运营成本的比例不足1/3，更别说抵偿资本成本了。在人口密度较低的郊区，客票收入占比更低。

现在，佛罗里达州的两三家公交运营机构正在尝试通过对选择优步出行的客户提供补贴来取代效率低下且价格昂贵的公交线路。2016年，奥兰多市郊的阿尔塔蒙特·斯普林斯（Altamonte Springs）开始在城市范围内为任意一次优步出行支付20%的乘车费，对于出行终点位于区域轨道交通车站的乘客负担的车费比率上升至25%。该项目推出后大受欢迎，迅速扩展到邻近的几个城镇。

佛罗里达州皮内拉斯县阳光海岸的公共交通管理局（Pinellas Suncoast Transit Authority）在2014年底选民否决了一项通过增加税收来为当地增加公共汽车和轻轨系统服务的公投案后，也开始实施一项类似的计划。作为回应，公交运营商砍掉了通往皮内拉斯公园和东湖的公交线路，前者是一个人口相对密集的商务区，后者则是一个由厢式面包车提供公众出行服务的富人区。当居民抱怨他们寸步难行时，公交管理局启动了一项试点计划，为本来乘坐公交后改为乘坐优步车辆来往这两条路线的任何人提供补贴。覆盖50%优步票价的补贴支出经过核算后也仅仅是运营两条公交线路的成本的四分之一。（Joshua Brustein，“Uber and Lyft Want to Replace Public Buses，” Bloomberg Technology，15 August，

2016.）2016年8月，该机构扩大了最初的计划实施范围，对所有乘坐优步出行的乘客和来往二十几个指定公交站点的乘客都提供了补贴。此外还开始向晚上9点后因公交停运而选择乘坐优步车辆出行的低收入居民提供全额补贴。

尽管还存在该如何为那些没有智能手机的人们提供出行服务，如何让像优步和来福车等这样的网约车公司更好地为残疾乘客提供服务，政府是否应该鼓励用合同制工作岗位来取代公共部门的工作岗位，以及是否应该真正让网约车公司提供长途业务等问题，这种伙伴合作服务模式仍有可能继续增长。各种试点示范范围会继续扩大。因尼斯菲尔（Innisfil），这个位于多伦多以北的一个规模不大但却呈蔓延式分布的加拿大小镇，于2017年5月启动了一项试点项目，他们与优步进行合作，为全镇36000居民提供出行补贴，而不是更多地扩充传统的公交系统。（Craig S. Smith，“A Canadian Town Wanted a Transit System. It Hired Uber，” *New York Times*，16 May，2017.）科罗拉多州的森坦尼尔（Centennial）正在与来福车合作提供往返当地火车站的接驳服务。迈阿密-戴德县（Miami-Dade County）希望对选择优步和来福车往来两座火车站的出行人提供补贴。优步已与旧金山、亚特兰大、费城、达拉斯、辛辛那提、匹兹堡等地方签订了公共交通出行服务协议。（Spencer Woodman，“Welcome to Uberville，” The Verge，2 September 2016; Eric Jaffe，“Uber and Public Transit Are Trying to Get Along，” CityLab，3 August，2015.）

展望未来，公共交通行业和地方负责人必须具备评估网约车公司成为优秀合作伙伴的能力，要能够提供可靠的服务、充足的运载能力和稳定的运营定价。

携手微型公交服务提供商

还有一个开展伙伴合作关系的机遇，它超过了来福车、优步和其他使用私家小汽车和SUV的网约车公司，这就是使用面包车和小型巴士来运营的微型公交公司（microtransit companies）。微型公交公司提供了一系列需求响应的、路边到路边的出行服务。最近几年已经涌现出许多私营服务提供商提供此类微型公交服务，有些已经取得了成功。

堪萨斯市地区交通管理局（Kansas City Area Transportation Authority，KCATA）与一家名叫布里基（Bridj）的私人公司开展合作，提供基于需求响应的微型巴士服务，扩展了现有公交系统的服务范围和能力。[①]这种伙伴合作方式在2016年3月首次拉开了序幕，有一家主要的城市公交管理机构、一家汽车制造商和一家从事共享出行服务的科技型私人企业开展了密切合作。这个项目使用了福特公司的全顺厢式面包车，顾客可以通过布里基移动端应用程序叫车，系统再对这个叫车订单进行分包，并在指定范围内创建一个上车的地点。这种约车服务可以得到一些补贴，以使客户支付的出行费用不高于标准的巴士费用。

但是这个项目最终失败了。在项目启动后的最初6个月，微型巴士只

① Robert A. Cronkleton，"Kansas City's Microtransit Experiment RideKC：Bridj Launches Monday，" *Kansas City Star*，3 March，2016.

运营了597个车次，相对项目最初计划的每天200人次的客流量而言可谓微不足道。[①]政府交通管理机构的工作人员说道，缺乏与公众的有效沟通是这个项目的客运量如此低迷的首要原因。一项针对这个微型巴士项目的乘客所进行的独立调查显示，当地居民发现这个项目用处不大。[②]近一半的乘客表示尽管运营方进行了推介促销，但他们也只是坐过一次微型巴士。在所有那些虽然下载了布里基应用程序但却从未使用过的人群中，有3/4的人指出他们之所以并未使用这些微型巴士，是因为在他们需要乘坐微型巴士出行的时候，这些巴士却处于停运状态。正如第三章中所提到的，KCATA推动的这项基于需求响应的示范项目终止了，布里基也在2017年5月关门停业。虽然使用基于需求响应的小型公交车来满足那些分散居住的人群出行需求的想法和理念是非常诱人的，但是这个示范项目的失败表明，缺乏有效的执行机制是微型公交难以立足的重要原因。

洛杉矶地铁（LA Metro），这个洛杉矶地区的公交运营机构决定吸取这些失败项目的教训。它建议通过提供微型公交服务来补充其轨道交通和公共汽车网络。该机构列举了微型公交的诸多优势：实时而灵活地重新设计路线，根据全天的客流需求变化及时增加服务车次，提供更多不同起始点和终点的线路运营服务，降低成本以满足第一英里和最后一英里的出行需求（服务于他们的地铁线路），缩短许多乘客的出行时间。[③]它指出，在蔓延式扩张的洛杉矶大部分地区，这种新的微型公交模式比按固定路线运营的传统公交可以更有效地满足人们的出行需求，还有助于扩充固定线路的

① "A for Effort, but So Far, a Bridj to Nowhere," Transit Center, 24 February, 2017.

② Susan Shaheen et al., "RideKC: Bridj Pilot Evaluation: Impact, Operational, and Institutional Analysis," Transportation Sustainability Research Center, UC Berkeley, October 2016.

③ Internal memorandum prepared for an LA Metro advisory board, April 2017.

客流量，这是因为它不仅可以增加现有客户的出行次数，还可以吸收新的客户来乘坐微型公交。这家机构还可能增加核心路线的出车频次，减少或砍掉那些“绩效欠佳”的固定路线。它还可以使用微型公交车辆为那些公交覆盖不到的地区提供出行便利，同时也能提高残疾人专用公交的服务水平。

作为由城市和地方政府拥有全部所有权并实际运营的公交系统，洛杉矶地铁（LA Metro）和其他现存公交运营商面临着这样一个重大挑战，即如何制定符合一系列增加成本而且会限制其灵活性的标准和条件。洛杉矶地铁建议，一个签约微型公交运营商必须利用工会劳工从事车辆驾驶和维护保养工作，同时要满足美国的《残疾人法》（Disabilities Act）第六条关于禁止歧视、环境正义法规、联邦公交管理局（FTA）出台的所有政策，以及联邦、州和地方法律的相关规定，应该还包括“买美国货”（buy American）的要求。

转向按需服务

微型公交的另一个市场机遇是残疾人专用公交，或者是由传统公交运营商直接提供或通过签订合约来提供按需服务。从路边到路边的出行服务主要服务对象是那些身体上有残疾的人群，这是联邦法规的要求，而且价格不菲。自20世纪80年代末期以来，微型公交是所有公交服务模式中成本上升幅度最大的，尽管它们在公交客运量的份额仅有2%。2013年每次出行的费用超过23美元，但每位乘车人支付的平均票价仅为2.61美元，仅占全部成本的10%。[①]

① Joseph Kane, Adie Tomer, and Robert Puentes, “How Lyft and Uber Can Improve Transit Agency Budgets,” Brookings Institution report, 8 March, 2016. Another report suggests the costs could be even higher, $27 to $38 on average. See Greg Sullivan, “What If ‘The Ride’ Operated Like the Best Big Paratransit Systems in the US?” Pioneer Institute, 7 April, 2015.

许多这种残疾人专用公交可以由优步、来福车和其他网约车公司，或者由微型公交车来提供。2016年布鲁金斯研究会（Brookings Institution）发布的一份报告[①]估计，公交运营商利用网约车平台公司来提供残疾人专车服务，每年可以节省11亿美元到22亿美元的费用（按每次乘车费用平均为13美元到18美元计算）。在波士顿，麻省港湾交通管理局（Massachusetts Bay Transportation Authority，MBTA）开展了一项为期6个月的试点项目，允许顾客乘坐出租车代替其“乘坐”（RIDE）残疾人专用公交，这种专用公交要花掉纳税人几百万美元的运营费用，而且人们时常批评和抱怨说，专用公交经常晚点，还会绕行很多基本没什么人乘车的弯路。关爱残疾人的支持者们敦促有关方面研究将优步加入到专用公交车队的可行性中，MBTA回应道，他们在2016年9月单独开展了一项为期一年的计划，为残疾人客户乘坐优步和来福车提供补贴。[②]

2016年10月，FTA宣布了“按需出行沙盘计划”（Mobility-on-Demand Sandbox Program）的入选项目，以研究公共机构如何消化吸收新兴技术，以提高按需服务水平，降低成本，提高其他服务的质量和运营效率。许多入选“沙盘计划”的项目正在开展基于共享出行的测试运行，看一看提供这种基于需求响应的残疾人专用公交服务的潜力到底有多大。这些项目的评估工作预计在2018～2019年完成。尚需进一步观察的是，基于技术进步和新伙伴合作关系的残疾人专用公交的创新模式，是否可以化解现实中遇到的诸多挑战，比如没有智能手机的低收入和老年人群体面临的出行难

① Kane，Tomer，and Puentes，“How Lyft and Uber Can Improve？”

② Nidhi Subbaraman and Dan Adams，“Uber Boston Announces Partner- 2 Joh ship with Disability Advocates，” *Boston Globe*，4 February，2016; Nicole Dungca，“MBTA to Subsidize Uber，Lyft Rides for Customers with Disabilities，” *Boston Globe*，16 September，2016.

问题。

整合创新性技术

就像汽车产业一样，融合创新性技术可以为改善出行服务水平和降低成本提供机遇。车辆自动化成为人们关注的焦点，但还有其他一些具有广阔应用前景的创新，包括车载摄像安全系统、车辆远程操控，以及各种驾驶辅助技术和系统、网约车工具和车辆电动化。

网约车工具

公共交通可以通过吸收先进的工艺，以及网约车公司的创新技术，并借鉴他们的服务理念。这意味着借助网络和智能手机的应用程序，可以方便人们及时获取有关各种出行方式的信息，并提供实时更新。[①]这些应用程序可以为出行者提供相关信息，帮助他们做出使用不同方式的出行计划，甚至是去不熟悉的地方。

这项工作正在顺利推进，而且毫无疑问地会进一步扩展。例如，OneBusAway是由华盛顿大学（University of Washington）开发的实时公交信息的开源平台，目前可在亚特兰大、西雅图、坦帕、约克、纽约和罗格谷使用。

由Moovel公司（由戴姆勒公司拥有）开发的RideTap软件开发套件和网络，使公交运营商能够更加容易地与其他共享出行服务提供商的业务相整合，而无须从头开发自己的应用程序。第一个RideTap程序于2016年5月在

① Waylen Miki, "How Will the Sharing Economy Affect Public Transit?" Metro Transit Dispatches, 1 August, 2016.

俄勒冈州的波特兰市启动，这是Moovel与Car2Go、来福车、TriMet和波特兰公共交通管理局合作推出的。[①] TriMet票务应用程序现在可让出行人通过一个应用程序预订来福车、Car2Go和Biketown自行车共享服务，而不用在各种应用程序之间来回切换。

2015年，达拉斯地区快速公交（DART）开始将优步纳入其GoPass移动端应用程序中，以帮助乘客制定出行安排并支付“全部行程”（complete trips）的费用。[②]虽然DART的0.5英里服务范围内存在许多工作岗位，但是靠步行是不太容易到达这些地方的。通过DART的GoPass应用程序，为人们提供了选择乘坐优步到达附近地区的可能性，同时鼓励那些尚未考虑使用DART的人使用网约车平台来搭乘DART出行。同样地，亚特兰大大都会区快速公交管理局（Metropolitan Rapid Transit Authority，MARTA）已将名为“谷歌公交出行设计师”（Google Transit Trip Planner）的应用服务和优步集成到可以实时提供公交和地铁信息的MARTA On the Go的应用程序中。[③]

网络叫车工具也能提高残疾人专用公交的服务水平。通过协调好与相关服务提供商和管理机构的关系，技术可以让更多的企业提供残疾人专用公交服务。通过这种方式，就可以更好地满足多元化出行市场的独特需求。例如，许多机构运营着大量能够接载轮椅和残疾人助行器的车辆，这些车辆也可用来服务那些不需要助行器的乘客，也可以用更小、更便宜的车辆来代替。同样，如果残疾人专用公交车辆的运营模式处于按需服务

---

① Andrew Longeteig，“TriMet Tickets App Now Helps Riders Connect to Other Transportation Options，” TriMet News，5 May，2016.

② “Uber + DART Means More Complete Transit Trips，” DART Daily，14 April，2015.

③ “MARTA On the Go，” itsmarta.com，accessed 4 September，2017.

上，它就能够满足其他乘客的即时出行需求。[①]辅助乘客的车辆按需模式运行，它可以满足其他乘客的迫切需求。定制化设计的软件可以优化车辆的运营路线，乘客可以通过公用自动服务亭或桌面电脑下订单。

车辆电动化

如前所述，美国公交车的每客英里（per passenger mile）的平均温室气体排放量高于小汽车。轻轨和重轨系统有更好的环境绩效，主要是因为它们实现了电动化。现在，巴士也可以实现电动化。电动公交车能实现零排放，减少车辆噪声，降低运营和维护成本。

目前，公共汽车主要由汽油、柴油和天然气提供动力，但电池驱动的车辆正变得越来越有竞争力。[②]中国已经在电动公交车制造和应用方面发挥了领导作用，电动公交车销售额在五年内爆发式增长了一百倍，从2011年的1136辆增长到2016年的115700辆，市场占有率达到20%。[③]在美国，电池电动公交车正在稳步增长，但步伐还是太缓慢。从西雅图到塔拉哈西（Tallahassee，佛罗里达州首府——译者注），时下的电动公交车主要买家是公交运营机构，一些公交运营机构承诺会将车队全部车辆换成电驱动车辆。像Proterra、比亚迪、Ebus、New Flyer、绿色电力汽车公司（GreenPower Motor Company）和使用自己Citaro E-CELL电池的梅赛德斯—

① Rahul Kumar, "How the Uber Effect Will Reinvent Public Transit," American City & County Viewpoints, 15 February, 2017.

② Hanjiro Ambrose, Nick Pappas, and Alissa Kendall, "Electric Transit Buses: Transition Costs for California Transit Agencies," Institute of Transportation Studies, University of California, Davis, June 2017.

③ James Ayre, "China 100 % Electric Bus Sales Grew to 115700 in 2016," Clean Technica, 3 February, 2017.

奔驰正在为签订电动公交合同而展开竞争。电池成本和电池容量已经取得了巨大进步，而且仍在加速发展之中。

车辆自动化

最具吸引力的发展机遇是车辆自动化。自动驾驶的公交巴士和面包车将大规模地重构公共交通服务体系，部分原因是现在的公交系统都是围绕驾驶员来设计的，而且成本高昂。部分或全部固定线路的、按需服务的自动驾驶公交将极大地降低运营成本。全国公交数据库（National Transit database）的分析表明，公交车司机占公交运营费用的42%。公交运营商通常使用大型公共汽车，而不是面包车和小型公共汽车，主要是因为他们试图通过每辆车装载更多乘客来提高（昂贵的）驾驶员的生产率。如果驾驶员的费用降低了，公交运营机构就可以高频次地使用小型车辆来提供载客服务，并根据乘客的需求提高发车频次。

公交车在运用新自动化技术上具有吸引力和优势。作为地方政府的一个部门，他们拥有完善的运营协议和保险。随着车辆利用率的提高，累计服务时间会快速增加；一辆公交巴士通常每年累计运营超过35000英里和2500小时。他们拥有专业的驾驶员和维护人员、高曝光度和完善的车队设施。它们通常在城市环境中与车辆、行人和骑自行车的人擦肩而行。它们还在固定路线上运行，为自动驾驶车辆运行提供确定的物理环境。所有这些因素使得公交车成为一个有吸引力的、强化安全的车辆自动化技术应用初期的实验室。在这样的运营环境下，发挥自动化技术在提高效率和确保安全方面的潜力，有助于保障政策、投资和有待检验的监管规则的公正合理性，也有助于进一步推广应用这些新的技术。

网联化的自动化车辆还能使公交管理机构进一步提高运营管理水平。他们可以实时评估乘客人数并动态调整车辆的调配以使乘车人数达到最大化。[①]同时，由于无人驾驶的公交车能够保持紧凑的行车间距，相同的道路面积就可以容纳更多的出行人数。普林斯顿大学进行的一项研究表明，如果把发车间距由5秒钟减少到1秒钟，那么自动驾驶公交每小时就能多运载20万名乘客通过连接新泽西收费高速公路和曼哈顿中城、有2.5英里长公交车道的林肯隧道。目前，每小时有不超过4.1万人乘车通过这个全美最繁忙的隧道。[②]

此外，自动化技术的应用也可以为代替昂贵的基础设施提供机遇，这是一个至关重要的转型。到目前为止，为增加道路容量，包括为提高公交道路通过能力所进行的努力，重点放在了路权和基础设施方面的投资上。就公交而言，这些努力转化为轨道交通和大运量公交专用道。考虑到这些投资的高昂成本，高速公交被限定在为数不多的高运量地区。在完全自动驾驶和有效管理的交通网络中，公交车辆可以被允许使用不拥堵的混合车道，而无须新建专用带导向设施的车道或者被赋予排他性的路权。假如是计算机和传感器而非铁轨在引导车辆上路行驶，再假如是用技术而不是用立交桥来取消交叉路口，那么高速公共交通相比目前实施的通过建设高密度基础设施来解决问题的办法而言，成本要低得多。

这样的情景什么时候才能呈现在我们面前呢？梅赛德斯公司说它要在

---

① Alissa Walker, "Can Self-Driving Technology Save the Bus? " Curbed, 28 July, 2016.

② Jerome M. Lutin and Alain L. Kornhauser, "Application of Autonomous Driving Technology to Transit: Functional Capabilities for Safety and Capacity, " Table 4, Princeton University research paper, Operations Research and Financial Engineering website, 22 July, 2013.

2020年前投资2.27亿美元用于开发半自动化的城市公交。[1]在单一固定线路上运行的无人驾驶穿梭车辆和公交巴士有可能在21世纪20年代早期面世，但是无人驾驶公交车被广泛应用还要等上很多年。

公共政策如何促进公交繁荣?

公共交通正处在戏剧性变化的前夜。新的技术和服务模式将对公共交通产生深远的影响。这些影响是不可避免的，而且很可能是具有转型意义的。当下的公交服务及其管理方式必须而且也将发生改变。更多的出行选择和更好的出行服务有可能成为现实，这也是本书第一章中描述过的天堂场景（the heaven scenario），但并不能保证能完全成为现实。利益相关者的多样性、有限规模的公交资金流、无车一族的出行需求，以及城市的经济活力和宜居性，都构成了挑战。

政策发挥着至关重要的作用，这比其他任何交通模式都重要。这一方面是因为公共交通是高度依赖大量补贴而生存的，另一方面也因为公交承担和履行了诸多公共服务职能。公共政策对交通出行和生活品质的影响如此显著，以至于不能把这些影响仅仅归于技术变迁、商业策略和市场适应能力。

有些事是显而易见的。第一，在交通容量大的地区，轨道交通和公共汽车并非唯一交通方式，财政扶持必须足以满足公交基础设施和公交运营的需要。第二，在社会契约中的公共交通部分，政府要为低收入的城市出

---

① Danielle Muoio, "This Self Driving Bus Could Radically Change Public Transportation," Business Insider, 22 August, 2016.

行群体提供负担得起的出行安全网，并确保为身体残障的出行群体提供门到门的扶助。如我们所知，当替代性出行方式有可能削弱公共交通服务的时候，就需要采取相应的补救措施。

第三，随着私营企业开始扮演越来越重要的角色，监督管理是必不可少的。地方政府不应该扼杀创新，但与此同时，他们还必须保护好公共利益。他们必须确保私营部门服务提供商之间的良性竞争，同时对滥用市场支配行为进行有效监测，确保公众能够公平地获得公交出行服务，包括在灾害发生的时候。他们必须确保那些无力负担或无法使用应用程序和借记卡/信用卡支付系统的人，要么通过第三方界面，要么通过提供替代出行方式的车次时刻表及要支付的票价，来服务出行群体。在理想情况下，他们会创立一个选择各种出行方式的通用接口。

第四，公共交通必须解决劳动力就业问题。根据国家公共交通数据库（National Transit Database）的报告，全美大约20万名公交司机工作在有固定运营路线的公交岗位上，有10万名员工从事与提供按需服务相关的工作，还有超过1000家运营商在从事公交运营服务。短期内，随着面包车和小型巴士运营数量的增加，对驾驶员的需求可能会增加。虽然无人驾驶公交车距离我们仍然很遥远，但政策制定者最终还是应该解决车辆自动化的问题。对于社会公众和政策制定者都重要的是，要认识到驾驶员扮演的角色超越了控制车辆本身，还包括对票价收缴和车上的顾客行为的监督，并给客户提供必要的信息。如果车辆实现了自动化，那么由谁来扮演这些角色呢？

第五，对公交运营机构的所有者以及更广泛意义上的交通管理部门而言，还有一个最关键的问题，涉及长期规划和资本投资。许多不可移动的基础设施的建设计划会产生高昂的成本，而且还有一个现实情况是，如何让这些长寿命的固定资产更有效地发挥作用。例如，管理部门今天承诺投资建设的轨道交通项目有可能在新的自动驾驶汽车（AV）上路时刚好落成开业，导致其市场份额可能被后者蚕食。[①]除了增加直接竞争之外，新的出行选择还可能影响开发模式，进而影响出行需求。公共交通利益相关者必须以负责任的方式应对这一挑战，以保持社会公众对公共资源管理者的信任度。未来的交通走廊计划应该评估选择自动驾驶公交车出行的影响，并在他们评估以满足未来出行需求为目的的投资项目时，将自动化出行作为考虑因素。潜在的应对策略包括进行有强劲增长前景的情景分析，对乘载大量乘客的车辆使用专用车道给予优惠政策，以及严格执行新的基础设施投资建设计划。

未来的发展之路需要拆除各种交通模式之间的障碍，这或许会比以往任何时候都要更迅速也更谨慎。更极端地说，这意味着受影响的群体，包括用户、地方政府、纳税人、运营商、倡导者，将要围绕着出行或生活质量的目标，而非围绕商业模式或技术而重新组织起来。比起倾尽全力去建立一条新的轨道交通线或者去补贴一条新的公交线路来，这些利益集团将专注点放在了服务低收入群体的出行或者减少污染上面。要在公共交通领域取得新的进展，就需要以一种可行的方式来利用和引导具有创新意识的私人部门，使其保持在公共交通领域创历史新高的投资势头。

---

① Bryan Mistele, "Sound Transit's Expansion Will Be Obsolete before It's Built," *Seattle Times*, 9 July, 2016.

主要的政策措施

目标是让公共交通体系更加完善，让更多人群享受公交服务，让城市更加宜居，更好地保护环境，同时继续为那些弱势群体提供社会保障网。

在国家层面

改革联邦公共交通和高速公路的融资方式，以支持城市内所有的拼车服务提供商，包括能乘载众多乘客的微型公交公司和网约车公司，同时为传统的公交运营商提供基本的融资支持。

重新制定公共交通规划，并以此来指导财政补贴的分配，重点放在客户服务效率上，而不是考虑服务提供商是哪一家。

- 为购买电池和氢燃料电池电动公交车辆，以及为提供拼车出行、微型公交和传统公交服务的运营商增加电力和氢气供给，提供公共资金的支持。
- 使用基于网络和智能手机的应用程序，为出行人提供便捷的实时信息和出行方式选择，方便他们制订不同模式的出行计划，即使是在不熟悉的地方。
- 通过第三方数据经纪人（如大学）来高效地整合和分析私人生成的数据，在不影响知识产权或市场竞争性的情况下推进更好的服务规划。

在州和地方层面

- 改革州和地方公交补贴机制，对所有市内运营的乘载多名乘客的拼车服务提供补贴，包括微型公交、网约车和出租车公司，同时对传统公交运营商提供基本的资金保障。

- 对公交运营商提供技术支持，支持城市通过与基于应用程序的私营服务商合作来提供第一英里和最后一英里的服务。
- 继续授权公交运营商或其他企业，并给予财务上的扶持，使之能够满足低收入社区、低收入人群以及不能驾车的群体的出行需求。
- 对征收道路拥堵费进行立法，并将此类收入用于支持公交和拼车运营的各项业务。
- 重新界定公交管理机构的职能，使其作为交通出行、拟定出行方案、制定时刻表和收费等项业务的中央端口，与商业性机构并存。
- 整合公交、网约车、共享单车和分时租赁等业务的信息和支付系统，简化相关流程以方便富人和普通人等各类出行人使用。
- 为那些将身体残疾的出行群体从专用残疾人公交转移到基于应用程序的、按需服务的项目提供资金支持。
- 与微型公交公司签订服务协议，使用厢式面包车和小型巴士为那些周边很少或根本没有公交服务的群体提供出行服务。
- 通过提供路边停车位、停车场的使用权和专用路权，鼓励微型公交以及第一英里和最后一英里的出行服务。
- 要求网约车运营商接受那些没有信用卡的人使用预付借记卡（例如芝加哥Ventra卡）[①]。

① Ventra是芝加哥交通局发行的一种交通卡，可充值，也可与配套应用程序一起使用。——译者注

第六章

缩小在交通出行上的贫富差距

安妮·布朗和布莱恩·泰勒

Anne Brown and Brian D. Taylor

三大革命携手发力，为生活困难者、老年人、残疾人、孩子和其他因历史原因处于弱势地位的社会群体的出行照亮了前程，但要让这一切成为现实，还需要公共政策发挥保障性作用。

格蕾丝是一个单身妈妈，她有2个孩子住在洛杉矶的韩国城。高昂的住房成本让格蕾丝无力购买属于自己的汽车，所以她经常饱受上下班漫长颠簸且需数次换乘的旅程的折磨。她在每个工作日的凌晨5点30分就得起床，洗漱完毕后还得为孩子们做饭吃，然后带着孩子们走过4个街区去她表姐丽迪娅居住的公寓。然后，丽迪娅送格蕾丝的女儿去托儿所，送她的儿子上小学，同时格蕾丝要从韩国城出发，倒两趟公交车，花75分钟才能到达她在威斯特彻斯特的工作单位，履行其教师助手的工作职责。下午下班回家的路程同样漫长而曲折，格蕾丝每天需要在晚上7点之前马不停蹄地为孩子们把饭做好并端上桌。

与格蕾丝不同，那些有车一族们则享受着高水平的机动性。他们随时随地抬腿就走，而且通常他们停车也是免费的。一些坐公交车出行的人，尤其是那些在高密度的市中心生活的人，可以享受到好的工作、医疗保健和教育。但是其他出行群体则没有这么幸运了，特别是那些没有私家车的人，他们过着如前面虚构的格蕾丝那样的生活。在美国和其他富裕国家以外的地区，有很多人饱受出行不便的困扰。随着来福车和优步等新型出行业态的出现，那些怀揣智能手机和信用卡的人们拥有了多种出行方式的选择。但没有这些工具的出行人群则被远远地甩在身后。他们面临着这样一种恶性循环，因为受制于出行能力，导致他们无法享受好的教育和获得好的收入的机会，而这会进一步削弱他们的出行能力。

这些出行能力上的贫富不均，因收入、种族、宗教、体质及居住地不同而呈现出系统性的差异，这些都是非常棘手的难题。现有的解决这些不公平出行问题的公共政策成果有限，而且通常也排不到政府官员优先解决的事项上来。至少部分原因在于提高出行公平性，特别是低收入居民的出行公平性问题上，存在着不确定性，有时还难以达成共识。

在这样的背景下，车辆电动化、出行共享化和车辆自动化这三大革命，既为我们增加了机动性和到处可达的前景（梦幻情景），也提出了一个可能使不公平性进一步恶化的危险境况（梦魇情景）。如果由于个人自动驾驶汽车（AVs）和共享出行服务取得了成功，公共交通就被削减了，那么格蕾丝每天三个多小时奔波于上下班路上的情况可能会变得更糟。再或者，如果政策选择是将自动化的、共享的电动车（EVs）供她来使用，那么她的通勤出行可能会变得容易得多。换句话说，我们处于这样一个十字路口，一边是新的交通出行系统有可能缩小无障碍出行机会上的差距，而在相反方向上则是这些差距被越拉越大。

我们从本章开头时讨论了当前美国不同出行群体之间的出行不公平性问题，尽管这个问题并不是美国所特有的。我们接下来讨论出行领域的三大革命在政策操控和驱动下有可能缩小而不是扩大不同群体之间出行能力上的差距。

老百姓的日常出行问题

在美国，由于人们在购买私家车时存在支付能力上的差距，因此很多出行方式在不同群体之间也是存在差异的。那些无力购买私家车的出行群体没有多大余地来选择采取何种出行方式，直到最近，打出租车仍然是无车一族乘坐小汽车出行的唯一途径。对很多美国人来说，由于公交服务能力不足，以及人们分散在郊区、小城镇和农村地区活动，因此，如果没车几乎无法生活。[①]即使是构成公共交通最主要的顾客群体的普通人，他们的出行也主要通过小汽车来解决，尽管拥有汽车和汽车的可靠性对于低收入人群来说很成问题。[②]

私家车在美国几乎无处不在，这也映衬出使用汽车出行的重要性。从得到的最新数据来看，2009年，只有约8%的美国家庭没有汽车。然而，这一统计数据掩盖了无车家庭在全部人口中呈显著不均衡分布的现状。虽然年收入超过5万美元的家庭中只有不到3%的家庭没有汽车，但超过1/5（21%）的年收入低于2.5万美元的家庭没有汽车（见图6.1）。[③]种族和民族的差异同样很突出：只有6%的白人家庭没有汽车，而22%的非洲裔和

① Nicholas J. Klein and Michael J. Smart，"Car Today，Gone Tomorrow：The Ephemeral Car in Low-Income，Immigrant and Minority Families，" *Transportation* 42（January 2015）：1–16.

② John Pucher and John L. Renne，"Socioeconomics of Urban Travel：Evidence from the 2001 NHTS，" *Transportation Quarterly* 57（Summer 2003）：49–77.

③ US Census Bureau，2011–2015 American Community Survey five-year estimates，weighted. Obtained via IPUMS-USA，University of Minnesota.，https：//usa.ipums.org/usa/.

12%的西班牙裔美国人家庭没有车。[①]由于在私家车拥有率上存在差距，低收入家庭的出行次数和出行里程要少于高收入家庭。[②]

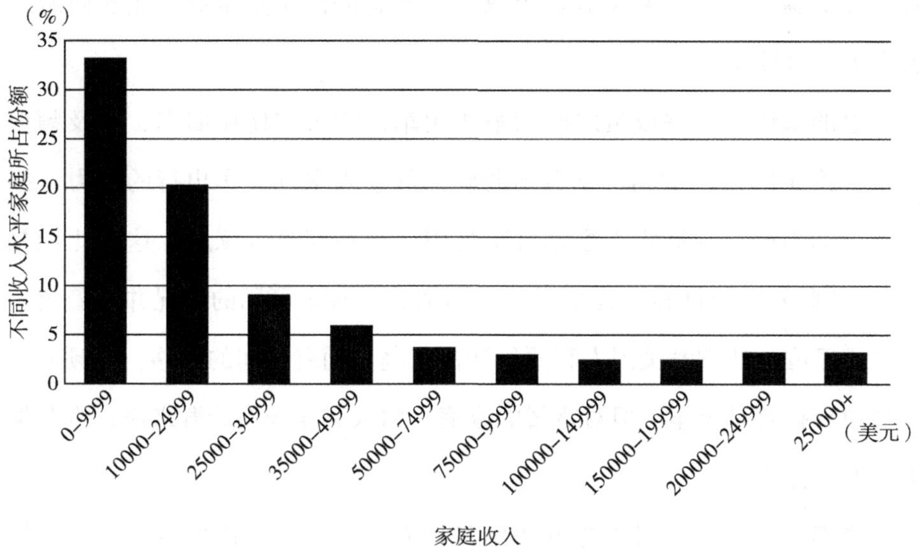

图6.1　不同收入水平拥有新能源汽车的家庭比例

虽然生活中没有汽车的话会影响出行能力，但保有私家车的花费代价却很高：购买和使用一辆轿车的年均花费大约8500美元，购买使用一辆二手车的年均费用约为6600美元。[③]年收入在3万美元到5万美元之间的美国家庭将17%的税前收入花费在支付车款、燃油费用和保养维修上。[④]但即使拥有汽车并不等同于随时能用车，因为车辆可靠性和低收入家庭中家庭成员之间争着用车（拥有驾照的驾驶员人数往往超过车辆数量）

① US Department of Transportation，Federal Highway Administration，2009 National Household Travel Survey，http：//nhts.ornl.gov.

② Ibid.

③ 这些数字是基于每年行驶1.5万英里来计算的。AAA. "Your Driving Costs，" AAA NewsRoom，23 August，2017.

④ US Department of Labor，2015 Consumer Expenditure Survey，Table 1203.

的情况，会大大减少许多人的驾车出行的可能性。与高收入家庭相比，低收入家庭平均每个成年人拥有的汽车数量更少，车辆也较旧。非洲裔、亚洲裔和西班牙裔家庭每个成年人拥有的汽车数量通常比非西班牙裔白人家庭要少。①

总的来说，家庭成员之间的争相用车，购买和使用旧车，以及频繁的维修产生的高昂费用，都会削弱确保低收入家庭驾车出行的能力。据报道，只有63%的低收入家庭有车可用，而在高收入家庭，这个比例是94%。②此外，对许多家庭来说，长期来看，有车可用的情况并不稳定。低收入家庭、非洲裔美国人和西班牙裔家庭，随着时间的推移，会倾向于选择放弃拥有私家车。但对富裕的家庭、白人和亚洲裔族群来说，汽车保有率始终保持稳定。③

当然，无车一族可以想办法用其他方式来出行，比如拼车，或者从朋友和亲戚那里借车，抑或打出租车，但这些办法有时候都不可行，而且价格也不便宜。通常情况下，拼车或借车要么手续比较复杂，要么费时费力，要么车辆不可靠，或者三者兼而有之。④对许多人来说，出租车的作用在某种程度上是令人难以置信的，它已经部分解决了无车家庭所面临的出行难题，并且被极低收入和无车的出行群体所大量使用。例如，虽然2009年无车家庭仅占美国居民出行的4%，但他们占所有出租车业务的一

---

① Elaine Murakami and Jennifer Young. "Daily Travel by Persons with Low Income," US Department of Transportation, Federal Highway Administration, 1997; Klein and Smart, "Car Today, Gone Tomorrow."

② California Department of Transportation, *2010-2012 California Household Travel Survey Final Report* (Austin, TX: Nustats Research Solutions, June 2013).

③ Klein and Smart. "Car Today, Gone Tomorrow."

④ Evelyn Blumenberg and Margy Waller, "The Long Journey to Work: A Federal Transportation Policy for Working Families." Brookings Institution Series on Transportation Reform, July 2003.

半以上（达到53%）。同样，年收入低于25000美元的家庭占所有居民出行总数的17%，但却占所有出租车业务量的41%。[①]年龄和身体残疾也会影响出租车的使用情况，行走困难的人越来越依赖出租车。[②] 65岁以上的成年人越来越依赖汽车，因此一些公交管理机构和城市为老年人和残疾乘客提供出租车优惠券或代金券。[③] 但对无车族而言，打出租车历来都是高成本的出行选择，而且许多少数族裔社区、小城镇和农村地区，经常打不到出租车。

地理位置带来的挑战

事实上，并非所有地方都天然地具有同等的交通可达性。传统的固定路线、固定运营时刻表的公共交通工具在美国人口稠密的城市中心区域（也主要服务于这些地区）运营状况最佳。那些住在郊区和农村地区、平常不靠小汽车出行的居民，他们经常沦为出行领域的弱势群体。这些街区的人口密度低于城市街区，通常要穿越更远的距离才能到达目的地。距离的增加阻碍了人们方便地乘坐公交、骑车和步行，特别是如果没有足够的适宜步行的人行道，而且大型停车场将街道与目的地之间隔开一段距离，就更不方便了。旨在增加这些领域人们出行能力的政策在推广实施和实际

---

① Bruce Schaller, "Taxi, Sedan, and Limousine Industries and Regulations," Appendix B in Transportation Research Board Special Report 31S, *Between Public and Private Mobility: Examining the Rise of Technology Enabled Transportation Services* (Washington, DC: National Academies Press, 2016).

② Pauline van den Berg, Theo Arentze, and Harry Timmermans, "Estimating Social Travel Demand of Senior Citizens in the Netherlands," *Journal of Transport Geography* 19 (2011): 323–331.

③ City of Chicago. "Senior Transportation Programs," 2017; San Francisco Municipal Transportation Authority, "Paratransit," 2017.

功效方面都受到限制。在这些地区运营的公交车主要沿主干道依迂回线路行驶，而且发车频次不高，有时候还没车可坐，这造成了当地居民在除汽车之外的替代出行方式选择上没有多少余地。

在郊区和农村地区，替代以小汽车为主的其他出行方式非常有限，而且随着人口总量增加、工作岗位减少和低收入群体持续搬往郊区，出行难问题日益严重。尽管美国一些大城市重新焕发了活力，但到2010年仍有一半的美国人居住在郊区，而且大多数郊区的人口在继续增长。[①]低收入人群也在加速向城市郊区迁徙。2010年，在城市郊区居住的低收入人口数量（约1200万）首次超过了主要城市低收入人口（1000万）。2000年至2008年，城郊的低收入人口数量的增长速度超过了主要大城市、中等规模的大都市区和非都会区低收入人口的增速。[②]未来，快速增长的老年人口也将呈快速的郊区化态势。年龄在45岁以上的成年人中有90%表示希望在住地养老。[③]由于郊区可供选择的交通工具不多，所以那些不能再驾车的老年人将面临越来越多的出行障碍。

在规模更大、人口更稠密的发达城市，即使是按固定路线运营的公共交通系统达到最佳水平，但是与小汽车比起来，在出行的便利性上仍然相形见绌。在底特律，使用小汽车上下班仍然是更好的选择，因为即使在市

① Evelyn Blumenberg et al.,"Typecasting Neighborhoods and Travelers: Analyzing the Geography of Travel Behavior among Teens and Young Adults in the U.S.," UCLA Institute of Transportation Studies, October 2015.

② Elizabeth Kneebone and Emily Garr,"The Suburbanization of Poverty: Trends in Metropolitan America, 2000 to 2008," Brookings Institution Metropolitan Opportunity Series, January 2010.

③ Janet Viveiros and Maya Brenan,"Aging in Every Place: Supportive Service Programs for High and Low Density Communities," Center for Housing Policy, March 2014.

内最核心的街区，公交经常不准点，或者车次太少。[①]在公交系统发达的旧金山，只有少数几个街区能够供人们乘坐公交车来上下班，而驾驶小汽车上下班的情况在整个地区非常普遍。[②]让我们考虑一下低收入出行群体所面临的挑战，他们相对于高收入出行群体而言，工作时间不固定，不太可能从事朝九晚五的工作。[③]传统的有固定运营线路和固定运营时刻的公交服务在上下班高峰时段发车频次最高，但在非高峰时段和很晚的时间段车次明显减少，有时甚至很稀少。结果是低收入的工人阶层不太可能跟着公交发车频次最高的时间来调整自己的上下班通勤时间。在市中心从事正常营业时间工作的律师和会计师在早上上班进城时经常能享受到高频次的公交服务，下班出城时也如是。相比之下，那些每天晚上需要清洁办公楼宇的工人们在下午进城上班时所乘坐的公交车班次就比较少了，也许晚上很晚下班回家时，出城方向已经无车可乘了。

很明显，低收入人群、身体有残障的人群，以及郊区和农村地区的居民所面临的出行难题不仅没有得到解决，并且随着人口老龄化和城市蔓延式扩张而进一步恶化。三大革命提供了这样一个机遇，即改变机动车出行的成本和使用的计算方法，以及追求真正的、公平的出行。尤其是随着经济实惠的、基于需求响应的共享出行，以及自动驾驶汽车的兴起，为无车族们提供了潜在的多种出行选择。另外，电动化和自动化革命可能使无出

---

① Joseph Grengs, "Job Accessibility and the Modal Mismatch in Detroit," *Journal of Transport Geography* 18（January 2010）：42–54.

② Taner Osman et al., "Not So Fast: A Study of Traffic Delays, Access, and Economic Activity in the San Francisco Bay Area," University of California Center on Economic Competitiveness in Transportation, 2016.

③ Genevieve Giuliano, His–Hwa Hu, and Kyoung Lee, "The Role of Public Transit in the Mobility of Low Income Households," METRANS Transportation Center, 2001.

行能力群体的境况进一步恶化。

电动汽车：让改革收益惠及低收入人群

如前所述，大多数低收入人群都会驾驶汽车，但这些汽车基本上都是二手车，有时车很破旧。汽车领域的创新，无论是安全带、防抱死制动系统，还是催化转换器，都很难惠及收入不高的驾车族。电驱动也不例外。第一款量产电动车——日产聆风（Leaf）于2010年上市。从2015年开始，二手电动车市场开始升温，这要归功于折旧率远高于其他汽车细分市场。例如，一个有五年车龄的聆风售价只有原价的15%左右。[①] 但二手市场上的消费者不太愿意购买电动汽车（见图6.2），部分原因是对大多数没有独立房屋的低收入二手车个人买家而言，给车辆充电是个大麻烦。

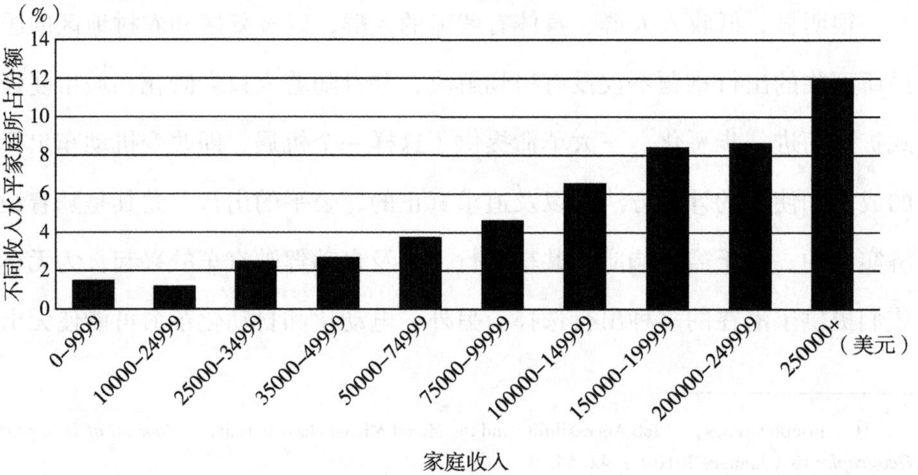

图6.2 根据不同收入水平至少拥有一辆混合动力车或者电动车的家庭比例

数据来源：2012年加利福尼亚州家庭出行调查，经加权处理。

① "Shopping for Used Electric Cars，" CARFAX，22 August，2016.

大多数电动车车主是靠在家里隔夜充电的，其次才是在公共场所和工作场所充电。[①]低收入出行群体相对于高收入出行群体而言，更大可能是居住在多住户的建筑物中，共享（或没有）不临街的停车位，这使得他们在家充电变得非常困难或者根本不可能。那些拥有自家车库的房主可以很容易地在家里安装充电装置，但是很少有多层公寓楼的房东愿意安装充电桩。[②]缺乏便捷的充电桩可能会使低收入的潜在购车族对电动车（甚至是二手车）敬而远之，直到有更多的公共充电站可供使用。不幸的是，来自充电站的收入很低，因而需要有人来提供补贴，可能是政府、房东，也可能是雇主单位。这种依靠补贴的办法不是形成大规模投资公共充电桩的出路所在。

购买电动汽车的补贴和折扣返现对于那些无法出行的人群也没有用。联邦政府和各州政府对购买电动汽车的消费者提供激励政策，包括折扣返现、税收抵免、销售税减免，以及减免相关费用。但由于这些政策基本上都限于购买新车时才能享受得到，因此这些补贴计划的大部分好处都被高收入家庭所享受了，他们购买了绝大部分的新车和几乎所有的新款电动车。[③]研究发现，这些政策不仅在不同收入水平的人群之间缺乏公平性，而且即使是在高收入人群中实际效果也不佳，因为相对于低收入人群倾向于购买二手车而言，高收入人群在购买新车时对返现省钱并不敏感。即使

---

① Gil Tal, Michael A. Nicholas, and Thomas S. Turrentine, “First Look at the Plug-in Vehicle Secondary Market,” Institute of Transportation Studies, University of California, Davis, Working Paper UCD-ITS- WP-16-02, 2016.

② David Louie, “Renters Hit Roadblocks to Get Electric Charging Stations,” ABC7 News, 31 March, 2015.

③ David Diamond, “The Impact of Government Incentives for Hybrid- Electric Vehicles: Evidence from US States,” *Energy Policy 37* (March 2009): 972–983.

没有财政补贴，早期上市的绝大多数电动车的车主一样会购买这些车辆。①

鉴于无出行能力的人群在使用电动车上面临着巨大的障碍，那么该采取哪些措施才能将这些出行弱势人群融入电动车的转型浪潮当中呢？有两套政策方案正在酝酿之中。

考虑到这样一个现实情况，即大多数低收入家庭居住在有多个住宅单元的建筑物中，而这些地方的电动车充电桩很稀少，这就部分地造成了所谓先有鸡还是先有蛋（chicken-and-egg）困境，个人如果不能容易地使用充电装置就不愿意购买电动车，而如果没有需求，房东也不愿投资建设充电设施。可以采取四种不同的措施来解决这一难题。第一，劝导房东安装充电装置，或者提供补贴。第二，更新新建公寓建筑物的建筑规范，要求建筑商前期布好线以便后期安装充电桩（也可以要求安装好充电桩）。第三，对拥有大量多单元住宅的地区安装充电桩提供补贴。第四，对低收入居民进行宣传和教导，使其充分了解电动车的折扣返现和补贴计划的现实的和潜在的收益。②

同时，购买车辆时的折扣返还和补贴需要重新设计，以帮助那些低收入的购买二手车的消费者。加州正尝试多层次折扣返现政策，大力扶持低收入的家庭，同时加快车龄最老和污染最严重的汽车淘汰更新的步伐。③

---

① Tamara L. Sheldon, J. R. DeShazo, and Richard T. Carson, "Designing Policy Incentives for Cleaner Vehicles: Lessons from California's Plug-In Electric Vehicle Rebate Program." *Journal of Environmental and Management* 84 (July 2017): 18-43.

② Alex Turek and George M. DeShazo, "Overcoming Barriers to Electric Vehicle Charging in Multi-unit Dwellings: A South Bay Case Study." Alternative and Renewable Fuel and Vehicle Technology Program, UCLA Luskin Center for Innovation and South Bay Cities Council of Governments, 2016.

③ J. R. DeShazo, "Improving Incentives for Clean Vehicle Purchases in the United States: Challenges and Opportunities," *Review of Environmental Economics and Policy 10* (Winter 2016): 149-165.

出行共享化和自动化：减少分化

当电动化车辆被运营机构用于共享出行的时候，对那些出行弱势群体的意义可以说是最大的。车辆自动化也如是。从事共享出行服务的运营机构旗下车辆凭借更低的价格和更高的可靠性，在那些难以使用汽车出行的人群中有着很大潜力。这些运营机构包括共享单车、汽车分时租赁和网约车的运营商，可以较低的成本来提供需求响应的、点对点的出行服务。①像Zipcar和Car2Go等分时租赁公司能满足那些特殊情况下需要使用小汽车、皮卡或SUV等车辆来出行的需求。在过去，一些城市已经与联邦机构进行了合作，免除了分时租赁会员费，并降低了低收入或以工代赈家庭的小时费率。②

加利福尼亚州目前正在试验一项针对低收入人群的电动车分时租赁计划。加利福尼亚州空气资源委员会2015年给洛杉矶市提供了一笔160万美元的无偿赠款，让其建立一个针对低收入社区的汽车分时租赁计划，并要求安装好充电桩来支持这项计划。③该计划希望让破旧的、高排放的汽车从城市的街道上消失，同时通过免除购车费用、燃料成本、保险费和维护保养费用，使家庭获得更多的可支配收入。该计划让相关社区组织也参与进来，使执行环节进一步得到细化，因为当地的相关知识和信息对该计划

① Michael Duncan, "The Cost Saving Potential of Carsharing in a US Con text," *Transportation* 38 (March 2011) : 363–382; Rosanna Smart et al., "Faster and Cheaper: How Ride-Sourcing Fills a Gap in Low-Income Los Angeles Neighborhoods," BOTEC Analysis Corporation, July 2015.

② Susan Shaheen, Adam Cohen, and M. Chung, "North American Carsharing: 10-Year Retrospective," *Transportation Research Record* 2110 (2009) 35–44.

③ Steve Hanley, "Low-Income Electric Carsharing Comes to Los Angeles," Clean Technica, 13 August, 2015.

成功与否发挥着关键的作用。例如，在目标区域中，并不是每个人都拥有智能手机、信用卡或者能接上互联网，所以多语种的呼叫中心对帮助这些人预订车辆是非常必要的。

早前证据表明，网约车已经为低收入和无车族的出行问题提供了一个解决方案。一项针对旧金山使用网约车出行的用户所进行的研究发现，近1/3的居民收入水平处于城市中位数以下，43%的人不拥有汽车。[①]这些网约车的用户自己开车出行的次数变少了，但比之前出行的次数却增多了，这表明使用网约车出行增加了他们的整体机动性。像来福车和优步这样的服务运营商扩大了汽车出行服务的地理范围，因此也超越了传统出租车运营商的服务范围。在纽约，它们相比出租车而言可以更好地服务城市的外围区域。[②]

由于拼车出行更便宜（比如Lyft Line、UberPool和微型公交），因而变得更流行，对低收入和因身体原因导致出行不便的人群而言，可能会受益更多。随着这种服务业态的进一步扩张，每次出行的成本也将进一步降低。对于低收入出行群体而言，这种服务业态使门到门的服务更加经济实惠。在人口密集的城市环境中，拼车出行非常受欢迎，因为在高密度市区，出行群体规模庞大，而且行程比较短，但是在公交线路稀少或根本未开通公交的郊区和偏远的农村地区，其吸引力也是相当大的。

---

① Lisa Rayle et al.，“App-Based，On-Demand Ride Services：Comparing Taxi and Ridesourcing Trips and User Characteristics in San Francisco，” University of California Transportation Center，Research Report UCTC- FR-2014-08，August 2014.

② Carl Bialik et al.，“Uber Is Serving New York’s Outer Boroughs More than Taxis Are，” Five Thirty Eight，10 August，2015.

甚至当出行服务商可以使用自动驾驶车辆时，降低成本会更普遍，从而能大大提高弱势群体的出行能力。由于他们可以提供点对点服务，因此自动驾驶车辆可以将出行服务的触角延伸到孩子、老人或身体伤残或有驾驶障碍的人群。如图1.2所示，这种服务的成本估计会远低于今天的来福车和优步车辆，因为完全自动驾驶的车辆无须驾驶员，因而可以节省开支。

同样，自动化公共交通，特别是自动驾驶巴士，可以通过大大减少劳动力成本来降低票价，因为劳动力成本是公交运营成本的重要组成部分。虽然几乎所有的公共交通都得到了补贴，而且定价远低于实际成本，但公交运营机构可以将节省下来的驾驶员工资用于进一步降低或取消票价，或者用于扩大服务范围和增加发车频次。自动化还可以避免传统公交因驾驶员生病、迟到、换班和休息等原因导致的车辆运营延误，因而确保车辆运营更加准时，车速也更快。而且，由于车辆与车辆之间，以及车辆与交通信号系统之间能够进行更有效的联网通信，可以让公交巴士（也许还包括多个乘员的车辆）行驶更快，车辆延误现象更少。公交可靠性的提高和车辆行驶速度的加快，能够改善那些更依赖公交出行的弱势群体的出行能力。

出行能力进一步分化的可能因素

如果没有扶持政策和相关计划，自动化和共享化不可能有效地解决弱势群体的出行难问题。出行能力分化可能表现在三个主要方面：没有智能手机和/或信用卡、歧视和替代性公共交通工具。

没有智能手机和/或信用卡

人们通常需要借助联网的智能手机和信用卡/借记卡才能使用共享出行服务。但是有一些人特别是收入较低的人，他们没有银行账户或智能手机。

2015年，只有7%的美国家庭没有支票或储蓄账户，但这一比例在非裔美国人和西班牙裔家庭，以及收入低、受教育程度低、年纪轻和处于劳动年龄的残疾家庭成员中更高一些。[①] 优步和来福车都需要通过信用卡或借记卡来支付车费。

智能手机的拥有率也是一个问题。2015年，大约1/3的美国人没有智能手机（尽管只有15%的18至29岁的青少年没有）。与农村居民（52%）相比，城市（68%）和郊区（66%）居民的整体智能手机拥有率更高。[②]随着受教育程度和收入的增加，智能手机的拥有率也在提高，但实际上非洲裔（70%）和西班牙裔美国人（71%）相比白人（60%）而言拥有率更高，这可能是因为非洲裔美国人和西班牙裔美国人生活在城市里的比例要高于白人。虽然智能手机的拥有率持续提高，但目前仍然有许多人因为没有智能手机而无法使用共享出行服务。

在地方层面上，解决这些信用支付和智能手机障碍的政策措施是整合各种与出行服务相关的信息和业态（如公交车、网约车、共享单车和分时租赁），简化所有出行人（无论是普通人还是富人）的使用流程。票价支付系统可以进行重构，为使用多种出行方式的用户提供补贴。政府要允许

---

① FDIC Unbanked/Underbanked Survey Study Group，“2015 FDIC National Survey of Unbanked and Underbanked Households，” Federal Deposit Insurance Corporation，Division of Depositor and Consumer Protection，20 October，2016.

② Aaron Smith et al.，“U.S. Smartphone Use in 2015.” Pew Research Center，April 2015.

没有信用卡账户的人使用预付的借记卡，以便无银行账户人口能更多地使用共享出行方式，芝加哥的Ventra卡就证明了这一点。

芝加哥的Ventra卡

尽管使用现金支付票价会减慢登上公交车的速度，而且电子支付也日益普遍，但是大多数公交车和出租车仍然继续接受现金支付票价，这是因为现金仍然是许多出行人所使用重要的支付方式，特别是对那些没有银行账户的出行群体而言。相比之下，大多数新型共享出行服务包括网约车和许多共享单车和汽车分时租赁，并不接受现金支付，需要用借记卡或信用卡来租用或叫车。这种支付要求可能会将那些没有银行账户的人排除在外，他们很可能是移民、无正式身份和受教育程度低于一般人群的群体（NYC Department of Consumer Affairs，Office of Financial Empowerment，“Financial Services Study，” November 2013.）。

一些公交运营机构已经开始整合公交卡，使其兼容共享出行支付功能。例如，洛杉矶大都会区公交（TAP）智能卡可用于从洛杉矶、比佛利山庄和圣莫尼卡的三个本地共享单车网络来租用自行车，但用户仍必须使用信用卡创建一个共享单车账户。虽然这种公交卡对于拥有必需的信用卡和借记卡账户的出行者而言，简化了各种交通方式之间的换乘流程，但对于那些没有借记卡和信用卡的人来说，它对增加共享出行服务是无能为力的。

芝加哥公交管理局（CTA）的Ventra卡计划于2013年推出，是公交运营商与共享出行服务商开展合作的一种方式，并可以覆盖到无银行账户的人群。每张Ventra卡都有两个账户：公交账户和预付借记账户。公交账户接受传统的公交业务交易，例如可以充值并将账户里的资金转到卡上，以便使用在CTA系统内的公共汽车和火车上。预充值的借记账户允许在任何接受借记卡的地方购买。Ventra卡不收取利息，也没有最低余额要求。此外，存储在Ventra卡上的资金是有安全保障的，如果Ventra卡丢失或被盗，资金可以被追回或被转移到另一张卡上（Chicago Transit Authority，“Ventra”，2016）。Ventra卡为当前没有银行账户的人群提供了新的银行业务，此外，还为那些没有银行账户的人提供了多种出行选择，现在这些人可以使用本来是需要借记卡或信用卡的Ventra卡来享受共享出行服务。例如，Ventra借记卡号码可以链接到共享出行或网约车账户。

芝加哥Ventra卡可以缩小因无银行账户而无法乘坐共享出行服务的人群在使用借记卡/信用卡上的差距。通过赋予公交卡以借记卡功能，Ventra卡的使用功能已经超越了乘坐公交车的范畴：它为网约车、共享单车和汽车分时租赁打开了一扇新的大门，这些出行方式对于没有银行卡的人是遥不可及的。Ventra卡模式的例子具有启发性，说明公交运营机构是如何致力于将居民出行方式延伸到共享出行领域的。

歧视

在即将来临的共享出行时代，导致出行能力分化加剧的第二个途径是通过对低收入社区的歧视来体现出来的。例如，现在已经发现汽车分时租赁在低收入社区并不太普及[①]，来自伦敦的实践表明，低收入的出行群体较少使用共享单车，可能是因为自行车的存放站点距离其居住的社区较远。[②]在2016年的一项针对超过1500个网约车出行案例所进行的研究发现，优步和来福车司机取消非洲裔美国人提交的约车订单的可能性是平均水平的两倍。性别歧视问题也可能存在。在低人口密度地区，男性出行的需求订单相较女性而言被网约车司机取消的可能性更大。[③]

在短期内，城市和区域的规划者可以采取措施来促进共享出行服务的均等化。对于共享单车和分时租赁网络而言，规划者和市政官员必须考虑出台政策，来扫清这些不断拓展的新型出行服务业态在实际应用中所面临的金融和物理障碍。也许解决网约车的歧视分化问题的最佳办法是，让地方和区域政府官员能够获得私营网约车公司的数据，以保证共享出行服务的覆盖范围在地理上是均等的，不因种族、民族、性别、社会经济地位或身体残障与否而有歧视性对待。对城市而言，要获得这种无歧视的共享出行服务的一个可行途径是，允许共享出行服务提供商只有在相关数据可以被共享的情况下才能提供相关服务。

让共享单车的服务触角延伸到残障出行群体

共享单车计划已经在多方共同努力下成功将服务范围延展到一些出行弱势人群，例如低收入的人群和社区，但对残疾人等

---

① Brent Begin, "Car Sharing Rare in San Francisco's Lower-Income Areas," *San Francisco Examiner*, 28 July, 2011.

② Elliot Fishman, Simon Washington, and Narelle Haworth, "Bike Share: A Synthesis of the Literature," *Transport Reviews* 33 (2013): 148-165.

③ Yanbo Ge et al., "Racial and Gender Discrimination in Transportation Network Companies," National Bureau of Economic Research, NBER Working Paper No.22776, October 2016.

其他人来说则相对较少。虽然看起来身体机能上的制约会妨碍残障人士一起骑车出行，但是残疾的出行者可以使用经过改装的或无障碍自行车，例如手动自行车、四轮车和三轮车。例如在伦敦，70%的成年残疾人据称可以使用自行车出行，但其中只有6%的人经常或偶尔使用自行车出行［Hickman，“Disabled Cyclists in England：Imagery in Policy and Design，” *Proceeding of the Institution of Civil Engineers—Urban Design and Planning* 169（June 2016）：129-137］。这意味着身体的残障和适合残疾人使用的基础设施之间缺乏有机联结。尽管改装的自行车在私人自行车市场上颇受欢迎，但是在共享单车领域却始终难觅其踪影。

尽管负责城市规划和交通规划的专业人士也经常能意识到将低收入社区纳入共享单车网络会遇到地理上的挑战，但是显而易见，在其共享单车计划中很少考虑残疾人出行的问题。然而，考虑到现在已出现了传统自行车的各种替代品，这个挑战不一定仍然存在。为了使残疾人也能分享由共享出行带来的出行便利，城市管理者可以为共享单车车队提供无障碍自行车。这些车辆应该很容易地被纳入共享单车的网络当中，它们事先安装了U形车锁，无须再额外新建或改造基础设施。在使用固定停车装置的共享单车系统里，车辆停车位需要预留更宽大的空间以容纳残疾人专用车辆停放。尽管这样做会增加成本，但是却可以使共享出行服务惠及所有居民。

尽管绝大多数运营中的共享单车系统很少为残疾人提供无

障碍出行服务，但是目前全美仍有4个小城市推出了面向所有出行者的无障碍共享单车计划，为残疾人出行提供了方便实用的共享车辆，它们是：马里兰州的大学公园市（College Park，Maryland）、印第安纳州的卡梅尔市（Carmel，Indiana）、俄勒冈州的科瓦利斯市（Corvallis，Oregon）和科罗拉多州的威斯敏斯特市（Westminster，Colorado）（“Westminster and Zagster Introduce Inclusive Bike Share Program，” Zagster，30 June 2016）。俄亥俄州立大学也有一个适合残疾人使用的共享单车项目。这些项目系统都是由全美最大和发展最快的共享单车供应商——Zagster公司来运营，这家公司在出行服务市场上以提供适合所有人的共享单车服务而闻名。俄勒冈州波特兰市的拜克城（Biketwon）在2017年7月引入了一项无障碍共享单车计划，成为第一家规模化运营的、供当地残疾人居民使用的无障碍共享单车系统。

上面这些项目为其他共享单车项目提供了如何将业务触角延伸到残疾人出行领域的先进理念，尽管上面6个项目中有5个运营规模还不太大，适合残疾人使用的共享单车数量也有限。作为短期的解决方案，大学公园市的mBike项目希望通过让客户使用手机的应用程序就能搜索到残疾人适用的单车，从而能更好地满足残疾人的无障碍出行需求（Alson Kay. “College Park Is Leading Other Cities with Its Disability-Friendly Bike-Share Program.” *Diamondback*，13 September 2016）。

公交的替代物

导致共享出行和自动驾驶可能加剧出行能力的不公平性的第三个途径是它们有损于固定路线、固定运营时刻表的公共汽车和出租车服务。之所以出现这种情况，是因为共享出行服务提供商将客户从这些传统出行模式那里抢走了。在某些情况下，为了应对这种局面，公交运营管理部门可能会通过压减路线或减少发车频次，出租车运营商可能会相应减少车辆数量和/或车辆运营时间。而在其他地方，共享出行干脆完全替代了传统出行方式。

公交运营机构能够预料得到，并且可以化解这些对经济实惠的出行方式造成的威胁，将挑战转化为机遇。如第五章所述，他们可以与来福车、优步和其他公司建立合同关系，通过无缝连接的、可负担的第一英里和最后一英里服务，扩展干线公交和轨道线路的有效服务范围，并消除经济效益不佳的线路（通常在边远地区）和价格昂贵的运营服务（例如夜班车）。这些措施可以增加公交总客运量，并在此过程中不断改善服务质量，扩展服务范围。

虽然通过网约车服务对公共交通进行补充或替代，可以为更多行动有障碍的人士提供无障碍出行服务，同时也能提高公共交通的效率，但如果他们无法乘坐这些替代公交的出行工具，这些客户的境况可能会变得更糟。减少给老年人、乘坐轮椅的人士或视力有障碍的群体提供的出行服务而带来的风险，在自动驾驶车辆来临之际有可能进一步加大。这些行动不便的出行群体可能需要别人的协助才能从他们住家移动到自动驾驶车上，再从车辆到目的地的门口。年幼的儿童在自动驾驶的车里也会需要得到成人的监护。对于这样的行动不便的出行群体，去掉了驾驶员未必会导致他们出行能力的增加。为了确保替代公交的出行方式不会损害这些人群的出行能力，需要各方协调一致，持续不断地为老年人和残疾人提供定制化的出行服务。

城市管理部门应当确保出租车和网约车公司——包括轮椅无障碍车辆（WAV）和训练有素的司机——可以满足这些人群的出行需求，但是要求所有车辆都能接载残疾人乘车或者装载轮椅车，这可能不太现实或者使用效率有限。实际上，许多城市正在围绕残疾人无障碍出行的服务质量标准和数量标准进行试验，以便为老年人和残疾乘客提供可靠的服务。例如，渥太华市要求无障碍车辆必须有15%的运营时间用于无障碍服务，俄勒冈州的波特兰市要求轮椅无障碍车辆（WAV）的等待时间不得超过非WAV的等待时间10分钟。网约车公司和出租车通过自己提供无障碍服务或与残疾人专用公交公司签订合同来实现这些目标。许多城市（包括渥太华、波特兰、西雅图、多伦多和奥斯汀）还对每一次出租车和网约车的运营征收一定费用（通常为每次0.10美元至0.25美元）以为提高无障碍服务来筹资。①

给出行弱势群体以更多的政策支持

除了要应对与出行公平相关的、可能会削弱共享化、自动化和电动化出行潜力的那些挑战之外，公共政策还可以通过其他的创造性方式来帮助

① Daniel Ward, “Transportation Network Companies and Accessibility,” issuu.com, 22 August, 2016.

弱势出行群体降低其出行成本。例如，政策可以鼓励公交运营机构、网约车公司、分时租赁和共享单车的运营商组成公私合作伙伴关系（public-private partnership），在低收入社区中创建多式联运的交通枢纽。

政策制定者还可以鼓励开发和应用成本对比的出行计算工具或应用程序，甚至可能需要借助服务提供商的力量，来提供包括实时的、同类比对的数据。2011年成立于得克萨斯州的奥斯汀、2014年被戴姆勒收购的RideScout，就提供这样一款应用程序。它在2016年夏天停业之前是一种流行的出行计算工具。[①]戴姆勒的Moovel是一个能够进行全得州范围内的多种出行方式比较的平台。Transit App和Citymapper让乘客在全球一些特定的城市进行不同公交出行的比较。

这些应用程序或出行计算工具的好处是双重的。首先，它们提高了各种出行模式的透明度，允许出行者选择某一种出行方式——即网约车、汽车分时租赁、公交或共享单车——根据个人需求和偏好来最大限度地减少出行时间或成本。其次，进行成本比较的应用程序或出行计算工具——类似于比较不同航空公司成本的网站——鼓励交通服务运营商成为具有成本竞争力的企业，尤其是可以惠及低收入出行群体。

正逢其时

三大交通革命将带来诸多的益处，但并不一定能普惠到每一个人。特别值得我们关注的是那些因收入、年龄、地点和/或身体机能障碍而处于不

① Bryan Mistele, "Sound Transit's Expansion Will Be Obsolete before It's Built," *Seattle Times*, 9 July, 2016.

利地位的人群。许多人可能因三大革命而处于更加不利地位，这取决于新服务模式和新技术的应用方式以及政策制定者如何应对这些革命。在本章中，我们从地方、地区、州和联邦层面为政策制定者针对公平出行的挑战和机遇进行了深入探讨。对于其中每一个层级的政府，我们都考虑过该由谁来从短期、中期和长期上制定和执行政策，以引导三大革命能朝着更加公平的机动性方向发展。实际上，唯一的机会存在于重新调整无障碍出行服务，以增加我们总人口当中那些处于出行弱势群体的机动性，但这种机动性的增加需要所有扶持性政策都能付诸实施。

政府之轮总会转得慢一些。今天，大多数地区交通计划都没有提到自动化，也几乎没有承认共享出行革命已经迎面而来，尽管当地和区域规划者越来越关注如何加快发展。美国最大的几个大都市规划组织，包括亚特兰大、费城、旧金山和西雅图的大都市规划组织，正在行动起来，通过研究多种规划情景、分析出行行为、思考地区交通基础设施和交通服务的变化，朝着自动化的未来前景迈出坚实的步伐。①这些措施需要充分考虑自动化、电动化和共享化对弱势群体的影响。

对于那些没有无障碍汽车的地方，也许最有前景的努力方向是促进拼车服务的发展，例如Lyft Line、UberPool和微型公交车。实际上，由于这些出行服务的成本较低，低收入和身体不便的弱势出行群体可能受益更多，每次选择共享汽车出行时只需支付相应的费用即可。这种出行方式可以通过将公交补贴延伸到使用这些新型共享服务的弱势群体而得到进

① Erick Guerra, “Planning for Cars That Drive Themselves: Metropolitan Planning Organizations, Regional Transportation Plans, and Autonomous Vehicles,” *Journal of Planning Education and Research* 36 (June 2016): 210–224.

一步的发展。

这些问题不能被束之高阁。经验告诉我们，在利益相关者采取强硬立场而使变革变得更加困难之前，政策创新和实验已行进在转型的大路上。如果没有早期的政策干预，富人和普通人之间的流动性差距可能会被拉大成为鸿沟。为了确保格蕾丝有一天会发现从韩国城的家到威斯特彻斯特的工作单位变得更容易，价格更实惠，现在就应该行动起来，为上述未来情景成为现实而着手筹划。

关键的政策措施

政策的目标是通过重塑公共交通安全网和鼓励低成本的公交服务，并使用共享的、自动化的电动汽车，为处于出行弱势的社区提供更加公平的服务。

在国家层面

- 实施基金示范项目来帮助那些收入有限的人群和农村地区克服共享出行和拥有电动汽车所有权的障碍。
- 向出行弱势群体提供（用户侧）补贴，而不是补贴所有出行者（提供供给侧补贴），以便更加经济有效地为出行弱势群体服务。
- 确保残疾人乘客始终拥有充分的出行方式选择，特别是传统公交和出租车服务减少的情况下。

在州和地方层面

- 在城市规划中，要将处于弱势地位的社区纳入其中，投入力量研究出行解决方案，尤其是在共享出行方面。

- 在低收入社区和农村社区增加电动汽车充电基础设施建设的政策激励和资源投入。
- 除了基于智能手机应用程序的预订之外，要求出行服务提供商还要为那些买不起或不会使用智能手机的用户，提供网络在线或电话预订出行。
- 要求出行服务提供商提供信用卡或借记卡付款的替代支付方案，例如预付款选项，乘客可以在类似借记卡账户中提前存款。
- 向弱势出行群体提供（用户侧）补贴，而不是补贴所有出行者（提供供给侧补贴），以便更加经济有效地为弱势群体提供服务。
- 鼓励公交管理机构和网约车、汽车分时租赁、共享单车和微型公交供应商建立公私伙伴合作关系，以便在低收入社区建立多式联运枢纽。

第七章

重塑汽车工业

力维·蒂勒曼

Levi Tillemann

20世纪是汽车制造业时代。

21世纪将是出行时代。汽车制造商将自己重塑为行销出行服务而非销售汽车的公司——或者说至少他们将会付诸努力。

花了大约6个月的时间，亨利·福特造出了他的第一辆车，他称之为四轮车。他的妻子克拉拉和他的朋友詹姆斯·毕晓普一起为他筹了资。15年后，福特汽车公司制造了第1000万辆汽车。与亨利·福特建造四轮车所付出的努力形成明显对比的是：T型车制造厂雇用的劳动力大约是造四轮车时的5000倍，并且造一辆车所花费的时间大约仅有四轮车的1/2000。[①]1908年福特在引入装配线后，使生产规模和生产效率实现了惊人增长。在接下来的一个世纪里，这种并不复杂的创新将汽车制造效率的增长边界不断地向前推进，达到了令人眼花缭乱的地步。装配线将在巨大的

① Levi Tillemann, “Crossing the Divide: The Long Arc of Corporate Efficiency,” valencestrategic.com, February 2017.

创造性破坏浪潮中逐步摧毁并重建了全球经济——源源不断地优化生产效率，并为全球如饥似渴的消费者制造商品。[①]如今，那条生产线仍然是全球制造业经济的晴雨表。

但现在福特的大规模生产即将被另一场技术革命所吞噬。对许多人来说，伊隆·马斯克（Elon Musk）这个名字以及他创办的企业——特斯拉汽车公司（Tesla Motors）成为21世纪颠覆性创新的缩影。但是，一位并不显山露水的硅谷首席执行官在经济影响力上所释放出的能量却堪比亨利·福特的装配线，他就是优步的特拉维斯·卡兰尼克（Travis Kalanick）。

作为优步的首席执行官，卡兰尼克以“一个为成功可不择手段的竞争对手”（a ruthless competitor）而闻名。[②]与马斯克不同，他并不受媒体或普通公众的待见，甚至充满火药味。部分原因与他残酷无情的商业行为有关。现实情况是他并不生产光鲜亮丽的商品，因而也无助于拉近他与公众的距离。卡兰尼克对超级跑车或火箭的兴趣不如对美元和美分的兴趣。但他所创造的是一种具有朴素的经济逻辑的商业模式，这使得SpaceX的火箭助推器和特斯拉电动超级跑车相比之下看起来微不足道——优步已经获得了潜在的价值回报，到2017年它的市场估值超过了福特和通用汽车，还包括特斯拉。[③]

优步的“出行即服务”（mobility-as-a-service）的商业模式（事实证明，特斯拉正试图复制这种商业模式，但是相当吃力）很可能导致那些不

---

① Joseph Alois Schumpeter, *Capitalism, Socialism, and Democracy*, and 3rd ed.（New York: Harper, 1950）.

② Mike Isaac, “Uber’s C.E.O. Plays with Fire,” *New York Times*, 23 April, 2017.

③ Robert Ferris, “Tesla Passes General Motors to Become the Most Valuable US Automaker,” CNBC, 10 April, 2017. At that time, Uber was valued at close to $70 billion, but it had not yet gone public.

能适应商业环境变化的汽车生产商的消亡。它最终可能会让汽车私人所有权一并寿终正寝，而且还可以肯定地说，它还会让我们对现代经济学中“商品的消费者”（the consumer of goods）这个概念的理解土崩瓦解。其产生的溢出效应可与互联网或装配线相媲美。

今天，亨利·福特的装配线仍在大量生产供我们购买、使用和丢弃的物品——有时称为东西，但是从汽车等资本密集型产品开始，装配线生产转向其他的、我们只是偶尔才使用的东西——像运动装备和工具，服务开始在21世纪的经济中取代大规模的东西。共享经济大厦的地基已经被优步、来福车、爱彼迎（Airbnb）和亿贝（eBay）夯实了。[①]

“出行即服务”的革命也将对全球其他产业产生重大的影响。服务提供商的兴起将导致资本所有者的投资动机和激励机制发生根本性变化。它将使用全新的商业模式，并以人们不能预见的创新方式来提高资本利用效率并与其他伙伴开展合作。优步的方式具有一定的代表性，即以提供出行即服务而不是汽车产品来实现这种转变。从更切合实际的角度来看，它为出行即服务是如何将企业效率最大化的长期增长曲线延伸到制造和生产环节之外，渗透到消费领域做出了典型的示范。

大部分问题已经得到解决。尚待解决的问题是汽车制造商将如何应对这种局面。

---

① Robin Chase，Peers Inc.：*How People and Platforms Are Inventing the Collaborative Economy and Reinventing Capitalism*（New York：Public Affairs，2015）.

从生产者和消费者到业主和顾客

一个世纪以来，装配线将大量资产浪费在“消费者”的光顾垂青上。消费者对商品的贪婪的占有欲与有计划的更新换代相结合，驱动了全球经济的增长。消费者的这种贪婪也会同时反映在对企业生产效率的追求上。

这一切都肇始于亨利·福特发明的大规模生产方式。第二次世界大战后，丰田和日本的工业巨头通过精益生产理念使企业生产效率得以升华。[①]今天，本田和其他公司实施了各种措施，彻底消除装配制造过程中的浪费。宝马在业内率先将生产设备改造为净零排放的系统。[②]一家主要的大型汽车制造商只需要13～33小时就可以制造出一辆汽车[③]，并在美国市场上以33500美元的平均价格售出。[④]这种产出效率之所以能够成为现实，唯一的原因是汽车工业实现了大规模的机械化，而且生产效率非常之高。

虽然从资源消耗的角度来说，高生产效率总会受到人们的赞誉，但是在我们把高效率的生产商与满足拥有无限欲望的消费者，以及有限激励的循环再利用和可持续的资源管理相结合的时候，就会发现现有的生产方式可能会对生态系统产生潜在的危害。它最终导致我们的空气、陆地和海洋中堆积了大量废物。

---

① James P. Womack, Daniel T. Jones, and Daniel Roos, *The machine that Changed the World* (New York: Free Press, 1990).

② Ibid.; Jeffrey K. Liker, *The Toyota Way: 14 Management Principles from the World's Greatest Manufacturer* (New York: McGraw-Hill, 2004).

③ Todd Lassa. “Toyota, Chrysler Have North America’s Most Efficient Plants,” *Motor Trend*, 5 June, 2008.

④ James R. Healy, “Average New Car Price Zips 2.6% to $33, 560,” *USA Today*, 4 May, 2015.

幸运的是，这种生产者—消费者的二元关系即将面临挑战，在一些行业中被一种新型的共生关系所取代，这种新型关系更有效率，更加合理，更加依赖于服务贸易而不是实物流通，并且对生态环境的影响更小。这种新型关系由所有权人和客户群体组成。

大规模的、近乎实时和差不多免费的信息交易，正让服务提供者和资本所有者以前所未有的方式来满足顾客的需求。这种变化已经导致新的消费模式，以及住宿（Airbnb）、汽车（例如Turo）甚至服装（像SnobSwap等网站）的新的使用方式。未来，这些交易将变得更加简单，因为服务型经济将越来越依赖于机器人而不是人工来提供服务，以此降低成本，并消除大部分服务质量上的差异。

在经济的许多方面，个人拥有所有权将成为过去时。所有权人将拥有资本（其中大部分由算法和机器人组成），顾客将购买由存量资本提供的服务。所有权人和顾客将在很大程度上取代生产者和消费者。

车队逻辑、拼车和车辆自动化

没有什么比汽车行业更能体现这种新商业模式的力量。在美国，私人汽车的在用时间所占的比例仅有约5%[①]，而且每一次出行，平均每辆车上只载1.6人，38%的车辆在出行时车内只有一位驾驶员。[②]随着出行服务公司越来越多地出售交通出行服务而不是商品（小汽车和卡车），他们将如

---

① Paul Barter, " 'Cars Are Parked 95 % of the Time.' Let' s Check! " Reinventing Parking, 22 February, 2013.

② Adella Santos et al., *Summary of Travel Trend: 2009 National Household Travel Survey* (Washington, DC: Federal Highway Administration, 2011), Table 16.

同亨利·福特和他的继任者（如精益丰田生产系统之父大野耐一）冲击制造业的低效率一样，来冲击出行领域的低效率。

在这个转型过程当中，最强大的单一一项技术并不是性能更好的电池或燃油经济性更高的引擎，而是智能手机（提供地理位置和消费者使用界面）和先进的线路算法（支持按需拼车）。无人驾驶车辆的跨越式发展将加速这一进程，同时加快用高利用率的、经营者所有的车辆来取代私人车辆所有权，以满足众多乘客的出行需求。这种转型的最终结果将是通过由网联的自动化车辆组成的车队来减少交通出行对劳动力的依赖，这与机械化和自动化之于制造业和农业具有高度相似性。

成功的汽车公司销售的产品将不再是汽车产品，而是服务（出行）这一现实，将导致一系列激励政策的改变。近年来流行的网约车公司，比如来福车和优步，将对汽车制造业乃至整个经济产生重大的连锁效应。首先，优步、来福车和其他公司对车辆高频度利用将导致汽车周转加快。无人驾驶车队不会只花5%的时间在路上，而是有40%或50%的时间都投入运营；也不会像现在这样每年累计行驶10000到15000英里的里程，而是行驶10万英里或更多里程；而且无人车的寿命只持续2到3年，而不会像现在这样通常会持续10到15年。更快的周转意味着包括自动化和电动化在内的新技术将更快地渗透到市场当中。

车辆的高强度使用也将改变购买和使用的车辆类型。它们不是只载一名乘员，而是会载3人、4人、5人或更多人。实际上，许多小汽车将被类似厢式面包车一样的车辆所替换，作为供乘载多名乘客的微型公交运营之用。它们不会像现在的面包车拼车一样，由专用货车或小型货车改装而成，而是从乘客的舒适性和便利性出发而专门设计的。制造业将拥有一个重要的新产品线，以体现新的以乘客为中心的设计理念。

车辆的高强度使用将改变乘客的出行方式。与出行服务公司管理的车队规模相比，它的影响将呈指数级的增长。这些车辆将被互不相识的人群用作拼车出行的平台。一辆从事拼车服务的车辆在一天当中完成客运量，可能相当于今天20辆或更多个人拥有的车辆的客运量。

对运营成本的敏感性意味着经营业主会要求汽车制造商能提供最有效的技术。用不了多久，电动汽车将站在舞台的中央位置，因为它们最终会被更经济地拥有和运营，尤其是在高强度使用的时候。这将减少为满足交通需求所需要的车辆数量，以及车辆运行所需要的燃油量。

我所谓的车队逻辑（fleet logic）是这种对成本比较敏感的购买和运营模式。[①]也许最重要的是，车队逻辑可以使生产者—消费者经济的激励机制有别于经营业主—顾客经济（proprietor-patron economy）的激励机制。通过允许消费者购买服务，允许资本所有者解决运营效率问题并承担运营成本，经营业主—顾客经济模式将把燃料消耗的选择权交给那些富有经验的企业决策者，他们在节约能源方面相比个人消费者而言拥有更强劲的动力。

让我们看一看航空公司机队，他们已经在经营业主—顾客经济的模式下运营了。他们直接感受到燃油价格变动带来的成本压力，因此他们非常注重提高运营效率。燃料成本占其总运营支出比重约16%；燃料成本加上劳动力成本约占48%。[②]结果我们看到，航空业已经广泛地应用了高度

① 这一概念源自我的公司——Valence Strategic，而且应该部分归功于我的商业合作伙伴科林·麦考米克（Colin McCormick）。

② See the Airlines for America website，http：//airlines.org/.

自动化的驾驶舱，使用机型更大的飞机（即更高强度的合乘拼机），并且自20世纪70年代以来，每乘客英里（per passenger mile）的温室气体排放量减少了大约50%，尽管在这方面尚无燃料经济性的法规。[①]在一个由道路车辆构成的车队中，就像一个由飞机构成的机队一样，企业利润将取决于追求更高的经营业主的资本利用率的车队思维理念。环境效益也会款款而至。

拼车出行也将提高交通运输效率并改善环境效益。尽管一辆电动车的减排效果在很大程度上取决于电力的来源，一次拼车出行的减排效果与运载乘客的数量直接相关。如果使用煤炭发电，那么一辆电动车的排放情况可能与耗油量高达每加仑20英里的SUV相当。如果电力（或氢能）来自可再生能源，那么，电动车的实际碳排放量就可能是0。[②]在拼车出行的情况下，每增加一名乘客所增加的能源消耗量是最少的，而且还彻底减少了另一辆车上路行驶，也就是说当每辆车有2个人合乘出行的时候，车辆使用效率提高到2倍，若每车3人则效率提高到3倍，或者每车4人效率提高到4倍。这意味着一辆采取拼车出行的混合动力普锐斯车的污染排放量可能远低于未采用拼车出行的电动车。UberPool和类似服务的主要目标不是节省能源，而是控制资本和运营成本，从而提高盈利能力。但如果优步可以将更多付费乘客装载到同一车辆中，即使用汽油驱动，拼车出行带来的公共效益仍然是相当可观的。

---

① Tillemann, "Crossing the Divide."

② James Archsmith, Alisa Kendall, and David Rapson, "From Cradle to Junkyard: Assessing the Life Cycle Greenhouse Gas Benefits of Electric Vehicles," *Research in Transportation Economics 52* (2015): 72–90; MA Tamayao et al., "Regional Variability and Uncertainty of Electric Vehicle Life Cycle CO_2, Emissions across the United States," *Environmental Science and Technology 49* (2015): 8844–8855.

自动化将加速上述所有这些变化。自动化在几乎所有现实的情景下，都可以提高车辆的经济性，即使在非自动化和自动化系统并存的情况下，或者处于部分自动化和偶尔由中央控制室控制车辆行驶并存的过渡阶段，也不例外。虽然燃油经济性归根到底对经营业主来说是很重要的，但起初他们对自动化更感兴趣。事实上，除非采取政策干预措施，否则第5级的无人驾驶汽车很可能会更注重燃料经济性或电动化。这是因为从商业模式的角度来看，自动化（去掉外包驱动程序）会带来劳动力成本的降低，但会产生内部的资金成本和运营成本。如今，所有这些费用都由司机承担。总而言之，今天的优步和来福车主要租赁两大类资产：司机和汽车。他们希望驾驶人来支付燃料费用——这是另一项主要的运营支出。但在这两个核心成本中，到目前为止驾驶人的成本是更高的。如果我们将拼车和自动化整合在一起，这种变化所产生的结果是车辆的使用时间更长，运载的乘客更多，成本也更低，这会导致客运量螺旋式上升。

举一个现实的例子，在旧金山运营的一位优步司机最近告诉我，他上一年仅仅通过驾驶优步就赚了9万美元。这比特斯拉的Model S或Model X的基础价格都高，更别说价格更便宜的Model 3、丰田的普锐斯或雪佛兰的博尔特。即使驾驶员只挣了上述收入的1/3，该驾驶员的自身费用也是一项经常性开支——这是一项每年都会产生的高额费用。况且，该司机每天只能驾驶这么多小时。假设每周有5个工作日，每个工作日工作8小时，加上每年有2周的无薪假期，以每小时赚30美元计算，这名司机一年下来可以带回家大约6万美元。一辆没有休假、每个工作日运营13小时的自动驾驶汽车，所创造的工作绩效相当于一个人类驾驶员在相同的12个月时间段内连续工作所获得的大约101000美元收入。去掉了驾驶员之后，会产生相当大的潜在效益，而且还会让出行服务公司以非常低廉的价格提供出行服务。

根据简单的经济学规律，降低交通运输价格会增加车辆行驶的里程和燃油消耗量。但是，实现的客运量并不等同于车辆行驶的里程。受到政策激励也为了追求更多收入，经营业主经常为了追求更高的经济效益，会考虑以车队逻辑来推出拼车业务。现如今，交通运输部门极低的运营效率将会在这些新型的商业业态面前相形见绌。对效率的追求也为电气化技术的应用找到一条康庄大道。

车队逻辑将对提高车辆利用率和燃料经济性产生激励作用，同时排放量的减少也成为其附带的效益。它还会加速资本折旧，并促使经营业主转变角色，成为出行市场上一股强大的创新力量。车队运营商希望运营车辆是可靠、经济和安全的。快速的成本摊销意味着与消费者拥有产品相比，由经营业主管理、拥有并由顾客使用的产品会更新，维护保养更好，也更加多样化。拥有较少的重要资产，会让顾客的机动性更强。经营业主会更加高效率地配置劳动力和资本，顾客的决策与行为也会变得更加高效。这是一场不仅是基于技术的，还是基于商业模式的效率革命。

5.4万亿美元背后的挑战和机遇

这种通过拼车出行、车队逻辑和自动化技术来提高车辆利用率的发展前景尚不明朗。汽车制造商处于这场出行革命的风暴中心。他们在这出大戏中扮演着重要的角色。他们面临两大威胁，都与拼车出行有关。

第一，如果汽车用于拼车出行，销量就会减少，因为人们将放弃拥有车辆所有权的想法，转而选择“有专职司机”的网约车出行，并最终实现车辆的自动化。人们选择拼车出行（可能带有自动驾驶功能）越多，汽车销量就越少。第二，如果汽车厂商的客户是追求低成本的出行服务公司，那么高端配置的车型对消费者的吸引力就会大大下降，这些车辆的高端配置以往都是由消费者在展示厅所展示的标配车型上另外付费增配的，这些额外增加的配置实际上是汽车制造商最赚钱的业务。

汽车制造商可以通过将更多的技术和功能加载到汽车上，并将目标市场定位于富裕的人群，以此来抵制这种拼车出行的诱惑。高级的汽车可以获得更多的利润。汽车制造商可以专注于他们擅长的技术，以进一步强化他们的品牌力和目标细分市场，例如改善驾驶体验，提高乘坐的舒适度，或帮助年长的驾驶人克服其生理感知的局限性以便更容易地操控车辆。自动化技术已经成为一个关键的市场卖点。随着时间的推移，汽车制造商可以专注于将自动化技术向下游大众市场来推进。

通过这一战略，汽车制造商有可能维持其有百年经销汽车历史的商业模式。由于大多数汽车都是被富裕的人群买走了，因而这种高端技术战略可以在几十年内取得成功。这一战略还将为汽车制造商提供更好的机会来维系其对车辆技术的控制，继而获得利润。

但是，现如今这种专注于向个人买家出售带四个轮子的电脑的做法，可能使汽车制造商直接面对苹果、谷歌、高通和微软等软件开发商带来的风险，因为这些软件开发商将攫取大部分附加价值。当IBM允许微软控制个人电脑中的软件时，微软最终获得的利润率超过30%，而IBM则陷入举步维艰的境地。

在上述背景下，展现在我们眼前的市场竞争和商业模式的图景是，汽车制造商不再固守和专注于个人购买者，而会变身为出行服务公司，即成为为顾客提供服务的经营业主而不是出售实体产品的制造商。在这种未来情景下，共享出行（无论是否实现车辆自动化）不仅可被视为一种威胁，更应该看成一个机遇。事实上，根据普华永道（Price Waterhouse Coopers）的预测，从今天开始到2030年，汽车行业从新车销售中获得的利润份额将从41%降至只有29%。但是这部分馅饼的总体规模将从4000亿美元增长到6000亿美元。他们表示，出行服务将增长到占行业利润的20%左右。[①]

2016年，福特开始重新定位为出行服务公司，这是基于这样一个事实，即全球新车市场约为2.3万亿美元，但出行市场的规模是它的两倍还多，达到5.4万亿美元。[②]亨利·福特的孙子、福特汽车公司执行主席——比尔·福特在2017年汽车新闻世界大会上表示，"我认为这对公司来说是一个巨大的机遇。它将为我们创造前所未有的收入流和商业机会"[③]。福特公司已经建立了一个新的智能出行业务部门，将战略视野放宽到"改变世界出行的方式，使人们生活得更美好"，并专注于机动性、互联互通、自动驾驶车辆、消费者体验和数据分析。[④]该业务部门是在首席执行官马克·菲尔兹（Mark Fields）的领导下建立的，他说："这不是指从旧的业务转向新的业务的问题，而是向一个更广阔的业务领域迈进。"[⑤]奈何世事难料，菲尔兹被他自己所倡导的一场革命淘汰出局了。2017年5月，

---

① Neal E. Boudette, "Automakers Prepare for an America That's over the Whole Car Thing," *New York Times*, 22 December, 2016.

② John Cook, "Ford CEO Mark Fields Sees Massive Opportunity to Push Car Market into $5.4T Transportation Services Market," GeekWire, 5 January, 2016.

③ Michael Martinez, "Ford Motor Wants to Change the World-Again," *Automotive News,* 10 January, 2017.

④ Ford Motor Company, *Sustainability Report* 2015/16, accessed 4 September, 2017, http://wwww.sustainability.ford.com.

⑤ Nick Bunkley, "Ford's Mobility Push Driven by Profit Motive," *Automotive News*, 19 September, 2016.

福特让曾任智能出行部门总裁的韩恺特（Jim Hackett）取代了菲尔兹的位置。

其他汽车制造商也在马不停蹄地投资于新的出行项目。许多公司还投资于相互间有一定竞争关系的不同商业模式。通用汽车公司正在建立一个名为Maven的基于出行业务的新品牌。Maven品牌下的一项业务是通过一个移动端的应用程序来提供“无缝隙”的、按小时计费的分时租赁体验。[①]2016年，通用汽车为来福车投资了5亿美元，目的是推出其自动驾驶的全电动雪佛兰博尔特（Bolts）车，供来福车使用。通用汽车还与来福车合作，为其司机提供短期汽车租赁服务。此外，Maven已宣布与来福车的竞争对手优步签订了类似的短期租赁试点项目。[②]尽管就致力于出行业务探索以及它的合作伙伴而言，通用汽车也在进行业务风险的对冲，但其战略方向已经很明确了。据通用汽车首席执行官玛丽·博拉（Mary Barra）称，“我们有机会和义务来创建一个新的个人交通出行模式”[③]。

戴姆勒公司自2008年以来，通过旗下Car2Go子公司投资了单程短途的汽车租赁业务。宝马集团紧随其后在欧洲和美国市场上推出了Drive Now和ReachNow品牌和汽车租赁业务。根据宝马汽车集团在华盛顿特区的政府和对外事务总监约翰·布兰丁（John Branding）的说法，集团的目标是提供一个贯穿整个出行价值链的宝马等级的体验，“前几天我打了一辆糟糕的出租车去机场，我不禁问我自己，‘我是否愿意为体验宝马车出行而多付

---

① Maven website，accessed 4 September，2017，https：/www.mavendrive.com/#！/.

② Peter Kosak，“GM on Fast Track to Redefine Mobility with Lyft，Maven & Self-Driving Cars，” General Motors Green，24 March 2016; John Rosevear，“Is General Motors’ New Deal with Uber a Stab in Lyft’s Back？” Business Insider，4 November，2016.

③ Nick Bunkley，“GM Puts Bolt at Center of Its Long-Term Vision，” *Automotive News,* 19 December，2016.

费呢？’……绝对可以”。他补充道，“对我们来说，端到端的高端出行是终极目标”①。

实际上，这些公司运营和盈利模式充其量是模糊不清的。尽管优步2016年取得了65亿美元的收入，但也亏损了近30亿美元②（尽管其中大部分收入用于为拓展全球业务提供融资）。显然，这种局面是不可持续的。特斯拉提出了另一种商业模式。③这个计划可能包括个人购买具有自主驾驶功能的车辆，但当车主不使用这些车辆时，它们可以被用作出租车投入商业营运。这是一个非常有趣的，集成了消费者、生产者、所有者和顾客等概念的综合体。但是它毕竟太复杂了，更简单的办法是让业主直接持有资本。

介于汽车制造商和网约车公司之间的新型共生关系

汽车制造商会日益感觉到，自己与来福车和优步等这类公司之间的关系并不简单。后者既是竞争对手，也是客户。在接下来的几年里，出售给来福车、优步和其他网约车公司司机的车辆数量几乎肯定能抵消因客户选择共享出行而减少的销量。④随着共享出行服务的不断扩大，汽车制造商可能会开始为网约车出行公司生产定制化车辆，即使他们自己的移动出行业务将面临后者的面对面竞争。

---

① John Branding, personal communication, 10 April, 2017.

② “Uber’s Revenue Hits $6.5 Billion in 2016, Still Has Large Loss,” Reuters, 14 April, 2017.

③ Dana Hull. “Elon Musk Says Tesla Car-Share Network Is ‘the People vs Uber,’” Bloomberg Technology, 26 October, 2016.

④ Boudette, “Automakers Prepare.”

今天，来福车和优步基本上没有硬资产（hard assets），从本质上讲是互联网平台公司（Internet–platform companies）。管理和拥有车辆的商业模式与它们的模式格格不入。但是一旦第5级的无人驾驶汽车汹涌而来，它们将别无选择。它们将会张开双臂来拥抱保有车辆的所有权全新的商业模式，看起来这已经是大势所趋了。基于需求响应和应用程序的网约车公司之所以能取得不菲的业绩，很大程度上要归因于它们作为资本所有者的获利能力，这将意味着它们会拥有和运营一支自动化的电动车车队。恰似自动驾驶汽车已经裹挟着底特律加入硅谷的棋局中，在车队所有权的驱使下，网约车公司很可能会选择与汽车制造商建立伙伴关系。

随着网约车公司建立庞大的客户数据库来支撑其拼车出行业务（这需要比类似UberX这样的深受欢迎的出租车业务更大的基础数据库），他们会利用手中的购买力来驱使制造商提供定制优化的车辆，以更好地满足其业务需求。“我们尚未开始考虑车辆的外观是什么样子的。但它应该看起来不像今天的丰田凯美瑞”，优步的交通政策与研究主管安德鲁·萨尔兹伯格（Andrew Salzberg）说道。[①]

网约车公司使用的这些车辆将会更侧重于以乘客为中心，目的是为客户提供一个舒适的体验，这与今天的以驾驶员为中心的车辆形成鲜明对照。很可能这些车辆会被安装上可移动的隔板或小隔间，以满足那些需要保留个人隐私的客户的需求，这很像飞机商务舱座位之间有个隔板来保护个人隐私。由于无人驾驶车辆上的乘员不再需要专注于驾驶车辆，他们会将更多的注意力放在车载娱乐系统和无人驾驶车辆之间的网络连接上。参

① Andrew Salzberg, personal communication, 13 April, 2017.

与式视频游戏、视频会议或高速互联网将成为许多平台的常规配置。

2016年，在认识到逐渐兴起的汽车制造和出行服务两者不断整合的趋势之后，戴姆勒联手美国的投资者——“即插即用”（Plug and Play）和德国斯图加特大学，在斯图加特成立了一个创新中心，集中了众多以汽车为核心业务的相关初创企业。[①]在这些初创企业中定位于研究和探索与未来出行相关的概念，其中，有一家企业开发车载音频系统，它可以通过无线传输系统将声音传到指定的乘客耳朵中，而不会让车上其他人听到。戴姆勒这么做的一个目标是为新成立的公司提供汽车制造商的资源和知识，同时吸收它们提出的颇有市场前景、可以被转化为产品的创意和想法，以满足新的出行市场需求。

租赁交易是汽车制造商可能与移动出行公司进行合作的另一种方式。2017年，总部位于巴黎专注于为客户提供长途搭车出行服务的BlaBlaCar公司，对外宣布计划从法国开始，为公司驾驶人提供月租低廉的欧宝汽车。这些初创企业有900万名司机每年要购买约130万辆新车。BlaBlaCar公司首席执行官尼古拉斯·布鲁森（Nicolas Brusson）声称，“我们可以开创一种新的汽车保有方法——建立在汽车的使用上”[②]。

凡此种种。我们正面临一个混乱的转型时代，汽车制造商、网约车公司、软件公司和其他创新者将在合作和竞争的时代双重奏中翩翩起舞。未来的几十年时间里，这些企业会尝试通过一系列起承转合的新型合作伙伴和战略联盟关系觅到属于他们自己的发展道路。

---

① Elisabeth Behrmann, “Daimler Looks to Startups, Small Suppliers for Innovative Ideas,” *Automotive News Europe*, 1 March, 2017.

② Eric Auchard and Laurence Frost, “BlaBlaCar Unveils Opel Leasing Deal in Boost for Ride-Sharing,” *Automotive News Europe*, 6 April, 2017.

让真正的物联网创造货币化收入

无论是拥有还是管理车队，经营业主都会最大限度地利用好资产，并使其货币化。这不仅仅意味着要让小汽车和面包车尽可能地满载运营，还意味着要找到能够实现价值的途径，但这需要建立在通信技术、加工处理能力、相关资产以及使用它们的客户的实际位置基础之上。一步步地积累，现有的汽车制造商和高科技公司将会迎来又一次商业模式的巨变的新边疆，这个新边疆在旧的消费者—生产者交通系统的2017年是无法存在的。

例如，丰田正在寻找利用物联网获取更高利润的方法。2016年4月，该公司创设了一项新业务，让车主可以像使用手机一样来使用车辆。新成立的车联网业务部门负责人友山茂树（Shigeki Tomoyama）表示，“随着汽车成为信息化设备，汽车业务的增加值将在未来转向云计算”[①]。作为第一步，丰田推出“智能钥匙盒”（Smart Key Box），这是一款小工具包，它可以将人们的手机变成车钥匙，从而简化了分时租赁的操作流程。

当无人驾驶车辆时代来临时，它们将大大降低运输实物的成本，而且还为人们创造机会来体验将娱乐和商业活动融合到交通出行中的实际效果。无人驾驶卡车将在企业和仓库之间来回运送大宗货物。小型无人驾驶卡车和小汽车负责在中转仓库和居民住宅之间运送包裹。在乘用车上，车载娱乐和零售将成为主要的收入来源。更赚钱的业务是通过灵活的拼车形式，实现多人合乘出行，从中获得现金流收入。一旦拼车出行的客户足够

---

① Hans Greimel, “Toyota’s Growth Model Turns on Services,” *Automotive News*, 7 November, 2016.

多，建立网络连接并进行车辆匹配的业务就会兴旺起来。所有这些业务都将作为数据收集的平台，帮助公司建立更复杂的顾客资料库，以便更好地了解客户的需求偏好。

汽车制造商会迈出一大步吗?

移动出行有望颠覆汽车公司的现有业务模式。这种新的创造性破坏浪潮可能瓦解传统汽车制造业和能源市场。与此同时，移动出行是一种完善的风险对冲机制。当汽车制造业的利润有可能停滞不前时，来自移动出行领域的总收入可能会使其他业务收入相形见绌。这就是为什么丰田、福特、沙特阿美和其他许多公司都已赌博式地投入了几十亿美元到移动出行领域。日益壮大的出行顾客群体将为出行服务公司创造一个前所未见的市场规模和商业机会。出行领域的这种变化将对我们的社会和劳动部门产生深远的影响。

共享出行和车辆自动化的创新活动将迫使汽车生产商要么变身为车队经营业主，要么就被大浪淘沙般地无情抛弃。作为出行服务公司，它们将主要出售出行和服务，而不是发动机的马力，而且它们的服务效率将比以往更高。顾客将在新的业务构架中去享受出行服务，但也会感受到成本在逐渐增加，但不会太快。从安全的角度来看，移动计算和依赖人类的交通是一种致命威胁，它可能导致车辆行驶中注意力不集中以及由此导致的车祸增加。世界各地的汽车销售正呈红红火火之势，随之而来的还有不断攀升的温室气体排放。从环境角度来看，目前的生产者—消费者的经济范式是无法长期维持下去的。

但是，拼车出行和自动驾驶并不一定会保证取得成功。许多汽车制造商可能会认为他们最好在向个人销售第4级自动驾驶汽车这一阶段就停下脚步。向第5级完全自动驾驶迈进可能无利可图，因为由高科技公司出售的车载硬件和软件环节可能比造车拥有更高的利润率。受制于强大的降低成本的市场压力，汽车本身可能会变得更加商品化。商品化的未来是困扰汽车制造商的幽灵。这也是为什么他们可能在通往第5级自动驾驶车辆和拼车出行的业务转型道路上试图踩刹车。他们有很多办法。制造商可能规劝管制机构不要批准第5级自动驾驶车辆上路，或者他们在车辆使用环节上设置局部障碍。

不过，未来仍然可期。新的技术、不断变化的消费者需求，以及一些支撑性法规已经让我们走上了一个技术日新月异、环境更友好、道路交通更加安全的道路。要到达终点站在很大程度上取决于未来五到十年的政策领导力，以及全社会是否有意愿告别旧事物并拥抱朝气蓬勃的出行公司及其顾客群体。

第八章

脱颖而出：中国会在三大革命的全球竞争中最终胜出吗？

迈克尔·杜恩

Michael Dunne

中国拥有强烈的动机来引领全世界应用电动化、自动化和共享化车辆。但目前中国尚未形成一个协调性的总体规划，这可能会导致它的发展道路不会一帆风顺。

今天，中国受过教育的中产阶级城市居民对空气污染和相关的健康风险较为关注。这种局面对政府管理者提出了严峻的挑战。对此，中国的领导层迫切需要找到解决方案，包括充分利用新技术来应对污染和拥堵。

中国能否利用电动汽车（EV）、自动化车辆和共享出行来大幅减少空气污染和交通拥堵呢？要让污染和拥堵问题获得显著的改善完全是可能的，但中国管理机构过去习惯了采取不太精细或直线式措施来解决问题，而是经常循着曲折迂回的道路前进。中国的政策体系通常呈现出这样的特点，即制定了雄心勃勃的目标，但时间表比较模糊，中央政府和地方政府之间的关系也需要理顺，部门之间的责任边界也不太清楚。

还有一个更复杂的现实情况是，中国仍处于向完善的市场经济体制转型的进程当中。强大的国有企业在经济活动中仍扮演着主导角色，但规模较小的私营企业行动敏捷而且增长迅速。北京的领导人在平衡国有企业和具有高度创造性但有时难以控制的私营企业之间的关系上，遇到了一定的挑战。北京的官员在多大程度上愿意支持私营部门的发展其实是很重要的，因为中国的私营公司显然是电动汽车、自动驾驶汽车和共享出行领域创新活动的驱动力量。

政策的决策过程是一个多方利益主体复杂博弈的过程。中央政府和地方政府的目标函数并不总是完全一致和同步的。规模庞大的国有企业要与规模较小但行动更敏捷、更富创造性的民营企业进行竞争，争夺政府的资金，并使监管规则更有利于强化自己的利益。政府与外国公司的关系有时亲近有时又疏远。甚至中央政府的职能部委之间有时也存在一定的竞争关系。例如工业主管部门与环境保护部门有时就意见不一致。

中国能否成功地实现三大革命，很大程度上取决于中央政府决策层能否以智慧的和有效的方式来实施新的经济政策，来促进技术创新，并提高消费者的接受度。中国必将面对汹涌而来的三大革命的浪潮，但前方的道路不只曲折，还布满了荆棘。在沿海地区寻找一些合适的城市，率先进行三大革命的示范运行，这在时间和空间上都具有最深远的经济和政治意义。

危机中的转机

“危”和“机”这两个字组成了“危机”这个中文词汇。第一个字“危”，发音是weī，意思是“危险”。第二个字“机”，发音是jī，意思是“机会”。对中国领导人来说，污染导致社会的现实风险孕育着引领可持续交通变革的现实机遇。

目前，中国前500强城市中仍有一些达不到世界卫生组织（WHO）制定的空气质量标准。[①]空气污染较严重的城市从西到东连接成串：乌鲁木齐、兰州、太原、邢台、石家庄、保定和北京。这些城市曾经因烟雾和颗粒物而发出空气污染警报，一度严重影响了人们的正常工作和生活。

中国不少城市的市中心有时也被烟雾笼罩。燃煤电厂和汽车是两个主要污染排放源。在首都北京，冬末的戈壁沙漠和早春的大风吹来的沙尘也是造成城市空气污染的一个因素。煤炭是中国空气污染最大的来源，占天空中发现的有害颗粒物的40%。[②]汽车行驶在城市的大街小巷。政府对汹涌而来的汽车大军进行了严格的管控。中国目前的机动车保有量大约有3.6亿辆。相比之下，截至2016年底，美国有2.61亿辆汽车在路上行驶。[③]车辆保有量的飙升影响着空气质量，中国的车辆排放标准相对落后于美国和欧洲。

多年来，中国政府始终高度重视解决空气污染问题，将其作为关乎社会安定繁荣和人民福祉健康的大事来抓，采取了一系列针对性措施，出台新的可持续交通解决方案。中国领导人明白，让零排放汽车（ZEV）上路行驶是一种非常有效的途径，同时也是向不断提出更多要求的社会中层清晰地展现政府改善环境质量的决心。中央和地方政府正投入数十亿美元来

---

① World Health Organization，WHO Global Urban Ambient Air Pollution Database，2016 update.

② GBD MAPS Working Group，“Burden of Disease Attributable to Coal-Burning and Other Air Pollution Sources in China，” Health Effects Institute，Special Report 20，August 2016.

③ “United States Vehicle Ownership Data，Automobile Statistics and Trends，” Hedges & Company，https：//hedgescompany.com/automotive-market-research-statistics/auto-mailing-lists-and-marketing，accessed 4 September，2017.

补贴电动汽车的销售和充电基础设施的建设。2010年，中国制订了战略计划，提出要成为全球最大的电动汽车市场。北京的官员宣布了具体的产量目标：到2015年每年50万，到2020年每年200万。[①]事实上，到2016年底，中国已经实现了电动车生产全球领先地位的目标。2016年这一年，全国生产了略多于50万辆的纯电动和插电式混合动力汽车、卡车、面包车和公交车，远远领先于其他任何国家。[②]

但是，尽管中国政策制定者对电动汽车产量具有前瞻性的战略眼光，但在共享出行和车辆自动化的时代来临之际，他们却一直在费尽心力地紧跟私营部门的快速发展脚步。滴滴出行，这个中国版的优步，自2012年成立以来，取得了惊人的增长。到目前为止，它已成为全球最大的基于需求响应的网约车公司。2017年，中国人每天平均下了超过两千万的滴滴出行订单，合每年超过70亿人次出行。这些新增加的业务量大部分是游离在监管规则之外的。事实上，直到2016年的夏天，政府监管机构曾尝试将网约车业务纳入法制化管理轨道。但是在追赶型的发展理念下，管理者没有多少时间来系统地思考共享出行的管理体制。[③]

同样地，在自动驾驶车辆的监管法规建设上，中国的决策者也显得行动有些迟缓。直到2016年底，工业和信息化部（Ministry of Industry and

---

① 中国国务院2012年6月颁布的《节能与新能源汽车产业发展规划（2012—2020年）》提出，到2015年，纯电动汽车和插电式混合动力汽车累计产销量力争达到50万辆；到2020年，纯电动汽车和插电式混合动力汽车生产能力达200万辆。

② Chinese sales of new energy vehicles in 2016 totaled 507，000，consisting of 409，000 all-electric vehicles and 98，000 plug-in hybrid vehicles（many of these trucks and buses），according to Liu Wanxiang，“中汽协：2016年新能源汽车产销量均超50万辆，同比增速约50%”【China Auto Association：2016 New Energy Vehicle Production and Sales Were over 500，000，an Increase of About 50%】，D1EV，accessed 12 January，2017.

③ Brian Solomon，“China Legalizes Ridesharing，Opening the Door for Uber，Didi，” *Forbes*，28 July，2016.

Information，MIIT）与中国汽车工程学会（China’s Society of Automotive Engineers，C-SAE）共同发布了一份雄心勃勃的长达450页的技术路线图，为未来15年的自动驾驶汽车发展设定目标。[①]“节能与新能源汽车技术路线图”要求到2020年在中国生产的全部新车当中，要有50%的比例具备驾驶辅助功能。这个数字看起来很激进，但当你了解到这样一个事实，即到2017年，欧洲、日本和美国的大部分新车已经配备了驾驶员辅助功能（自动制动、备用摄像头、停车辅助、车道偏离警告等）就能理解。2025年的目标是15%的新车是“高度自动化的”（highly automated）（不是完全自动化），而2030年的目标是让10%的新车实现“完全自动化”（fully automated）。虽然目标份额看起来是适中的，但换算成数量也将近有四百万辆之多。

这份技术路线图文件同时还制定了未来15年温室气体排放目标和所谓“新能源汽车”（new-energy vehicles，NEVs，包括纯电动车、插电式混合动力车和氢燃料车）的市场份额目标。排放目标表明，电动车未来将成为每一家汽车制造商车队系列中的重要组成部分。新能源汽车应该占2020年全部新车的7%，2025年的20%和2030年的40%。预计2020年中国汽车产量达到2400万辆，这意味着当年中国要生产新能源汽车170万辆左右。到2030年，汽车总产量有望达到4100万辆[②]，其中1600万辆为新能源汽车。

一旦实现了上述既定目标，中国必将在汽车电动化和共享化出行方面领先世界。那自动化怎么办，是不是要融入这两大发展趋势当中呢？想象

① Li Fusheng，“Road Map Outlined for New Energy Industry，” *China Daily*，31 October，2016.

② Paul Gao et al.，“Finding the Fast Lane：Emerging Trends in China’s Auto Market，” McKinsey & Company survey，April 2016.

一下，中国最高决策层将引领三大革命作为国家的首要任务。到2030年，中国要充分调动各方面的力量使国内城市和农村地区拥有世界上最先进、最可持续的交通系统。仅仅在几年前，空气质量、交通拥堵和生活质量要取得真正的突破还是比较理想的事情，但现在仿佛一夜之间就变得触手可及了。

要获得成功的几个特质现在看来已经清晰可见了。中国在电动车生产和网约车出行服务方面处于世界领先地位。中国香港和新加坡已经建成了全球最先进的城市交通系统。根据亚瑟·利特尔（Arthur D. Little）在2014年发表的一项研究成果——《出行指数2.0》（*Mobility Index* 2.0）报告，中国香港在高效率交通方面成为全球最先进的城市，领先于其他94个城市。[①]新加坡在这项研究成果中排名第六。而像上海这样的一些城市已设法通过车辆购买配额和拍卖车辆牌照来缓解交通拥堵。其他城市正使用电动车来充实其整个出租车车队。

权力相对集中的体制结构让我们有更多理由相信中国将在推行共享出行、电动车、网约车和自动驾驶等领域执全球之牛耳。中国有时候看起来有能力施展魔力，全面制定新法规，实现对其他国家而言是梦寐以求的宏伟目标。如表8.1所示，在2000年至2014年中国大规模基础设施项目的完成速度和规模是惊人的。这些基础设施项目的新增规模和能力令人瞠目结舌。在人类历史上，从未有过在如此短的时间内建造了如此多的东西的先例。这不由得让人联想到，中国在可持续交通方面也会创造同样的伟大奇迹。

---

① François-Joseph Van Audenhove et al.，"The Future of Urban Mobility 2.0，" Arthur D Little Future Lab，January 2014.

如果中国想利用电动化、共享化和自动化等现代化的三驾马车而使转型的使命变得如此简单，必须要克服三大障碍：技术、市场和政治。

表8.1　中国大规模基础设施建设的增长情况，2000～2014年

	2000年	2014年
铁路	60000 千米	120000千米
公路	140万千米	450万千米
高速公路	1.6万千米	12万千米
太阳能电池板容量	19兆瓦	43000兆瓦
地铁	400千米	3000千米
航空客运量	6700万人次	3.9亿人次
汽车产量	62.5万辆	2210万辆

资料来源：中国国家统计局，2000—2015；EU SME Center，“The Automotive Market in China（2015 Update），”4 June，2015.

技术上的挑战

让我们从技术上的挑战开始说吧。虽然中国现在是世界上最大的电动车生产国，但却不是电动车技术的翘楚。世界上最好的混合动力和电动车技术诀窍仍然掌控在日本、美国和欧洲等发达国家和地区手中。中国本土的自动驾驶车辆创新能力还十分薄弱，它缺乏电子、传感器技术和软件工程专业知识，而这些是让硅谷成为自动驾驶车辆技术的全球中心的核心要素。

如何后来居上？几十年来，中国的国有企业一直试图从其全球汽车合资伙伴那里获得技术。为了在技术和质量方面取得实际进展，中国政府不得不放松与国外伙伴开展合作的条件，并打开大门让互联网巨头进入汽车领域。

放宽外国企业参与的条件

中国一直坚信中国企业在电动车行业里起着主导作用。2017年初，政府出现了一些开放准入，让更多外国企业参与的迹象，但最终目标似乎是让中国企业在电动汽车行业发展中发挥主导性作用。

为了让中国的电动汽车行业蓬勃发展，电池必须价格低廉、安全可靠，而且使用寿命还得长。但本地电池制造商并没有能生产出世界一流的电池。市场领导者比亚迪确实可以大批量生产价格适中的电池，一些本地电池制造商正在接近世界一流品质，但很多企业还是存在明显差距。外国投资和技术可以帮助本地企业提升电池质量。

电池生产公司的外资股权上限一直是50%，一直到了2016年夏季，中国的有关管理部门才宣布外国公司可以在华拥有100%的独资公司，但条件是他们得在政府指定的4个自由贸易试验区中择一建厂。这是吸引关键性投资和电池技术的重要一步。取消投资上限规定会使LG化学（韩国）、松下（日本）和三星（韩国）等全球领先的电池制造商能够控制生产制造流程（并保护其知识产权）。[①]这些投资行为会真实发生吗？中国政府保留颁布合格供应商的最终清单的权利，即所谓的白名单（white list）。与预期相反，一些韩国电池制造商2016年没有出现在白名单上，结果就是，他们无法获得重要的合同。

同样，在2010年至2016年，中国坚定地执行这样的规定，即任何想要在中国销售电动车的全球汽车制造商都必须与拥有50%或更多股份的中国

---

① Mark Kane, "China Revises Policy for Foreign Battery Manufacturers —— Floodgagtes Now Open," InsideEVs, 20 July, 2016.

伙伴企业建立合资企业，而且合资企业生产的电动车在中国市场销售时要有中国专属品牌。选择直接向中国出口整车的全球汽车制造商受到严格的进口关税和费用的影响，使汽车价格上涨了50%。例如，一辆在美国售价为8万美元的特斯拉Model S在中国缴完进口关税和费用后销售价格为12.5万美元。结果就是特斯拉在中国市场的销售量受到了限制。2016年中国高档汽车市场规模达到200万辆，但特斯拉的销量仅升至1万辆，或者说是不到1%。尽管如此，这个销量足以让特斯拉Model S入围2016年中国销量最好的前20款车型之列，成为唯一的一款国外品牌的车型。[①]尽管外国品牌的内燃机汽车占据了中国大部分的市场份额，但是在电动车市场上，外国品牌整体份额不到3%。

管理者相信，外国汽车制造商和供应商愿意分享电动汽车和电池技术以换取市场准入。谁能抵抗中国这个全球最大的市场的魔力呢？但这种想法有待商榷。过去5年旨在推动技术引进和共享的政策加大了对中国电动车行业的投资风险，使得那些想在中国继续生产和销售常规动力汽车的外国汽车制造商对此颇有微词。德国、韩国、日本和美国的汽车制造商虽然口头上赞赏中国欲引领世界电动车潮流的雄心壮志，但实际上他们大部分都持观望态度，手中还牢牢攥着自己宝贵的电动车技术。

中国最终明白了要想获得更先进的技术，需要增加外部力量的参与。有一个引人注目的例证可以表明中国是如何通过收购美国技术从而加速本国电动车技术发展的，即上海通用汽车合资公司于2017年1月与A123系统公司（A123 Systems）签订了一项10亿美元合同，为未来合资企业的产品供应电

① Jose Pontes，“China Electric Car Sales Demolish US and European Electric Car Sales，” Clean Technica，25 January 2017.

池。A123系统公司是美国麻省理工学院分拆组建的，破产后于2012年被中国万向集团收购，在中国和美国境内都有生产基地。[①]中国可以在与世界其他地区交流不多的情况下独立开发电池和电动汽车，但质量尚存疑问。中国仍在继续努力寻求获取外国技术的途径，同时维持其在电动车行业的主导地位。

2017年9月，中国政府有关部门发布了《乘用车企业平均燃料消耗量与新能源汽车积分并行管理办法》，针对境内所有乘用车企业推行平均燃料消耗量与新能源汽车积分并行的管理机制，对传统能源乘用车年度生产量或者进口量达到3万辆以上的，从2019年开始设定新能源汽车积分比例要求，其中2019年和2020年，新能源汽车积分比例要求分别为10%和12%，此后这一比例逐年提高[②]。在这种政策背景下，包括大众、梅赛德斯、奥迪、特斯拉和通用汽车等各大跨国汽车厂商纷纷加快了在华建立电动车生产基地的计划和行动。北京的官员开始理解，必须让外国汽车公司融入中国，才能巩固并拓展中国在全球电动车上的领导地位，至少在开始阶段应该这样做。

向互联网巨头打开大门

可以说，三大革命中最重要的政策举措就是决定向非传统汽车公司开放汽车行业市场准入。有史以来第一次，中国政府向包括乐视生态、阿里巴巴、腾讯和百度等在内的私营互联网公司发出了邀请，欢迎其参与中国汽车行业的竞争与发展。

---

① Eric Loveday, "Wanxiang Gets Final Approval to Buy A123 Systems," PluginCars, 21 January, 2013.

② 译者注：此规范性文件系指由工业和信息化部、财政部、商务部、海关总署和国家质量监督检验检疫总局联合于2017年9月27日发布的《乘用车企业平均燃料消耗量与新能源汽车积分并行管理办法》。

邀请这些互联网企业进场来参与竞争的一个预料之外的好处是带来技术转移的全新思路。尽管中国的国有企业依赖它们的全球合作伙伴的技术转移来获得工艺诀窍已经有一代人的时间了，但像乐视和百度这样的企业对这种模式视而不见，它们很快在加州建立了自己的全资企业，以便能更接近先进的人才和技术。新竞争者的进入无疑给当下（有时是比较懈怠的）像北京汽车集团、第一汽车集团、东风汽车集团等国有汽车企业施加了真真切切的压力。新的市场竞争已经激励国有汽车企业在加州创建了风险投资和研发机构。

也许最有潜力成为中国自动驾驶车辆领头羊的企业是搜索引擎百度。百度公司成立于2004年，拥有超过46000名员工，在纳斯达克上市，年收入超过100亿美元。[①]百度将加利福尼亚州视为掌握自动驾驶车辆技术的“引领者”，它在位于加利福尼亚州桑尼维尔（Sunnyvale）市距离苹果公司不远的地方建立了强大的研发机构。这个研发中心拥有三个截然不同但又相互关联的研究中心：大数据实验室（the Big Data Lab）、深度学习研究所（the Institute of Deep Learning）和硅谷人工智能实验室（the Silicon Valley Artificial Intelligent Lab）。百度还与美国计算机图像和深度学习技术领先的Nvidia在加州圣何塞市建立了重要的联系，研究如何使用人工智能技术来构建一个全新的自动驾驶车辆计算平台。2016年，百度还在加州获准进行自动驾驶车辆的测试。

尽管如此，它的自动驾驶技术仍然落后于谷歌、特斯拉、以色列的Mobileye和前通用汽车子公司德尔福等全球领先企业。出人意料的是，百度于2017年4月宣布，它正在根据一项名为“阿波罗计划”（Project

① Statista, “Number of Employees at Baidu from 2009 to 2016,” accessed 4 September 2017.

Apollo）的项目，向任何有意向得到它的人免费提供自动驾驶车辆技术。[①]它似乎是希望通过开源其基础平台，可以吸引社会各界能对这个平台的新功能有所贡献，并让这个基础平台能够更广泛和迅速地被采用。事实上，北京汽车集团在2017年4月的上海车展上展示了一款配备了百度自动驾驶功能的新车型。[②]

滴滴出行将自己定位为一个重要的竞争对手，据报道它投资近60亿美元于自动驾驶汽车，并于2017年3月在加利福尼亚州创办了自动驾驶汽车实验室。与此同时，其他三家在加州开展业务的中资公司也宣布了它们在设计和开发豪华电动车上取得了重大进展，而且它们还加大了加州的投资以增加自动驾驶车辆的系统能力。

- 蔚来电动车（NextEV）——由中国互联网亿万富翁李斌（William Li）于2014年在加利福尼亚州圣何塞市创办的，旨在通过制造电动、自动和网联的汽车来重塑交通系统。[③]2017年初，该公司推出了世界上最快的电动车——NIO EP9。蔚来电动车还分别投资4.65亿美元在中国东部江苏省建立豪华电动车的生产基地。[④]
- 法拉第未来（FF）——总部位于加利福尼亚州的加迪纳（Gardena），拥有约一千名员工，其中许多人来自特斯拉、宝马和其他豪华汽车公司。乐视生态（LeEco）创始人贾跃亭为企业提供

---

① Danny Shapiro, "Baidu's Project Apollo Takes Flight, Bringing Autonomous Cars Closer to Reality," Nvidia, 5 July, 2017.

② Michael Dunne, "Baidu's Bet on Beijing's Autonomous Car Drive," *Nikkei Asian Review 11* (May 2017).

③ Katie Fehrenbacher, "Padmasree Warrior on the Future of Transportation and Tesla," Fortune Tech, 15 October, 2016.

④ Fred Lambert, "NextEV Will Build a $500 Million Factory to Manufacture Electric Vehicle Motors in China," Electrek, 5 May, 2016.

资金，法拉第在2017年初发布了令人印象深刻的高速电动跨界轿跑车，名曰FF91，装备了全自动驻车系统。该公司计划在北拉斯维加斯建立工厂，并于2018年开始投入生产，但财务困境导致该企业在2017年中期暂停了这个项目。这款车预计售价超过15万美元。[①]

- Lucid Motors——由特斯拉前高管于2007年创建，并得到来自中国的融资，总部位于加利福尼亚州门洛帕克（Menlo Park），还得到了来自美国和日本方面的支持。2016年底，Lucid推出了Lucid Air，这是一款直接与梅赛德斯、宝马和奥迪竞争的豪华轿车。与FF91一样，Lucid Air提速非常快，在2.5秒内就可以将车速从零提高到60英里/小时。公司已经确认将在亚利桑那州的卡萨格兰德（Casa Grande）建设自己未来的生产基地。[②]

不是所有这些公司都能在激烈竞争的汽车行业里取得竞争优势，但它们在加利福尼亚州的开拓性业务为中国在短时间内赶超其全球竞争对手提供了巨大的机遇。在加利福尼亚州开展业务是一个具有战略意义的、能改变游戏规则的重大举措。中国公司在加利福尼亚州开展业务之迅速，使其在吸引资金和开发新车型上都令人叹为观止。很清楚，中国公司——就像底特律、欧洲和日本的公司一样，正在投资加州的技术和人才，以开发全系列的电动化和自动化车辆技术。

一旦这些新开发车型在美国市场上趋于完善，它们很可能也会在中国生产和销售。中国现在是世界上最大的豪华车市场，因此不难想象由中国

① Tycho De Feijter, “LeEco to Build $3B Electric Car Factory in China,” *Forbes*, 11 August, 2016; Bryan Logan, “We Are in a Precarious Situation: The Electric-Car Startup Faraday Future Is Scrapping Its Big Nevada Factory as Its Cash Crisis Deepens,” Business Insider, 10 July, 2017.

② Kristen Hall-Geisler, “A Ride in the Lucid Motors Alpha Prototype,” TechCrunch, 4 January, 2017.

提供资金并在加利福尼亚州设计和开发的豪华电动车肯定会对上海、北京和深圳的富裕人群有较大的吸引力。从长远来看，这些非常先进的车辆可以被视为一个学习过程的组成部分，其结果将是越来越多的高品质和经济实惠的电动车面世。百度已经在中国推出并开始测试其全新的纯电动自动驾驶汽车，这是一款经过改装的奇瑞EQ，并装备了百度公司的无人驾驶技术。百度希望到2018年在中国推出使用此类车辆的穿梭公交巴士服务。[①]

中国领导人明白，在国内开发自动驾驶车辆技术将是一条漫长而艰辛的道路。在加利福尼亚州这个世界级技术中心开展研发活动来直接获得相关技术是非常好的选择。一旦中国掌握了这些技术，政府将适时推动和引导像百度这样的高科技公司，选择在什么地点、以什么方式来应用这些先进技术。

不情愿的消费者

中国要实现基于三大革命的可持续交通发展，还需要克服另一大障碍，就是中国消费者自己。大多数中国消费者仍然不愿购买电动车，理由包括里程焦虑、保值率不确定、充电网点不足，以及对安全性和可靠性的担心。[②]使中国消费者购买电动车的行为进一步复杂化还有一个很现实的原因，即中国的汽车制造商缺乏生产高品质汽车的良好声誉，更不用说生产高质量的电动车了。

---

① Aaron Mamiit，“China’s Baidu Unveils New，All-Electric Self Driving Car：Testing Begins for Modified Chery EQ，” Tech Times，28 August，2016.

② Zheng Wan，Daniel Sperling，and Yanshi Wang. “China’s Electric Car Frustrations，” *Transportation Research Part D34*（2015）：116-121.

2016年在中国销售的50万辆新能源汽车中，大部分都用于城市出租车队或运输公司，或是销往了像北京和上海等存在配额管制和大量补贴的城市。换句话说，国家帮助自己实现自己设定的目标——这可从来都不是一个可持续的、卓有成效的良方秘钥。

为了塑造良好的销售势头，国家和城市政府为新能源汽车的购买者提供了慷慨大方的补贴，每辆车高达8475美元。[①]包括北京和上海在内的一些城市也已经调整了配额和特殊牌照管理措施，以期推高电动车销量。可观的现金补贴和其他优惠政策已经从总销量的增长中得到了回报，但是创纪录的销量也带来了巨大的成本。

一方面，每辆插电式混合动力汽车的补贴金额估计达到24000美元，而在某些地区2016年纯电动汽车每辆补贴达到29000美元，远远超过美国的补贴标准。[②]但更重要的是，有关补贴欺诈的报道连篇累牍地见诸报端。2015年，一些中国汽车制造商正在接受调查，因为他们涉嫌通过将电动车销给“假客户”从而骗取政府补贴。[③]一家电动车生产企业可能在纸面上向旗下一家子公司出售电动公共汽车或电动汽车，从而收取现金补贴，然后再让子公司将这些车辆“返销”（return）给母公司。看起来最基层的演员正想方设法绕开上级的政策。

中国的管理者该如何解决这样一个现实的问题，即他们发现自己背负着一个大规模、低技术、质量不稳定，又充满欺诈行为的电动汽车行业

① Steve Hanley，“China EV Sales，Subsidies，and Targets，” EVObsession，2 May，2016.

② Yunshi Wang et al.，“Chinas Electric Car Surge，” *Energy Policy 102*（March 2017）：486–490.

③ “China Fines Five Auto Makers for Electric–Vehicle Subsidy Fraud，” *Wall Street Journal*，8 September，2016.

的负累？政府向外国人开放准入，并欢迎非传统汽车公司参与汽车行业竞争的行动对外释放出这样一个信号，即电动车行业的未来是充满希望的。随着电动车质量和使用便利性的提高，消费者不愿意购买的问题有望得到解决。

前述2016年的“节能技术路线图和新能源汽车技术路线图”建议采取一些措施来增加消费需求。路线图提出电动车应瞄准紧凑型汽车市场，而插电式混合动力车主要满足那些想购买大尺寸汽车的人的需求。这份文件还制定了增加电池续航里程以及全国充电设施的建设目标。这个目标就是到2020年全国至少建成500万个充电站，到2025年至少有2000万个，到2030年不少于8000万个，以满足全国新能源汽车届时的充电需要。另一个目标是在没有政府补贴的情况下让电动汽车的价格更加经济亲民。①

但是，即使电动汽车现在还未成气候，但中国网约车行业的爆发式增长似乎表明中国消费者对“移动即服务”（mobility as a service）的概念持开放态度。优步带着乐观的预期于2014年进入中国市场，但是在与滴滴出行的消耗战中损失了超过10亿美元之后，优步同意在2016年夏天被滴滴收购。②这与中国官方承认网约车应用程序具有合法性的时间几乎同步。据彭博社估计，到2017年，滴滴拥有全球88%的网约车用户（约4亿人）和81%的驾驶员（1400万人），并募集了38%的融资（120亿美元）。相比之下，全球第二大网约车公司优步（Uber）拥有9%的用户和驾驶人，筹集了37%的资金，而第三大网约车公司来福车占全球用户和驾驶人的1%，占融

---

① Fusheng, “Road Map Outlined.”

② “Uber Losing $1 Billion a Year to Compete in China.” Reuters, 18 February, 2016.

资总量的8%（尽管来福车只在美国运营）。[①]

很显然，中国的老百姓更快地接受了共享出行，而且相比美国和欧洲市场而言规模更大。网约车在中国之所以能如此大受欢迎，部分归因于中国令人窒息的道路拥堵和出行不便。汽车一直是新富阶层和受过教育的城市职场人士的重要身份地位象征，但是驾驶福特新款SUV或本田轿车所体会到的愉悦感正逐渐被日益严重的交通堵塞和越来越难找到停车位的挫折感冲击得七零八落。这种趋势在上海、深圳和大连等人口密集的城市最为明显。在北京，朋友之间的聊天往往围绕着如何不用开车就能到达目的地的最佳方式而展开。正如滴滴的创纪录数字所揭示的那样，中国人越来越多地选择使用网约车来出行。

但是请记住，网约车与拼车（与陌生人共乘同行）不同。要成为真正有效的交通解决方案，拼车出行在网约车服务中占有相当高的比重应当成为其一个显著特征。中国人如何能欣然接受拼车出行还有待观察。当然，现如今在中国，朋友之间和办公室同事之间共乘滴滴车辆出行已经很普遍了，这种情况相当于拼车出行（前者是你和你认识的人共乘同一辆车）。中国城市里的上班族可能愿意弃车不用，既减少了开车出行，也避免了不必要的停车纠纷。虽然中国还没有形成拼车文化，但在2016年春节假日期间，当火车、公共汽车和飞机票都售罄时，有超过一百万人选择拼车合乘回家过年的。[②]

共享单车也是中国城市交通出行的一个组成部分。1980年，大概有

---

① Alejandro Zamorano，“Digital Ride Hailing：The Global Landscape，” Intelligent Mobility Research Note，Bloomberg New Energy Finance，22 August，2017.

② Paul Traynor and Didi Tang，“Chinese Using Carpooling Apps to Get Ride Home for Holidays，” *San Diego Union Tribune*，4 February，2016.

63%的中国人骑自行车上班。1988年，我骑自行车去北京市中心上班，那是我的第一份工作。当时出租车稀缺，私家车也非常罕见。如今，骑自行车上下班的通勤人数占比已降至12%。中国的初创企业希望扭转这一态势。ofo是中国领先的共享单车公司之一，2017年初它的市值达到5亿美元，它用25万辆色彩鲜艳的自行车占据了中国的大街小巷。[①]其竞争对手摩拜单车（Mobike）已经在北京、上海、广州和深圳等主要城市摆放了40多万辆自行车。[②]虽然这个数字看起来还是相当可观的，但它仍处于增长曲线的早期阶段。对共享单车革命来说，一个显而易见的拦路虎是那些骑车人会直接暴露于由燃煤电厂、灰尘和车辆尾气生成的危险的颗粒物（particulate matter）下，更不用说面临交通安全风险了。上海在提供自行车专用道方面做得非常好，北京和广州也提供了一些自行车专用道。

中央和地方之间的利益博弈

对于中国共享出行的可持续发展而言，第三个也许是最重要的制约因素是中国复杂的政治经济体制。涉及中央和地方多个利益主体的共享出行监管规则及发展计划通常会采取迂回的路线行进。有一句经典的中国谚语抓住了博弈的本质："上有政策，下有对策"。对于许多由北京的中央政府规划部门颁布的规定而言，由于省一级或城市一级的地方管理者会在执

---

① ofo是2014年由一名叫戴威的青年创业者联合四名合伙人在中国创立的一家无桩共享单车出行服务平台，俗称"小黄车"，一度在全球20个国家超过250个城市开展业务。注册用户只需在微信公众号或App扫一扫车上的二维码或直接输入对应车牌号，即可获得解锁密码，解锁骑行，随取随用，随时随地。收费标准是一小时一元人民币，长期用户也可办理月卡、季卡和年卡。2020年后因财务问题陷入经营困境，目前在中国市场上已难觅其踪。

② "25-Year-Old's $500 Million Startup Fuels China Bike-Share Battle," Bloomberg Technology，30 October，2016.

行过程中采取一些相应的变通措施来保护本地利益。

这种情况造成的结果就是，中国推进电动化、共享化和自动化的转型可能在全国各城市和各地区之间呈现出高度不平衡的态势。选择让深圳和上海等较富裕的沿海城市率先垂范，然后二、三线城市在5到15年后再加入转型进程当中。

1949～1976年，中国实行高度集中的计划经济。20世纪70年代末，中国迈入改革开放时代，城市获得相当大的自主权。各个城市政府承担起发展本地经济、改善人民生活的基本责任。当中央政府的政策与当地的经济利益不一致的时候，地方政府就会采取一些变通的办法来保护本地利益。中央政府可能希望使交通系统变得更加高效，但是地方政府还必须考虑其他方面的优先事项：投资、就业和税收。当各地方政府对最佳政策组合有自己不同的想法的时候，要制定一个系统和协调的全国性规划就会面临较大的困难。

让我们以上海这个高度发达的城市为例。如果我们将上海比作一家大型企业，那么市长就好比这家公司的董事长和首席执行官。上海的国有企业大军既有全国最大的汽车制造集团（上海汽车工业公司，SAIC），也有全市的出租车队。为了让上海综合交通体系获得可持续发展的动力，中央政府会要求上海市政府在推进可持续交通转型中，确保没有人会丢掉饭碗。对于大多数城市管理者而言，维持和增加就业机会的重要性堪比治理空气污染。

上汽集团拥有成千上万的员工，为上海市创造了相当可观的利润和非常重要的税收收入。上海的6万多辆出租车为数十万居民创造了就业机会。[①]

---

① George Chen, "When 60, 000 Taxis Are Not Enough for Shanghai," *South China Morning Post*, 26 July, 2015.

可持续交通的上海模式

上海可以被视为中国的纽约市。它在一个狭小的地理区域内集聚了大量的人口。这个拥有超过2000万居民、熙熙攘攘的繁华大都市也是全国最高的摩天大楼的所在地。它一直以来是享誉全球的商业和金融中心。与中国其他主要城市被可怕的空气污染所困扰一样，上海也饱受空气污染侵扰，但相比大多数其他城市而言，上海市下了更大的力气努力地解决交通拥堵问题，以控制交通排放对空气污染的贡献度。

上海在建设新的交通基础设施方面投入了大量的资金，同时通过有针对性的监管措施，以解决严重的交通拥堵问题。通过规模庞大的地铁系统，上海市解决了目前大部分的交通需求。2000年至2015年，上海花费数十亿美元建设了300多英里长的地铁线路。到2020年，这一数字预计将攀升到530英里，这将使上海拥有全球最大的城市轨道交通网络。据估计，每天有1000万人使用上海地铁系统上下班（“Shanghai Metro，” Wikipedia，last modified 31 July，2017）。

自21世纪初以来，上海对私人购买汽车设定了严格的数量限额，每月约一万辆。要购买一辆汽车，居民还必须通过牌照竞争性拍卖才能获得购车资格。拍卖价格介于12000美元至15000美元之间，具体价格取决于当月的申请人数量。高昂的牌照拍卖价格会降低一些潜在买家的胃口，同时为城市公共基础设施建设提供额外的收入来源。

这些措施的成效正逐渐显现，至少在减少拥堵方面。根据

2016年进行的一项研究，上海没有被列入全国十大最拥堵的城市（北京排名第三）（Zhang Yi，“Traffic Gets Heavier in Third of Cities：Jinan Ranks Worst，”*China Daily*，12 January，2017）。虽然北京和上海的居住人口数量大致相同，但上海的机动车总量却只有北京的一半。相反在北京，从市中心到17英里远的位于城市东北部的机场，可能需要两个多小时。

上海市政府还在大力推动电动汽车的市场需求：允许电动车购买者免缴特殊牌照费。由于居民偏爱大型高档汽车，因此上海的电动车需求尚未充分撬动，但随着奥迪、梅赛德斯和宝马准备在未来几年当中在华生产更多的电动车型，这种局面会有所改观。与此同时，共享单车在上海非常流行，这些单车装备有嵌入式GPS芯片，可以停放在城市的任何地方，并通过移动端的应用程序来定位。

上汽集团与通用汽车和大众汽车公司合作，每年生产数百万辆汽车（其中99%在中国市场销售）。上汽集团于2016年与阿里巴巴共同投资1.6亿美元合作开发互联网汽车，这被认为是向下一阶段的自动驾驶汽车联盟迈出的第一步。一旦自动驾驶技术被证明是安全可靠的，上海市就会将这些车辆投入城市交通网络之中，让我们期待这一天的到来。

这意味着，当滴滴出行于2015年获得了上海市营业执照时，它会发现自己与市政府处于无人羡慕的对立状态。网约车在上海越来越受到居民们的欢迎，因为它为人们提供了一个不必再为自己的爱车找不到停车位而发愁的有效途径，同时它也从出租车车队那里抢了不少生意。2016年底，上海市颁布了新的规定和牌照发放规则，这些规则可能会抑制网约车业务的增长，至少从短期来看是这样。

如果上海转向采取地方保护主义措施，并放缓创新步伐，那么我们还能从中国其他的欠发达城市期待什么呢？上海还是会继续前进，但是会按照它自己的步骤和时间表来推进。

另外，一些地方政府迫不及待地向前冲，即使它们并未被列入国家的综合性规划。芜湖是安徽省中部一个拥有300万人口的城市，它提出的目标是要成为中国独一无二的自动驾驶车辆上路行驶的城市。目前，百度正在与位于芜湖的国有汽车制造商奇瑞合作，共同打造和测试自动化电动车辆。它们渴望在2022年之前使该市的所有在用车辆都实现自动化和电动化。[①]"我们正在尝试着将自己的经验和数据提交给中央政府，以便他们能够看到车辆自动化和电动化带来的好处，这将会让我们更容易让我们的模式向国内其他城市推广"，百度自动驾驶汽车负责人王劲（音译）如是说。[②]

但是此后我们看到，中央政府轻点了刹车。2016年，中央政府暂停了在国内道路上进行自动驾驶车辆的测试活动。此举旨在确保国内高速公路的行车安全，但却间接地延缓了中国国内自动驾驶车辆的步伐。一些城市也许不久后就会被指定为自动驾驶车辆的测试中心。这种管理方式与中国的习惯做法和理念是一致的，即一项新事物在向全国进行大规模的推广之

① Meng Jing and Zhu Lixin, "Baidu Gets Green Light to Set Up Test Centre for Driverless Vehicles," Asia News Network, 17 May, 2016.

② "Chinese City Wuhu Embraces Driverless Vehicles," BBC News, 16 May, 2016.

前，先要在一定的范围内进行各种试验。

可以预见的是，中国推进这三大革命的进程可能充满了许许多多的走走停停、利益纠结、推倒重来、方向逆转、矛盾冲突、突破惊喜和挫折困境。一方面，在目标尚未进一步细化或者不太协调一致的情况下，中国通往交通三大革命的前进道路很可能是曲折迂回的。另一方面，如果中央政府倾向于强化政策的权威性和统一性，那么在中央与地方的权力影响力上无疑会向北京倾斜。加强统一领导可能有助于加快推进交通电动化、自动化和共享化发展。

2030年的中国：展望三大革命

即使未来实现三大革命的道路充满了曲折和困难，中国也还是会在2030年前生产出世界一流质量和功能的电动化、网联化和自动化的车辆。从中国近年来通过在加利福尼亚州建立新的研发机构来提升技术能力，以及更愿意向外国合作伙伴开放市场这些举动来看，上述判断是完全正确的。中国现在是世界上最主要的石油进口国，因此有越来越强的动机去加速电气化转型。

现在既然中国政府已经正式认可了网约车公司业务的合法性，管理者可以着手研究通过共享移动出行来改善交通方式、减少拥堵，或者减少在用车辆数量的途径。对城市管理者而言，最可能的努力方向是开发并规定共享的自动驾驶车辆的运营路线，从公共汽车、商用厢式车和固定路线的出租车开始实施。考虑到中国的一些城市（包括上海、北京和广州）拥有正在承受叫车应用程序压力的出租车车队，因此这些城市的官员已经着手研究如何从网约车业务中获益的问题。支持像滴滴这样的出行服务公司意味着短期内会承受收入损失。期望中央政府大力支持和鼓励各个城市寻找让共享移动出行良性运营的可行途径。

对中国网约车业务的增长持乐观态度的另一个原因是，中央政府支持滴滴公司在出行市场占据领导地位，希望滴滴公司能够发挥市场龙头作用，激发和带动国内移动出行行业的发展。当滴滴公司在2016年夏天收购优步在华业务并一度掌控了80%的中国网约车市场之后，政府开始考虑选择适当的时机、以适当的方式来引导滴滴公司的发展方向，这也与他们对待中国搜索巨擘——百度公司和互联网社交媒体主角——微博的态度和行为方式是一脉相承的。

三大革命将席卷全国。而中国的真正突破往往发生在城市层面，而不是在全国层面。中国城市根据经济发展和收入水平的不同可以分为至少5个层级。到2030年，人们可以想象上海、厦门、汕头、大连、福州、杭州、南京和青岛等这些集中在沿海地区的城市完全有可能成为实践三大革命的先行者。首先集中力量从这些备受瞩目的城市切入来推进三大革命，将有助于缓解城市居民对改善空气质量的压力。其他城市将在2040年至2050年跟进推进三大革命。

与中国的许多政策举措一样，未来的发展愿景首先是在中央政府层面展开的。但是，城市才是那个几乎总能成功的推进器。中国的三大革命将在沿海部分城市率先落地和启动。想想看，你也可以针对美国说同样的话，大致不会差得太远。

后记

出路就在拼车出行

解决问题的出路就在拼车出行。如果问题是如何改善交通拥堵，那么答案就是拼车出行。如果问题是如何减少气候变化，答案还是拼车出行。社会公平呢？依然是拼车出行。不断飙升的交通基础设施成本呢？拼车出行！如何应对自动驾驶汽车带来的潜在负面影响？拼车出行。展望未来，拼车出行必须成为我们解决与交通相关的问题的思维和行动的核心。

车辆电动化带来了重要的能源和环境效益，但是可持续城市和交通转型初期的关键环节显然是拼车出行。能源和环境效益是成倍增加的，而且还会带来许多新的效益——包括停车占地面积的减少，无车一族和行动不便的居民更便利地出行，对道路需求的减少，以及减少由个人和社会支出的成本。随着三大革命开始汇集成一股洪流，拼车出行就成为我们在本书前述章节中描绘的梦幻情景的关键所在。

当我们说到拼车出行时，我们指的是将车上所有的空座位都坐满人——小汽车、面包车、公共汽车和地铁轻轨（由于显而易见的原因我们剔除了自行车）。我们的意思是鼓励人们更多地去使用Lyft Line、UberPool、微型公交和传统的公共交通。对于传统的公共交通而言，提高利用率意味着重新确定公共汽车的运营范围和班次，以更好地满足高密度运营路线的需要，这样公交系统才能取得最佳的运营效果。对于网约车公司而言，这意味着将关注的焦点转移到满足多乘员的出行需求上，而非像出租车这种只能满足单一乘客出行需求的服务模式。对于微型公交而言，这意味着提高和优化交通融资能力，以支持需求响应的、基于应用程序的类似面包车那样的出行服务。

好消息是像来福车和优步这样的网约车公司已经对交通转型的理念深信不疑。这里不存在逆水行舟的问题，它们已经扬帆出发了。它们确信出行人对价格非常敏感，以至于如果票价稍稍调低一点，就会引来很多人乘坐。如果更多的人选择它们的服务，它们会获得更多的收入，进而得到更多的利润。在我每一次与来福车和优步的高管的讨论中，他们没有一个人反对这个论点。事实上，他们热情高涨，纷纷表示赞同。他们认为这就是他们追求的目标。这是一个商业模式和公共利益相一致的案例。从全社会的角度来看，拼车无疑是一个非常好的出行方式。

除了拼车出行之外，梦幻情景的第二个关键因素是车辆电动化。如果用于拼车服务的车辆是电动化的，那么能源和气候效益就会成倍地增加。随着电力脱碳化进程不断推进，即电力更多地由可再生能源来产生，使用电动车将大大减少石油的消耗、空气的污染和温室气体的排放。对于那些基于越来越低碳的氢能源的燃料电池车辆而言，其综合效益也是如此。

第三，如果这些拼车服务的电动车是自动化的，那么效益甚至会进一步提高。每辆车行驶每英里的成本急剧下降，即使假设一辆自动驾驶车辆比传统的汽油动力汽车高出10000美元，新车的单位使用成本也会由传统的由个人拥有所有权的每英里0.57美元，降至每英里0.20美元或更低（如前面图1.2所示）。之所以自动驾驶车辆的单位使用成本要便宜得多，因为它的使用强度要高得多，即每天的运行时间要远远超过12小时，而不是传统车辆的每天只使用1小时。0.20美元的计算依据就是假设一辆车每年行驶10万英里，而不是当今的年均15000英里。如果这辆自动驾驶电动车上载有2名乘客，则每位乘客的成本减半，达到每英里0.10美元。

电池电动车和氢燃料电池电动车都可与自动驾驶技术相匹配，因为它们比内燃机车辆拥有更低的维护和能源成本。当车辆被高强度地使用时，这些较低的运营成本可以轻松地抵销较高的购买成本。当车辆每年运行10000到15000英里时，就像现在这样，车辆的购买成本在保有和使用总成本中占大头。当车辆每年行驶4万甚至10万英里时，燃料成本和维护保养成本就变得非常非常重要了。与内燃机车辆相比，电动车具有远少于内燃机车辆的可移动的部件，也更可靠——这是自动驾驶车辆的另一个优势，随着车辆利用率的提高，它会变得更有价值。当电动化与自动化结合在一起的时候，电动车的可靠性会得到进一步强化。因为自动驾驶车辆依赖电子装置，整车的构架围绕电动马达和电子部件而搭建，这使得它比机械和液压设备更加可靠。

如果自动驾驶的电动车搭载了多名乘员，那么关于自动化车辆的需求的争论就会烟消云散了。自动化、共享化的电动车对能源使用、排放、停车和交通拥堵都只有积极影响。

我们如何到达彼岸？

我们才刚刚上路。来福车和优步从2014年开始推出了拼车业务，但截至2017年底，这项服务也仅仅在全球30个大都市区展开。微型公交的日子并不好过，没有成功的大型试点示范项目，有一些项目已经以失败告终。出行方式的选择仍然非常有限。那我们该怎么从眼前走向未来？挑战来自两个方面：行为和政策。出行者需要接受和使用拼车来出行，政策需要对此进行鼓励。拼车业务的成败取决于规模效应。要让拼车服务获得更佳的效益，需要大量的乘客选择用它来出行。

人类的行为也是至关重要的。我们需要通过实验来确定什么人在什么条件下使用拼车出行服务，然后我们再制定和实施商业策略和政策措施来营造并支持这些环境条件。乘客会坚持去控制与他们合乘出行的人吗？就像航空公司商务舱座位的布置那样，他们会在座位之间放置障碍物吗？哪些类型的隐私权是合法的，而且应该在实施中得到有效保护的？拼车出行并不是对所有人都具有吸引力。但显然，如果拼车出行是经济、安全、操作简单和可靠的话，我们中的许多人，或许是大多数人，都愿意选择与他人共享出行。难道我们大多数人不愿意接受有专人开车吗？对我们许多人来说，降低票价是关键。对其他人而言，安全更重要。另外一些人更注重可靠性。当然还有些人会侧重便利性和即时性。

有些人可能永远也不会心甘情愿地接受拼车出行，至少对于他们特殊的行程以及他们的人生特殊阶段而言是这样。对于有好几个孩子的妈妈和爸爸来说，让他们放着自己家的小型面包车不开，而去选择与别人拼车出行，这可能会令他们感到不舒服。对于那些经常冲浪、打高尔夫球、滑雪或皮划艇的运动爱好者来说，保有私家车方便运载运动装备是非常重要的。但对大多数出行者而言，是可以与其他人合乘由移动出行服务公司提供的车辆来出行的——如果价格和其他因素合适的话，他们可以接受拼车出行。

除了人们愿意与人共享出行并放弃私家车所有权之外，第二个影响拼车出行的重要考虑因素是汽车制造商的意愿。汽车制造商有多大的热情和能以多快的行动转向以乘客为中心（即车辆由机器人控制并为提高乘客舒适度而设计）的发展轨道？汽车制造商偏向保守是有充分理由的。一点小问题就可能酿成诉讼案件并为此支出数十亿美元。一个有缺陷的雷达装置、安全气囊或线缆都可能导致企业破产，即使是中型汽车公司也无法幸免。新技术的失败会引起媒体的关注。自动驾驶车辆发生了碰撞事故，甚至只是挡泥板碰凹陷了，都会很快成为媒体的头条新闻。一次糟糕的体验就会赶走客户和股东，他们中的许多人已经对车辆自动化和电动化以及新的商业模式持怀疑态度了。

从战略意义上讲，前进的路径可以是这样的：首先，创造选择的机会。选择是必需的先决条件。如果选择不存在，那么出行者——也是车辆所有者就会将限制车辆使用作为一种惩罚性措施。事实上，他们这种认识是对的。美国的绝大多数人，包括其他地方越来越多的人完全离不开汽车。他们除了开车，找不到别的什么好的替代出行方式。但如果有了新的出行选择，无论是作为选民还是作为出行者，他们都更容易接受那些鼓励拼车和限制开车的措施，这就导致未来车辆行驶里程会更少，但客运里程会更多。这是一个更具机动性的未来愿景。出行将变得更便宜，并且在许多方面也更容易。

新的选择肇始于像优步和来福车这类名声在外的出租车，也包括分时租赁和共享单车，但政治家和其他人还必须尽快作出一个拥有更广阔应用前景的承诺，一个由拼车出行构筑而成的未来愿景。他们需要向网约车公司、公交运营商、汽车制造商、积极倡议的团体和出行者发出明确的信号，告诉他们拼车出行（和电动化）就代表着未来。出行者必须相信这一点，即内燃机汽车每次出行只乘载一个人的情况将被扫入历史的垃圾堆，或至少说是朝着断崖式下降的方向实现角色的变化。

决策者必须消除对目前类似出租车的网约车服务的种种担忧。没错，这种方式会导致运营车辆总量略有增加，而且它们是将一些乘客从财政拮据的公交车上转移过来，从而实际上使出行者个人大获裨益，但很少或没有产生什么社会效益。的确，他们所代表的硅谷文化，特别是优步，有时候会令人反感。但政治家和政府领导人必须认识到，这些公司是改善未来交通系统的重要基石。

同时，优步和来福车必须加倍努力扩大其提供拼车服务的Lyft Line和UberPool。公交运营商必须摆脱他们的保守固执倾向，并与网约车公司和微型公交初创公司开展合作。当公交运营商小心谨慎地与民间移动出行公司开展合作的时候，地方和州政府要鼓励和帮助它们。随着拼车出行的形象和口碑越来越好（以及出行者对它们的评价变得更加正面），地方、区域和中央政府的领导者可以针对拼车出行逐步实施一系列激励措施，并最终对单车单人的出行方式进行抑制。

下一步是监管机构运用数据和科学的方法，来确定无人驾驶车辆何时才是安全的。保持对拼车出行的激励的同时，再增加对自动驾驶技术应用的鼓励，这样通向三大革命梦幻场景的路径就变得柳暗花明了。除此之外，仅剩的工作是加快推进所有与减少停车位以及将自动驾驶的电动车辆导入专用车道相关的项目，通过这些举措来减少拥堵，提高道路行车速度。

锦囊妙计

在通往未来的道路上，荆棘密布，坎坷曲折。技术进步的演进速度和方向是很难预测的。出行者对新技术和服务的反应也如是。一个显而易见的策略是深化对最有前景的技术创新的研究和示范，同时研究出行人如何对此作出反应。

至于政策，在聚焦重大变化时，应该强调基于市场和绩效的方法，应避免采用规定性政策，因为未来太不确定，而且很可能会发生意想不到的后果。没有人是无所不知的，甚至连最智慧的、将毕业后的职业生涯奉献给交通、能源和环境工作的研究人员也不例外，更遑论政府决策者了。决策者需要虚心倾听。如此，政策需要保持生命力和灵活性，能够适应那些不可预见的艰困环境，并保持连续性，以便产业界和消费者能够基于对未来的一定的确定性而作出投资和市场决策，至少知道政府在未来的情景中会扮演什么样的角色。

换句话说，哪一个激励性和抑制性措施才是最有效的激励拼车出行和车辆电动化的政策手段？哪一个才是最有效的引导企业和消费者走向共享化、电动化和自动化的未来政策路径？

我们在本书中已经提出了许多具体的政策思路和建议。所有这些都是以加速向基于拼车服务的电动车转型为前提，并最终转向用于拼车出行的车辆自动化和电动化发展轨道。这些政策涉及制定激励措施和规则，以鼓励移动出行服务的提供商推广拼车业务并主动使用电动车辆，同时激励出行人使用电动车来拼车出行。这些政策包括基于市场和绩效的政策和法规，以引导汽车制造商专门设计适合拼车业务的车辆，并使用电能和氢燃料作为车辆的动力来源；包括鼓励公共交通运营商和移动出行服务公司开展合作，以更低成本提供更多方便各类乘客上下车和运营服务的政策；还包括敦促地方政府从减少停车位、增加步行和骑车空间的原则出发来重新设计城市。

最后一点想法

我们在这本书中为大家呈现了一幅充满希望的未来交通愿景的画卷，同时就如何付诸行动去实现这些愿景提出了建议。虽然要让我们期待的梦幻情景梦想成真还面临相当大的挑战，但拼车出行是一个很好的起点。它为政治家和管理者在考虑交通（以及能源和气候）政策时提供了组织框架。

让我们明确一点：除了拼车出行之外别无选择。没有拼车出行，滚滚车流就将塞满我们的大街小巷。如果所有车辆都是电动的，那么它们对气候的影响不会太大，这一点还不错（假设能源脱碳化趋势还会继续下去）。没错，如果所有车辆都是自动化的，并且整个道路系统转换为适合（带有专用窄车道）自动驾驶车辆行驶，那么现有道路基础设施所容纳的车辆总量可能会大大增加。但随着车辆使用数量的增加，电动化带来的大部分益处会受到侵蚀，城市摊大饼式的蔓延扩张还会加速，富人与普通人之间的差距可能进一步拉大。富裕的人群能够乘坐更昂贵的自动驾驶车辆出行，生活困难者和身体伤残人群会被边缘化。结果将是第一章中所描述的那个噩梦情景降临。

大多数出行人群不会轻易接受拼车或自动驾驶车辆。大多数公交运营商及其支持者还会继续受到网约车公司的威胁。专业司机工会将成为阻碍力量。汽车制造商和相关行业（如零部件供应商）还会固守着内燃机车辆阵地，也包括车辆部分自动化领域，只要他们有能力这么做。石油工业在竞争中尽可能地瘦身提效，以维持住现有的地位和利益。政治家们会回避定价改革，并对私人移动出行公司持欢迎态度。对于我们这些渴望创造可持续交通的人来说，会感觉转型过程有点缓慢。但上述所有情况都肯定会出现。

但是，拼车出行正呈现出良好的发展势头，在某种程度上，它将变得不可逆转。按照照常情景（business as usual）原地踏步的风险巨大。随着电子和自动驾驶车辆技术的继续演进，推广拼车出行会变得更加引人注目和充满希望。这就是我们必须面对的未来图景，如果我们想要拥有一个更加美好的世界，我们就必须朝着这个方向大步前行。

合著者简介

安妮·布朗（Anne Brown）：系交通研究所（ITS）的研究人员暨加州大学洛杉矶分校拉斯金公共事务学院（Luskin School of Public Affairs at UCLA）人员。她的研究重点是交通行为，交通融资和公平性。

罗宾·切斯（Robin Chase）：系交通实业家。她是世界上最大的汽车分时租赁公司——Zipcar的共同创始人，同时也是车辆通信公司——维尼安姆（Veniam）的共同创始人。她是《共享经济：人类和平台是如何创设合作经济并重塑资本主义的》（*Peers Inc.: How People and Platform Are Inventing the Collaborative Economy and Reinventing Capitalism*，Public Affairs，2015）的作者。她也是一位涉猎广泛的演说家，她的演讲涵盖了创新、企业家精神、技术、交通、城市和气候变化。2009年，她被《时代》杂志授予“年度最具影响力的一百人”的称号（one of the year’s 100 Most Influential People）。她是维尼安姆（Veniam）和塔考斯（Tucows）的董事会成员，也是世界自然资源研究所（World Resources Institute）顾问委员会的成员。

迈克尔·杜恩（Michael Dunne）：系汽车、亚洲和未来交通等方面题材的作家，是底特律本地的有25年亚洲经验的企业家。他在2015年创办了杜恩汽车公司（Dunne Automotive Ltd.），为最具成长和盈利前景的领域的投资者提供咨询服务。他的一些观点和评价登载在华尔街亚洲期刊（*Wall Street Journal Asia*）、福布斯（*Forbes*）、纽约时报全球版（*New York Times*）和汽车新闻（*Automotive News*）。杜恩还是《美国的轮子，中国的路》（*American Wheel, Chinese Roads*，Wiley，2011）一书的作者。

苏珊·派克（Susan Pike）：博士，加州大学戴维斯交通研究所的博士后研究员。她关注的兴趣领域包括交通行为、可持续交通、环境政策、未来出行和新兴交通业态。

斯蒂文·波尔金（Steven E. Polzin）：博士，南佛罗里达大学城市交通研究中心民用和交通工程教授，兼交通政策研究主任。他的主要研究领域是公共交通、交通政策分析、交通规划、系统评估、规划过程设计和出行分析。他是《公共交通期刊》编委会成员，以及几家交通研究理事会和APTA委员会成员。

苏珊·沙希恩（Susan Shaheen）：博士，加州大学伯克利分校民用和环境工程助理教授，她对技术应用产生的社会和环境效益有研究兴趣。她同时还担任加州大学伯克利分校可持续交通研究中心副主任和出行创新研究小组组长。苏珊因其在开拓移动出行研究新领域上的领导力和卓越的研究成就，被交通研究委员会授予2018年度罗伊·克鲁姆奖（2018 Roy Crum Award）。

丹尼尔·斯珀林（Daniel Sperling）：博士，加州大学戴维斯分校交通研究所创始人和主任，同时是该校国家可持续交通中心的共同主任。斯珀林教授还是加州大学戴维斯分校民用和环境工程，以及环境科学和政策方面的杰出教授。他是颇具影响力的加州空气资源委员会的委员。他在交通和能源方面编写或共同编写了超过250篇学术论文和研究报告，以及12部学术专著。其中有两部专著颇具影响力，即《20亿辆车：驶向可持续的未来》（*Two Billion Cars: Driving Towards Sustainability*，与德布拉·戈登合著，牛津大学出版社，2009年）和《未来的交通：电动车和可持续交通》（*Future Drive: Electric Vehicles and Sustainable Transportation*，爱兰德出版社，1995年）。斯珀林教授还为2007年获得诺贝尔和平奖的政府间气候变化委员会（Intergovernmental Panel on Climate Change，IPCC）贡献了学术报告。他还因其在将科学带入政策方面的贡献获得了2013年度的蓝色星球奖（Blue Planet Prize in 2013）。

布莱恩·泰勒（Brian D. Taylor）：博士，系加州大学洛杉矶分校拉斯金公共事务学院交通研究所主任和刘易斯区域研究中心主任。他的研究领域集中在交通行为、交通融资、社会公平、交通拥堵和共享出行领域，他在这些领域单独或共同撰写了超过100篇论文、研究报告和专著。他在2016年被大学交通中心委员会（Council of University Transportation Centers）和伊诺交通中心（Eno Center for Transportation）授予“十大学术思想的领袖之一”的称号。

力维·蒂勒曼（Levi Tillermann）：博士，是新美国维伦斯战略研究所研究员。他是《伟大的竞逐：探寻全球汽车产业的未来》（*The Great Race: The Global Quest for the Car of the Future*，Simon & Schuster，2015）一书的作者。这本书探讨了全球汽车产业的政策与创新的相互作用。此前，他曾任职于美国能源部，担任政策和国际事务特别顾问，还担任了一家名为“虹膜引擎公司”（IRIS Engines）的首席执行官，这家企业的创立目的是开发体型更小、效率更高和动力更强劲的内燃机（基于他拥有的多项专利设计）。他曾为《华盛顿邮报》（*the Washington Post*）、《华尔街日报》（*the Wall Street Journal*）、《财富》（*Fortune*）和《纽约客》（*the New Yorker*）等媒体刊物撰写文章。他也是电台和电视节目的常客，包括美国国家公共广播电台的“戴安妮雷姆秀场”（*Diane Rehm Show*）和“市场”（*Marketplace*）节目。

伊伦·范·德·米尔（Ellen van der Meer）：2016年曾在加州大学戴维斯分校交通研究所做研究生访问学者（a visiting graduate scholar）。她在荷兰乌得勒支大学（Utrecht University）获得了理学硕士学位（MSc），主要研究方向是新兴技术和创新的趋势。

致 谢

我要向劳瑞恩·安德森（Lorraine Anderson）致以崇高的敬意和最诚挚的感谢，她可称得上是我的超级主编了。她从一开始就与我们各位合著者保持着紧密的联系与合作，努力把控着我的研究方向以避免出现跑题，还帮助我重新组织了资料，并时时提醒我要笔耕不辍。如果没有她的这些贡献，完成这本书所花费的时间和文字可能会增加到2倍之多。

我还要感谢这本书的合著作者，他们也是完成这本书不可或缺的重要伙伴。我们始终保持着紧密的合作，不断验证和吸收新的想法和议题，并将它们贯穿于全部书稿的写作当中。自始至终我们的合作进程都是令人倍感愉快的和鼓舞人心的。

这本书的图表是由加州大学戴维斯分校交通研究所的本科学生伊曼纽尔· 弗兰科（Emmanuel Franco）和凯利·张（Kelly Chang）精心绘制和准备的，他们的工作是在我们研究所的传播推广部主任斯蒂夫·库利克（Steve Kulieke）的监督下完成的。

艾迪提·曼什拉姆（Aditi Meshram）是我的一名优秀的研究生，她为本书计算了自动驾驶、拼车出行和车辆电动化的成本。高锦鹏，是我的另一位优秀的研究生，他帮助提供了参考资料和数据（特别是为第八章）。

我很感谢安东尼·埃格特（Anthony Eggert）和帕蒂·莫纳汗（Patty Monahan）让我牵头组织了三大革命的讨论会（2016年11月），这次会议也成了本书的一个发布平台。这项工作的顺利完成就是对他们的信任和支持的一个回报。

我还要感谢爱兰德出版社（Island Press）的编辑——希泽·鲍伊尔（Heather Boyer），他从一开始就敏锐地洞悉到这项工作的价值，并始终倡导和支持这项工作的完成。

还有很多人帮助我们审阅了书稿，他们提醒我要随时跟踪和关注那些与书中提及且不断变化的议题相关的最新参考资料。奥斯汀·布朗（Austin Brown）在本书接近完成时加入加州大学戴维斯分校，他是我们的政策研究专家。他与莫利·迪亚古斯蒂尼（Mollie D' Agostini）一道负责书中提出的许多政策建议的后续落实工作。他们两位都为本书提供了许多有价值的建议（和修正），也仔细审阅了本书的若干章节。其他章节的审稿人还包括艾尔伯托·阿亚拉（Alberto Ayala）、约叔亚·康丁汗姆（Joshua Cunningham）、吉尔·泰尔（Gil Tal）、汤姆·图任汀（Tom Turrentine）和王云石。我的同事卢·弗顿（Lew Fulton）对三大革命的影响进行了完善的国际分析，在此基础上为本书搭建了写作框架。我在学术研究上欠了阿兰·库恩豪思（Alain Kornhauser）人情，他撰写了多篇有关自动驾驶汽车的精彩博客。拉里·伯恩斯（Larry Burns）、艾米丽·卡斯托（Emily Castor）、尼尔·彼德森（Neil Pedersen）、安德鲁·萨尔茨博格（Andrew Salzberg）、约翰·维艾拉（John Viera）以及我的2017年春季入学的研究生班全部30名学生都相继对本书提供了有价值的见地（也包括批评），他们撰写了一系列学术论文，不仅指出了书中的一些观点还存在值得商榷和有待进一步探讨的地方，同时也贡献了富有想象力的解决方案。

对本书写作和出版全过程最重要的人是我的工作伙伴和妻子桑迪·伯格（Sandy Berg），当然，除了劳瑞恩（Loraine）之外。她是我的拥趸和回音板，偶尔也是一名质疑者。

我要借中文版面世的机会向能源基金会及其中国项目代表处表示感谢，他们对我们戴维斯交通研究院开展相关政策研究，以及写作和翻译这本书提供了帮助和支持。我还要感谢我的同事，戴维斯交通研究院中国能源与交通研究中心主任王云石先生，他对本书的中文译稿进行了严谨的核校。

丹尼尔·斯珀林

于加利福尼亚州戴维斯市